高职高专经济管理类"十三五"规划教材

企业统计实际案例转化为统计教学案例

QIYE TONGJI SHIJI ANLI ZHUANHUAWEI TONGJI JIAOXUE ANLI

谢家发　张　良　张泽林　编著

郑州大学出版社

郑州

图书在版编目(CIP)数据

企业统计实际案例转化为统计教学案例/谢家发,张良,张泽林编著.—郑州:郑州大学出版社,2017.3

ISBN 978-7-5645-3661-9

Ⅰ.①企… Ⅱ.①谢…②张…③张… Ⅲ.①企业统计-教案(教育)-高等职业教育 Ⅳ.①F272.7-3

中国版本图书馆 CIP 数据核字 (2016)第 309178 号

郑州大学出版社出版发行

郑州市大学路 40 号　　　　　　　　　　邮政编码:450052

出版人:张功员　　　　　　　　　　　　发行部电话:0371-66966070

全国新华书店经销

郑州市诚丰印刷有限公司印制

开本:787 mm×1 092 mm　1/16

印张:20.75

字数:481 千字

版次:2017 年 3 月第 1 版　　　　　　　印次:2017 年 3 月第 1 次印刷

书号:ISBN 978-7-5645-3661-9　　　　定价:42.00 元

前言

　　本案例库是基于《教育部关于深化职业教育教学改革 全面提高人才培养质量的若干意见》(教职成〔2015〕6 号)要求,秉承"推进专业教学紧贴技术进步和生产实际"的理念,为高职财经商贸大类各专业的"应用统计/统计基础"课程教学而开发。项目组在整个案例开发和转化过程中始终紧密联系当前中小企业统计工作和高职统计教学的实际,在"珠三角"、"长三角"和中原三地区遴选了涵盖工业、零售、交通运输、仓储、技术服务、对外贸易、文化和旅游等 8 个行业的 32 家中小企业,对它们的基本概况、统计人员的配备、统计与计算机的结合运用、统计工作的过程和特点、生产经营原始数据的搜集、整理和分析工作的开展以及统计工作需求等各方面情况进行了广泛调研,采集了大量的原始数据及统计分析成果、现场调研图片及视频、企业概况说明等资料。

　　案例开发创作的思路是:选定目标企业,深入现场调研(内容、要求、流程),依据企业统计实际与高职统计教学相匹配的办法来设计教学过程,以高职学生应该掌握的统计技能为重点,利用 Excel 和 SPSS 的强大数据处理功能,围绕知识技能的理解、知识技能的综合运用以及知识技能的拓展运用三个层次,进行案例开发。

　　本案例库共开发创作出中小企业统计实际教学案例 31 套,每套案例由企业案例、教学案例和原始数据等三部分组成。案例涵盖了数据搜集统计教学案例、数据整理统计教学案例、数据呈现统计教学案例、数据对应比较分析统计教学案例、数据描述分析统计教学案例、数据抽样推断分析统计教学案例、数据相关回归分析统计教学案例、数据动态分析统计教学案例和数据因素分析统计教学案例等。这些案例的成功开发与创作,较好地体现了"教学做"一体化的理念,教师能教不会做、学生学了不会用的尴尬局面将得到改观,对高职统计教学将起示范引领作用,对企业统计工作效率和质量的提高将起促进作用。

　　案例库的显著特色是真实性。生产案例是企业情况的真实反映,教学案例是企业统计工作的真实再现,原始数据是企业生产经营的真实记录,从而使教与学更具针对性和实战化,较好地解决了目前高职统计教学中理论教学与实际应用相脱节的问题,有利于统计教学质量的提高和统计类专业的建设和发展。

　　案例库的最大创新点是解决了统计教学与统计软件运用相分离问题,实现了统计与计算机的相互融合,化解了大体量数据的处理分析难题,增强了企业对健全原始记录,加强数据分析,发现并掌握生产经营规律和特点的重要性的认识。

　　全部案例均以文本方式呈现,并一一经过测试,既有助于提升学生学习统计的兴趣和掌握统计的技术,又有利于教师开展"工学结合、知行合一"的统计教学改革。

在使用案例库案例时,建议师生根据教学的需要,从教学案例(J)入手,结合企业案例(Q)和原始数据(QYS)展开实践性教学。当然,也可以从企业案例(Q)入手,对原始数据(QYS)进行探究性教学。

本案例库由张泽林、谢家发、张良、张立阳、罗少郁、李春花、傅冬兰、陈静俊、熊飞、周井娟、李宝慧、王志电等课题组成员共同开发创作完成,李宝慧、王志电为本案例库的开发创作做了大量协调指导工作。由于作者水平有限,问题和不足在所难免,欢迎专家、读者批评指正。

中小企业统计实际教学案例库课题组

2016 年 8 月 22 日

目 录

第一篇

企业统计实际案例(Q)

Q001　河南某调查公司开展统计调查工作的统计实际案例

一、案例来源

本案例由河南某调查公司提供，数据存为 Excel 格式，原始数据见 QYS001。

二、案例描述

河南某调查公司是一家专业的市场调查研究公司，专门承接、开发各类市场调研项目，为客户提供高质量及高附加值的市场调研服务。公司利用座谈会、入户访问、街头拦截访问、定点调查、CATI、深访、神秘顾客、产品派发、留置等各种定性、定量的访问形式，为消费者、制造商、经销商、政府部门及各行业进行数据采集及研发，并以专业化、高质量的数据解读分析能力，敏锐的数据洞察力，为客户提供站立在行业前沿的信息咨询服务，赢得客户一致好评。

河南某调查公司建有河南省最大规模的 120 条专用电话调查线路的计算机辅助电话调查系统（CATI）。中心自主设计研发的 CATI 调查系统已经在其他同类机构中得到推广应用，该系统拥有较为完善的软件功能，如监听监看、样本配额管理、抽样管理、数据同步输出等。自 2001 年系统建立以来，累计为政府部门以及通信、金融、保险、烟草、传媒等行业机构进行了 300 万以上样本的电话调查项目。

本课题中原工作组一行于 2015 年 11 月实地走访并跟踪该公司的调研项目，了解了公司的部门构成及分工、开展调查工作的流程、具体 CATI 的操作以及所跟踪调研项目的整个调研过程。

图 Q001-1　写字楼外观

图 Q001-2　公司入口

图 Q001-3　办公区域

河南强视部门构成及分工

访问部	研究部	质控部	数据部	技术开发部	行政部	专家组
方案设计 抽样设计 报告撰写 方法研究	项目实施 操作抽样 访问员管理	抽样复核 访问复核 问卷编码	数据输入 数据整理 数据报告	CATI软件 开发 网络维护	财务管理 人事管理 后勤事务	行业研究 深层开发

图 Q001-4　部门构成及分工

图 Q001-5　电访中心全景

图 Q001-6　电访中心督导室

图 Q001-7　电访监听席

图 Q001-8　访问员在电访

图 Q001-9　电访系统界面

图 Q001-10　访员培训

通过实地调研了解了开展统计调查工作的基本过程。

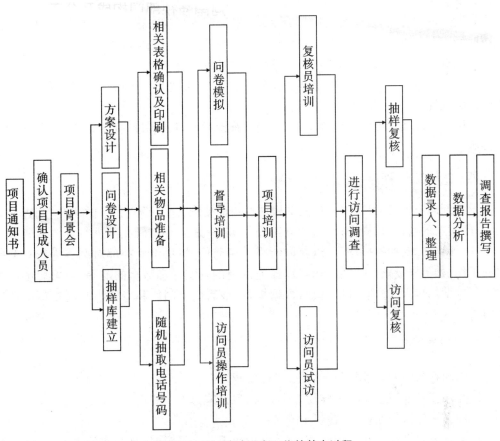

图 Q001-11　统计调查工作的基本过程

该过程,体现了一般的统计工作流程,即统计设计、统计调查、统计整理、统计分析。统计设计是根据研究对象的特点和研究目的、任务,对统计工作各方面和各个环节进行全面、综合的考虑和安排,是统计认识过程的第一阶段。统计调查是搜集统计原始资料的工作过程,是统计整理和统计分析的基础环节。统计整理对调查资料进行综合汇总,使零散的资料条理化、系统化,以表明总体的特征。统计分析是对经过加工整理的统计资料运用各种统计分析方法进行分析研究,计算各项分析指标,揭示现象的数量特征和内在联系。

市场调研是获取市场信息、进行统计工作的主要方法和途径,熟悉其基本的工作流程,有利于规范地进行统计资料的收集。

根据跟踪的调查项目获取了以下调查数据:QYS001滴滴快车调查数据。

三、统计工作要求

1.严格遵循调查的流程和安排,针对调查项目,有序展开调查工作。

2.根据各部门的职责和分工,围绕调查项目,完成相应的工作内容,并做好部门间的协调。

3.所有工作人员,服从工作安排,做好各项工作,调查中做到实事求是。

4.制订调查方案,首先要明确调查目的,根据调查目的来确定调查对象、调查内容、调查时间以及调查实施等,方案的制订对调查工作要有一定的指导作用。

5.调查对象要明确,能够通过抽样框找到合适的调查对象。

6.设计调查项目时,既要考虑调查任务的需要,又要考虑可行性,同时还要考虑项目之间的关联性。

7.调查时间及进度安排要合理,要根据调查课题的难易程度、样本多少、及时性等情况来确定。

四、统计工作程序

承接到调查项目后,首先由访问部根据客户的要求,进行调查方法的研究、调查方案的设计、问卷的设计、抽样设计,为调查工作做准备;之后交由研究部进行具体的调查工作,进行项目实施、抽样操作等,以获取所需的调研信息;再由质控部对调查进行有关的审核工作,如抽样复核、访问复核等,以保证调查的真实性和数据的准确性;再后由数据部进行数据的输入、整理、分析,撰写数据报告;最后由访问部和专家组共同撰写市场调研报告。

五、注意事项

1.明确各部门的职责和分工,做好工作细化。

2.要注意各部门之间的配合及工作衔接,保证统计工作的顺利进行。

3.调查中保持中立态度,做到实事求是。

4.调查方案设计时,内容上一定要根据项目需要来设定,但是基本的内容,如调查对象、调查内容、调查方法、调查时间等一定要包含,其他方面可以根据需要进行调整。

5.调查方案的设计必须建立在对调查课题背景的深刻认识上,并且要明确调查的目的,使整个调查围绕调查目的来展开。

6.调查方案的格式可以灵活,不一定非要采用固定格式。

Q002 河南安阳市某汽车贸易有限责任公司汽车销售及库存统计实际案例

一、案例来源

本案例由安阳市某汽车贸易有限责任公司提供，数据存为 Excel 格式，原始数据见 QYS002-2.1 与 QYS002-2.2。

二、案例描述

安阳市某汽车贸易有限责任公司成立于 2003 年 4 月（公司前身为安阳市轿车修理厂），注册资金 1000 万元。公司法人、董事长为顾风海。公司实行董事长领导下的总经理负责制，公司下设财务部、服务部、销售部、市场部、客服部、行政部，是一汽—大众公司在安阳地区唯一授权 4S 经销商，集整车销售、配件销售、售后服务、信息反馈为一体。同时，还是北京现代特约服务站。设有综合品牌展厅，是宝马、奔驰等品牌汽车的二级经销商。

公司的新展厅是严格按照一汽—大众公司的设计要求，及德国大众公司全球统一形象建设的标准汽车展厅，内设安静舒适的客户休息区、儿童区，温馨明亮的汽车展示区，布置合理的装备国际先进设备的透明维修车间。2008 年 3 月一次性通过国家 ISO9001：2000 标准，质量管理体系认证。公司各项规章制度健全，基础设施完备，配有国际标准的电脑烤漆房以及电脑故障解码仪、四轮定位仪、车身车架校正仪等 100 余种专用检测、检验设备，使每一位消费者都能在此得到巨细无遗的国际标准化服务，满足车辆的维修要求。

公司严格按照一汽—大众公司的销售流程及服务流程规范执行。售前，为客户当好顾问；售中，让客户潇洒消费；售后，使客户无后顾之忧。客服部建有完整的用户档案，对客户进行如保养、保险到期、生日、节假日等提醒服务。公司成立了车友俱乐部，不定期举办如新车保养讲座、驾驶技巧座谈、自驾游、客户联谊会的活动。24 小时快速救援服务，九个一服务承诺，保证客户随时随地、无忧无虑地安全行车。通过活动加深客户的情感，提高客户对公司的忠诚度。公司在营销中采用展销、团购、参与政府采购竞标、安阳下属县铺设二级销售网络等多种方法，加强销售队伍，采取全新、全方位的营销手段，将公司迅速做大、做强。公司从成立最初年销量 138 辆，到 2009 年销量 1303 辆，2010 年销量 1776 辆。其中车贷数量（一汽—大众品牌，205 辆；其他品牌 160 辆），市场份额从 2003 年的 3%，提升到 2010 年的 7%，成为安阳及豫北地区中、高档轿车整车销售、配件供应、售后服务的优秀企业。公司多次荣获河南省交通厅、安阳市交通局"质量信得过企业""诚信商户""物价信得过单位"等荣誉称号，树立了公司的质量和信誉品牌。公司的质量方针为：诚实守信、严谨细致、持续优质、关爱始终、客户满意。公司将继续以"热情、高效、律己、诚信"的企业精神和"严谨就是关爱"的承诺，竭诚为使用一汽—大众新老客户提供更好的服务。

本课题中原工作组一行于2016年2月走访该公司销售、行政、财务等部门,了解汽车销售的环节、行情、价格以及公司对汽车的销售及库存的管理状况。通过调查了解到该公司的销量、库存等信息都是在一汽统一要求的管理系统下,进行规范管理和登记,这样方便了一汽公司对销售和库存做到真实监控。销售和库存在企业财务系统内也有显示。为了更方便地提取数据,以了解该公司近几年的销售及库存情况,从公司的财务系统提取了2012—2014年的主要销售商品的库存及销量信息。同时了解到该公司销售人员不是很稳定,经常有离职现象,为了便于对他们的薪资水平及员工激励情况有些了解,财务提供了2015年4月公司所有员工的工资表,以供课题进行研究。

采集到的数据主要有:QYS002-2.1原始数据与QYS002-2.2原始数据。

图 Q002-1　公司前门

图 Q002-2　展销大厅

图 Q002-3　检修车间

图 Q002-4　事故车接待中心

图 Q002-5　钣喷车间

图 Q002-6　精品装饰部

图 Q002-7　与公司人员进行座谈

图 Q002-8　进行数据导出

三、统计工作要求

1. 所有销售、财务、管理及库存人员，应严格遵守一汽公司要求的程序和内容，根据相应凭证做好数据录库工作。

2. 相关人员在进行凭证录入时，要扫描凭证进入系统，并核对凭证填报内容与系统内容是否一致。

3. 任何人员不得伪造凭证，录入虚假信息，不得擅自修改信息。

4. 凭证要保存完整，整理有序。

四、统计工作程序

针对销售统计，基本流程是：首先销售人员完成销售工作，打印销售发票；之后根据合同及发票信息，在系统库中录入销售信息，进行票据扫描；然后核对有关信息，准确无误后提交；之后财务审核，完成对销售数量及金额的登记工作。

针对库存，根据一汽公司发货及入库情况，进行入库信息确认，完成入库。出库情况，出库多由销售导致，故根据销售信息的录入，更新出库车辆，完成出库信息的登记。

五、注意事项

一定要严格执行公司工作制度，做好凭证扫描、信息核对的工作，并要设定好录入、修改权限，落实好统计责任制。

Q003　郑州某模具(机械)有限公司生产统计实际案例

一、案例来源

本案例由郑州某模具(机械)有限公司提供,数据存为 Excel 格式,原始数据见QYS003-2.1 与 QYS003-2.2。

二、案例描述

郑州某模具(机械)有限公司是从事高品质铸件生产和机械零部件加工的股份制企业,位于郑州高新技术产业开发区内。公司具有较强的铸件产品设计开发能力,拥有企业技术中心,能够制造低合金钢铸件、高合金钢铸件、耐磨钢铸件、耐热钢铸件(包括双相不锈钢、超低碳不锈钢),特种球墨铸铁件及精密机加工产品。

公司铸造生产线采用计算机辅助工艺设计、凝固模拟、铸件缺陷分析;配备有 0.5T、0.75T、1.5T 电控中频电炉 3 台套,AOD 精炼炉(3T)1 台套;造型线采用高压气体压力送砂及比例控制系统、水玻璃砂再生线使旧砂重复利用,环保降耗;有整套清、抛生产设备及电脑高精度全耐热纤维热处理炉 6 台套炉内经过 12 点测温检测,并配有强力循环淬火系统,严格保证产品内在质量。企业年生产能力 3 000～5 000 吨。

公司的加工生产线,配置有美国 SGI 微机工作站、美国威玛克公司 VMC 150B 高精度数控加工中心、美国 HASS 公司 VF 系列立式数控加工中心、台湾友嘉 VB 825 立式加工中心、台湾 CH 系列数控铣床、微机控制线切割机床以及美制精密三坐标测量系统、刀具准备系统和辅助加工系统机床 30 余台。

公司具有 ASNT NDT 证书的无损检测人员,并且拥有三坐标测量机、日本岛津直读光谱仪、型砂及铸造材料分析仪器、无损检测、超声波探伤、万能材料试验机等设备及技术手段,可以进行零件的精密测量、炉前快速化学成分分析、金属材料的常规机械性能测试、型砂性能测试、无损探伤检测(MPI、UT、渗透探伤)以及零件的各种常规检测。

公司以优质的产品和优良的服务与国内外许多著名公司建立了良好的合作关系,其中世界 500 强企业 6 家。产品出口美国、日本、韩国、印度、新加坡、马来西亚等国家。

公司公司通过了 2008 年科技、税务、财政三部门联合认证的高新技术企业资格认证,属于高新技术企业。

本课题中原工作组一行于 2016 年 1 月走访该公司生产、库存、财务等部门,了解企业生产及管理状况,对其生产环节,特别是原材料、在产品、产成品等存货的管理有了一定的认识,了解了公司步入规范统计的历程以及认识到规范统计工作的重要性。由于 2012 年初,根据郑州都市区—高新城组团的总体规划,郑州某模具有限公司被列在搬迁范围内,公司着手搬迁工作,进行存货盘点,并提供了 2012 年 12 月 31 日的存货盘点表以供我们使用,让我们深刻认识到没有规范统计带来的管理混乱和无序。公司也是通过盘点,才逐渐建立了现在相对规范的统计管理流程和规章。同时,为了了解公司员工状况,公

司同意提供一份2015年12月份的职工信息单。那么主要从该企业获取的生产数据有:

Q003 数据1:郑州某模具(机械)有限公司存货盘点表。

Q003 数据2:郑州某模具(机械)有限公司2015.12职工信息。

图 Q003-1　公司新厂房外景

图 Q003-2　厂房内景(一)

图 Q003-3　厂房内景(二)

图 Q003-4　厂房内景(三)

三、统计工作要求

1. 严格按照原材料验收入库流程、原材料出库流程来完成原材料的入库、出库登记汇总工作。

2. 严格按照产成品入库流程、产成品出库流程来负责清理车间和加工车间在制品、产成品的统计核算工作。每日根据工序转移单、产品报废单、外协加工单、完工入库单登记在制品、产成品统计台账,次月3日前上报全月的在制品、产成品统计报表。

3. 严格保密制度,坚持统计报送原则,实事求是,如实提供统计资料,自觉维护统计资料的严肃性。做好计件工工时统计工作,并于次月3日前上报全月的各产品工时统计表。

4. 按照公司要求及时准确提供统计信息,做到数字准、情况明、问题清,任何人员不得伪造凭证,录入虚假信息,不得虚报、瞒报、伪造、篡改和编造虚假数据,不得擅自修改信息。

5. 负责内管资料汇总整理装订,凭证要保存完整,整理有序。

四、统计工作程序

统计工作程序严格按照原材料验收入库流程、原材料出库流程、产成品入库流程、产成品出库流程来进行。具体流程如下图所示。

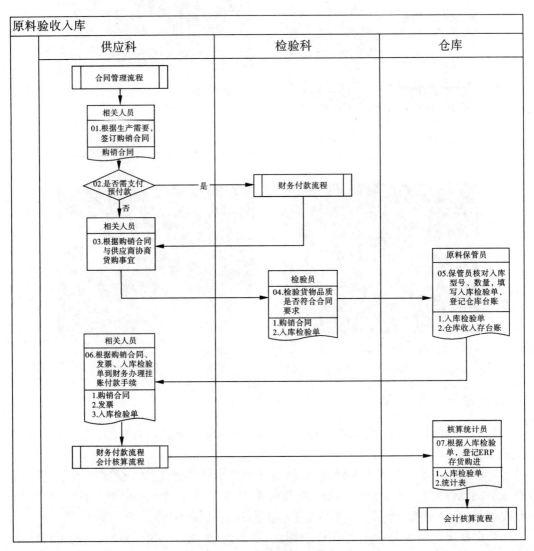

图 Q003-5 原料验收入库流程

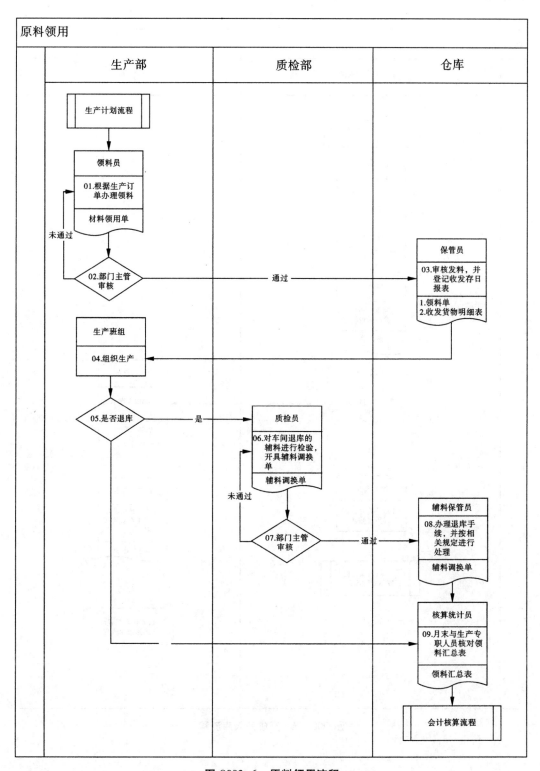

图 Q003-6　原料领用流程

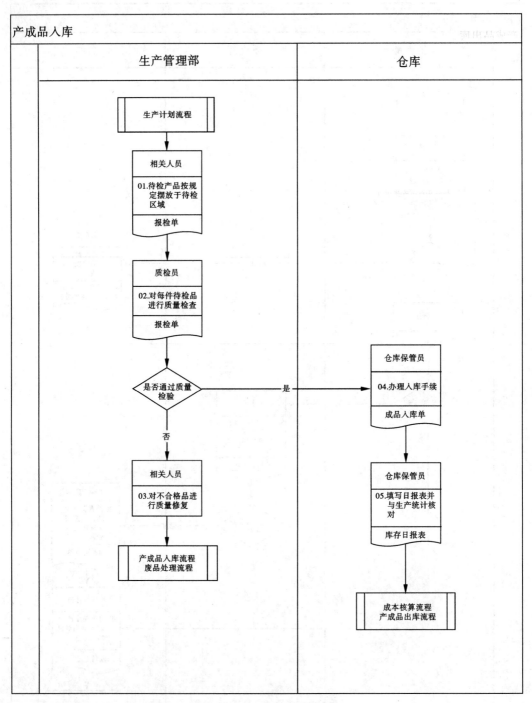

图 Q003-7　产成品入库流程

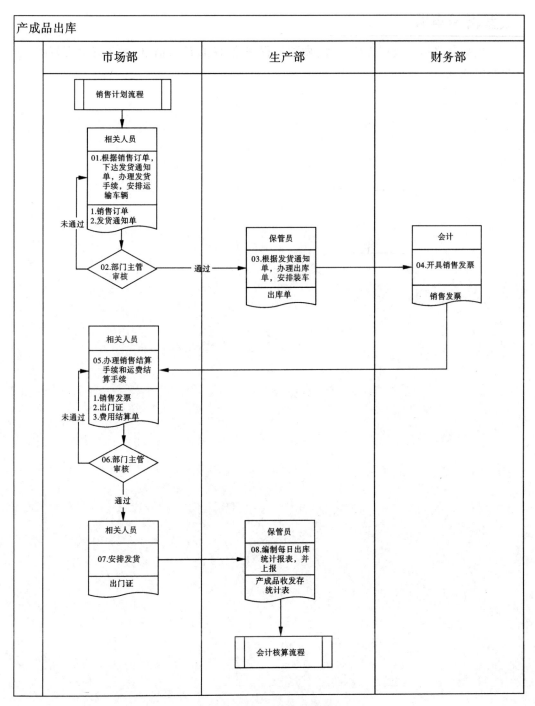

图 Q003-8 产成品出库流程

五、注意事项

一定要严格执行公司工作制度,做到流程规范,认真核对信息,设定好管理权限,落实好统计责任制。

Q004　某煤业有限责任公司员工工资及煤炭生产统计实际案例

一、案例来源

某煤业有限责任公司提供，数据存为 Excel，原始数据见 QYS004－16.1 至 QYS004－16.16。

二、案例描述

三门峡市某煤业有限责任公司位于豫西陕渑交界处，成立于 2003 年，注册资本 3880 万元。其中永煤集团股份有限公司出资 1 940 万元，股权比例 50%；天津港保税区国宏国际贸易有限公司出资 1 125.2 万元，股权比例 29%；天津新技术产业园区国际贸易有限公司出资 814.8 万元，股权比例 21%。

矿井设计生产能力每年 45 万吨，服务年限 55 年。井田面积 11.43 平方千米，地质储量 7176 万吨，可采储量 3 465.5 万吨。该项目于 2004 年 6 月 16 日正式开工建设，2009 年 6 月 6 日竣工投产。七年来，该公司董事长带领企业在"培养干部，锻炼队伍"的用人理念指导下，紧紧围绕各项奋斗目标，聚精会神谋生产，一心一意抓安全，各项工作保持了平稳发展态势。

图 Q004-1　某煤业有限责任公司

随着煤矿安全形势的严峻和国家对安全工作要求的日益严格，公司党政班子始终牢记"煤矿安全重于泰山，员工生命高于一切"，把安全生产当作"一号工程"抓实、抓牢、抓出成效。在安全管理方面，健全了安全包保责任制，完善了隐患挂牌、安全联保等多项安全管理制度，狠抓干部带班、值班、班组长交接班和现场隐患处理等工作，做好安全知识宣传、安全氛围营造、"三违"人员曝光、入井前安全宣誓等工作。同时还采取到兄弟单位学习和自己集训相结合的办法来提升公司"双基"（基层，基础）建设水平；通过召开动员会、经验交流会,加大"双基"工作的推进力度,用强大的舆论氛围,加深职工的认同感和认知感;及时建立、健全了公司对区队、区队对班组、班组对个人的三级考核体系,做到月初有计划,月中有抽查,月底有考核,月月有奖罚。由于管理到位,公司实现了安全零目标。

图 Q004-2 某煤业有限责任公司选煤车间

公司坚持把工程质量放在首位。通过实施日检查、旬总结、月验收制度,对各方面的工程质量做到跟踪管理、跟踪检查,坚持巷道松帮泄压工作。采掘队抽专人每天对"两巷"和已掘巷道的压力情况进行检查,对于压力较大的地点及时进行松帮,释放压力。在煤质管理方面,实行煤质与工资奖金挂钩制度,调度室、区队煤质负责人到现场跟班督导,做好煤矸分离;对地面筛分楼进行改造,重新安装了一套煤矸分离设备;煤场增设了商品煤加工设备,对次煤进行综合加工,提高了煤质,提高了售价。在煤炭销售方面,根据市场行情,及时调整营销策略,调整原煤销售价格,保证产销平衡。在指标控制方面,企管科每月召开一次材料平衡会,每季一次经营分析会,对各项指标进行综合控制和管理,并分解到专业科室,合理审批,节奖超罚,连年超额完成上级下达的利润指标。

公司还以河南煤化和永煤文化为主体,将各类文化进行梳理、归纳、提炼,形成了自己独具特色的企业文化:形成了"用心做事、艰苦奋斗"的企业理念;"制度管事、责任管人"的管理准则;"培养干部,锻炼队伍"的用人理念。

我们课题中原组一行三人于2016年5月12日深入该公司进行实地调研,考察了公司的生产、统计管理以及员工待遇等,重点收集了2015年各月公司的煤炭产量、掘进进度和员工工资等统计数据。

图 Q004-3 某煤业有限责任公司生活区

三、统计工作要求

为实现煤炭信息统计、分析工作规范化、制度化、科学化,提高并改善煤炭经营管理水平,结合煤炭经营管理工作实际情况,公司特提出如下要求:

1.供销科是煤炭信息统计的归口部门,应建立、健全各种燃煤管理台账,应做好原始记录的收集、整理、统计、汇总、上报、存档工作;负责向企管科提供煤炭发运的日报和月报的相关数据,及时提供煤炭入库单、出库单及原始单据以及港口发运台账和煤场存煤示意图。

2.财务科负责向企管科提供煤炭相关财务归口数据,配合企管科做好煤炭信息的统计上报和分析工作。

3.煤炭统计工作必须坚持实事求是的原则,如实反映情况,不得弄虚作假,不得虚报、瞒报或伪造篡改统计数据;必须坚持集中统一的原则,严格按规定的统计范围、统计目录、统计指标、计算方法、计算价格、计算口径、报送时间来搜集整理统计资料。

4.煤炭各种统计报表要按照上级统一规定的报表内容和统计口径填报,要确保燃煤报表的准确性和真实性,所有的统计数据必须建立在可靠的原始记录基础上。统计报表经领导审核、批准后方可上报。

四、统计工作程序

要做好煤炭企业的生产经营统计工作,首先应当清楚煤炭生产工艺流程。

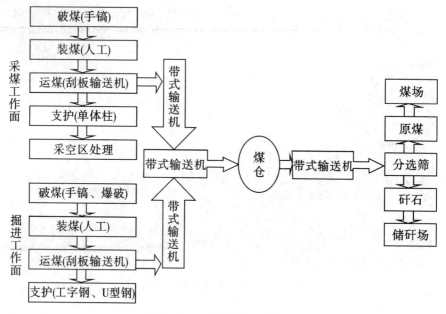

图 Q004-4　煤炭生产工艺流程

对于煤炭产量的统计也要跟其他企业生产统计流程一样,从建立完善原始记录开始,再到统计台账,最后到部门报表和综合报表。就该公司来说,从破煤、装煤、运煤直到煤矸分离到达煤场,各环节都要有完整的原始记录。公司员工的劳动工资数据,可直接从财务科取得。

五、注意事项

在进行煤炭产量统计时,必须分清煤炭四量。①开拓煤量:指在矿井可采储量范围内已完成设计规定的主井、副井、风井、井底车场、主要石门、集中运输大巷、集中下山、主要溜煤眼和必要的总回风巷等开拓掘进工程所构成的煤储量,并减去开拓区内地质及水文地质损失、设计损失量和开拓煤量可采期内不能回采的临时煤柱及其他开采量。②准备煤量:指在开拓煤量范围内已完成了设计规定所必需的采区运输巷、采区回风巷及采区上(下)山等掘进工程所构成的煤储量,并减去采区内地质及水文地质损失、开采损失及准备煤量可采期内不能开采的煤。③抽采煤量:指已经经过瓦斯抽采评价符合回采要求的工作面可采煤量,可以是几个工作面可采煤量之和,高瓦斯、煤与瓦斯突出矿井的抽采达标煤量必须与矿井产量相适应,瓦斯抽采能力不得小于矿井产能。④回采煤量:指在准备煤量范围内,按设计完成了采区中间巷道(工作面运输巷、回风巷)和回采工作面开切眼等巷道掘进工程后所构成的煤储量。

在劳动工资统计方面,煤炭企业与其他企业相比有很大不同,最突出的就是一线生产人员变动快、变动大,几乎找不出两个月是相同的生产人员,这就给工资统计工作带来了很大难度,增加不小的工作量。

Q005 河南省某啤酒股份有限公司啤酒生产统计实际案例

一、案例来源

河南省某啤酒股份有限公司提供数据为 Excel,原始数据见 QYS005-2.1 与 QYS005-2.2。

二、案例描述

河南省某啤酒股份有限公司位于山清水秀、竹林环抱的某县工业区 18 号,是国家农业部命名的一大企业,是河南省重点保护企业之一,是连续多年的纳税大户。现年生产能力 20 万吨,职工近 2 000 名,各类专业技术人才 680 余人,销售人员 500 多名。产品销售实现全省无空白市县,辐射周边十几个省市,成为本地区最大的啤

图 Q005-1 啤酒生产车间

酒生产厂家,综合实力居河南省食品行业 50 强,省啤酒行业前三强。"月山"牌商标连续被省工商局授为"河南省著名商标","月山啤酒"入围"河南省六大品牌",被省消费者协会评为"消费者最满意的产品"。公司产品主要是月山、三姑泉、戈力三大系列啤酒,是采用太行山南麓深 197 米的优质矿物质水,精选新疆麦芽、香型酒花酿制,酒体醇厚,口味清爽纯正。公司近几年来,特别注重硬件设施引进和技术方面的领先地位,在技术检测方面,投资 200 万元建成标准化验室,引进世界先进国家的啤酒检测仪器,其中瑞士的 3650 型便携式溶解氧测定仪,荷兰哈夫曼的双角度浊度计,德国的脆度仪、黏度仪,美国的绝对厌氧培养罐等进口仪器,其装备技术水平处于国内同行业一流水平,可检测水质、原料、半成品、成品、包装物等涉及啤酒生产过程中每一个质量控制点,为生产出高质量的月山啤酒提供了可靠的技术保证。公司的整个糖化系统由独立的二分厂 15 万吨和一分厂 10 万吨的分系统组成,自控系统采用和利时公司的先进 DCS 控制方式,控制执行部件采用德国宝保公司和美国博雷公司的进口产品,控制精度高,工作可靠。压滤机组是目前国内最先进的生产工艺,其生产批次达 11 批,整个糖化生产按照工艺要求实现了电脑自动化控制,能有效提

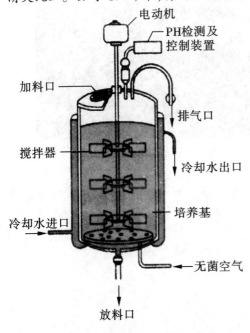

图 Q005-2 发酵罐的结构示意图

高麦汁质量,降低麦汁组分的有害成分。发酵系统的罐群由 30 台 360 m^3 发酵罐和 9 台 200 m^3 清酒罐组成,总容量为 12600 m^3,工艺采用全方位的 CIP 洗涤系统,可靠酵母扩培及 CO_2 回收设备,全自动化 DCS 控制系统等先进装备,规范的施工,严格的检测,确保了工程施工质量,并满足发酵零死角、无污染的要求。公司拥有 7 条 24 000 瓶/小时的现代化生产线,其中引进意大利产科时敏标机、美国伟迪捷等进口产品设备。整个包装生产线的布置合理,配套齐全,技术装备水平先进,可满足卫生、均衡、安全、高效的包装生产要求,确保了啤酒的包装质量,每年产量可达到 25 万吨。

公司在把大量资金投向"硬件"建设的同时,精力则集中在了"软件"的建设上来。多年来,集团一直把培养人才、引进人才放在重要位置。在技术人才方面,先后与江南大学、郑州大学等多家本科和专科院校合作,签订培训和用人合同,源源不断地引进技术等各方面高尖端专业人才。并在集团内部,筹建了科研机构、中心化验楼等科学试验场所。对销售人员的引进和培养,更是敞开公司大门,内培外挖,不仅招进营销专业的高才生,还挖有经验的优秀业务员过来。截至目前,公司共有各类专业技术人员 780 名,占职工人数的 26.5%。其中高级职称 8 人,中级职称 50 余人。现在每 5 个人中就有一个大中专生。从事销售工作的人员,80% 都是大中专生。根据集团公司"狠抓近距离市场"和加快城市市场开发的指导方针,公司在本土市场设立办事处,实现"管理到二批,销售到终端",使焦作地区市场占有率在 80% 以上,200 千米以内的重点市场占有率达到 35%,并先后建立了新乡等 30 个重点开发市场,为销量的提升打下了很好的基础,并拥有了庞大的月啤客户网络和一大批稳定忠实的月啤消费者。

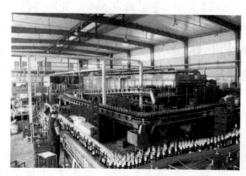 

图 Q005-3 啤酒灌装生产线   图 Q005-4 啤酒包装生产线

月山啤酒 2013、2014、2015 年产值、主要产品产量和价格以及财务成本变化资料如下。

表 Q005-1 月山啤酒近年产值、主要产品产量和价格变化资料

2014 年	2 月	3 月	4 月	5 月	6 月
总产值(千元)	16 037	23 217	26 337	27 501	31 422
产量(千升)	6 446	11 268	11 300	13 453.23	15 233
价格(元/千升)	1 860	1 860	1 860	1 860	1 860
2015 年	2 月	3 月	4 月	5 月	6 月
总产值(千元)	13 679	23 954	21 529	24 920	23 587
产量(千升)	6 119	10 589	9 952	12 221.96	12 261
价格(元/千升)	1 860	1 860	1 860	1 860	1 860
2013 年	2 月	3 月	4 月	5 月	6 月
总产值(千元)	13 528	33 301	25 771	33 243	32 674
产量(千升)	5 662	15 491	12 913	16 197	16 819
7 月	8 月	9 月	10 月	11 月	12 月
28 165	23 044	10 357	7 264	1 885	6 994
13 633	12 126	6 106	4 270	1 143	2 644
1 860	1 860	1 860	1 860	1 860	1 860
7 月	8 月	9 月	10 月	11 月	12 月
20 541	19 729	18 114	5 466	1 129	3 942
11 509	11 423	10 103.41	3 738	716	2 213
1 850	1 810	1 850	1 860	1 850	1 785
7 月	8 月	9 月	10 月	11 月	12 月
31 071	35 125	22 444	11 294	8 738	8 244
16 678	17 518	11 944	6 083	4 624	3 548

表 Q005-2 月山啤酒 2014、2015 年财务数据　　　　　　单位:千元

指标名称	代码	数据	
甲	乙	2015 年	2014 年
一、年初存货	101	118 170	124 388
二、资产负债	—	—	—
流动资产合计	201	144 137	127 925
其中:应收账款	202		1
存货	205	120 012	118 170
其中:产成品	206	4 097	1 467
资产总计	213	443 863	430 475
负债合计	217	440 978	443 842
三、损益及分配	—	—	—
营业收入	301	203 139	255 109
其中:主营业务收入	302	188 765	255 109
营业成本	307	134 744	186 775
其中:主营业务成本	308	125 647	186 775
营业税金及附加	309	24 799	27 870
其中:主营业务税金及附加	310	24 734	27 870
销售费用	312	37 474	36 870
管理费用	313	22 843	17 610
其中:税金	314	2 344	3 970
财务费用	317	16 430	18 815
其中:利息收入	318	59	65
利息支出	319	16 395	17 013
资产减值损失	320		
公允价值变动收益(损失以"-"号记)	321	0	
投资收益(损失以"-"号记)	322		0
营业利润	323	-33 151	-32 831
营业外收入	325	135	141
其中:补贴收入	324		
营业外支出	326	3 254	3 462
利润总额	327	-36 270	-36 152
四、应交增值税	402	14 862	16 852
五、平均用工人数(人)	606	894	883

三、统计工作要求

1. 统计人员在上级的领导和监督下定期完成量化的工作要求,并能独立处理和解决所负责的统计工作任务;

2. 登记生产部门的统计原始记录和台账,填写和编制统计报表;

3. 按照统计制度规定,全面收集、填报、汇总本业务统计资料;

4. 进行生产部门的统计资料的加工整理;

5. 定期出具本生产部门业务统计分析报告。

图 Q005-5　啤酒存放仓库

四、统计工作程序

该公司的统计工作比较规范,公司各车间、各部门都有专人负责登记、录入、对账、汇总、填报等各项统计工作,他们的工作都是按如下流程进行的。

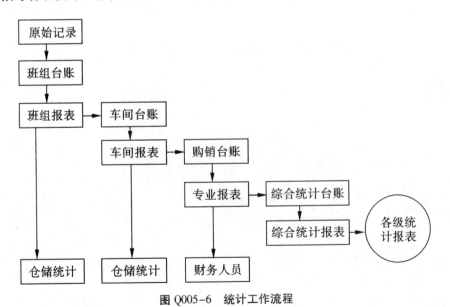

图 Q005-6　统计工作流程

五、注意事项

在完成成本费用报表时,必须按照企业一套表网上直报系统的操作规程,注意各项指标的逻辑关系和要求。

1. 流动资产合计(201)≥其中:应收账款(202)+其中:存货(205);

2. 存货(205)≥其中:产成品(206);

3. 资产总计(213)≯流动资产合计(201);

4. 营业收入(301)≥其中:主营业务收入(302);

5. 营业成本(307)≥其中:主营业务成本(308);

6. 营业税金及附加(309)≥其中:主营业务税金及附加(310);

7. 管理费用(313)≯其中:税金(314);

8. 资产总计(213)≥0。

另外,由于河南省月山啤酒股份有限公司执行的是 2006 年的《企业会计准则》,所以营业利润的计算方法是:

营业利润(323)= 营业收入(301)－营业成本(307)－营业税金及附加(309)－销售费用(312)－管理费用(313)－财务费用(317)+资产减值损失(320)+公允价值变动收益(321)

利润总额(327)= 营业利润(323)+营业外收入(325)－营业外支出(326)

Q006　焦作市某纺织股份有限公司棉纱生产统计实际案例

一、案例来源

焦作市某纺织股份有限公司提供,数据存为 Excel,原始数据见 QYS006。

二、案例描述

焦作市某纺织股份有限公司,坐落在河南省焦作市境内,是专业从事棉花收购、加工、经营和棉纱生产的股份制民营企业。企业占地面积53万平方米,注册资金2.8亿元,目前生产规模达40万纱锭,下设五个生产分厂,职工2 500人,是河南省最大的精梳纱生产基地。以"诚实创新,超越自我;快速反应,雷厉风行;忠诚敬业,爱岗奉献"为公司的精神、作风和誓言。

图 Q006-1　先进的自动络筒机

公司拥有国际一流的纺纱装备及检测技术,如德国技术的清梳联、瑞士立达的并条机、精梳机、乌斯特公司的 HVI 大容量棉花测试仪、进口的全自动络筒机、性能优越的JWF1536B 型紧密纺集体落纱细纱长车等。主要产品"海华牌"棉纱深受用户信赖,紧密纺纯棉精梳纱获"河南省名牌产品"称号,畅销江苏、浙江、山东、广东、上海、深圳等十大纺织品出口基地。产品质量达乌斯特公报5%水平,通过了 ISO 9001 国际质量体系认证。公司先后被评为"河南省高成长型民营企业""河南省纺织五强企业"、中国纺织服装行业 500 强、中国棉纺织行业排名经济效益前 50 名;荣获"河南省质量诚信 AAA 级工业企业""河南省著名商标""焦作市市长质量奖""河南民营企业 100 强"等荣誉称号。

图 Q006-2　精梳 40 支棉纱

图 Q006-3　精梳 100 支棉纱

多年来,企业始终坚持"建立一个核心——行业自信心;明确一个目标——传统产业高端化、高端产品品牌化、品牌产品差异化;必走一条道路——学习创新发展之路;达到一个目的——富裕员工,回报社会"的指导思想。"十三五"期间,公司战略方针是:以质量为中心,以创新引领我们的各项工作,以降低棉结为突破口,加强品牌建设,持续开展"四个细化"和"三节一提高"工作,进一步加强基础管理,适应经济发展新常态。

图 Q006-4　先进的细纱生产线

图 Q006-5　高档精梳生产线

中原组一行三人于 2016 年 3 月 23 日深入该公司进行实地调研,考察了公司的生产车间、生产线,产品等,收集了下列统计数据。

表 Q006-1　某公司纺织近年产值、主要产品、产量及价格资料

月份			2 月	3 月	4 月	5 月
	总产值(千元)		44 180	54 624	54 680	56 775
	产量(吨)		1 649.17	2 014.83	2 018	2 133.26
2014 年	J32 支棉纱	产量(吨)	840.72	1 035.04	1 006.12	1 025.31
		价格(元/吨)	29 900	29 900	29 900	29 900
	J40 支棉纱	产量(吨)	576.33	663.11	643.78	657.98
		价格(元/吨)	30 700	30 700	30 700	30 700

续表 Q006-1

月份			2月	3月	4月	5月
2015年	总产值(千元)		50 442	52 730	64 011	66 399
	产量(吨)		2 176.13	2 212.49	2 655.74	2 750.34
	J32支棉纱	产量(吨)	932.28	949.62	1 077.16	1 117.6
		价格(元/吨)	27 500	27 500	27 500	27 500
	J40支棉纱	产量(吨)	603.46	631.37	699.59	732.56
		价格(元/吨)	28 500	28 500	28 500	28 500

6月	7月	8月	9月	10月	11月	12月
55 186	47 317	51 698	48 014	35 570	58 404	58 965
2 113.81	1 833.88	2 003.64	1 937.44	1 451.19	2 403.98	2 393.92
1 038.7	983.52	1 081.24	958.73	763.4	1 167.35	1 153.93
29 900	29 900	29 900	28 200	28 200	27 000	27 000
673.9	605.11	620.76	611.86	480.75	755.84	742.72
30 700	30 700	30 700	29 000	29 000	28 400	28 000
83 528	87 124	81 922	92 456	64 047	57 084	62 821
3 462.01	3 579.97	3 606.45	3 715.49	2 763.43	2 602.74	2 878.68
1 323.98	1 438.19	1 445.87	1 407.49	1 131.39	1 084.79	1 114.82
27 000	27 000	26 500	26 500	26 500	26 500	24 500
887.78	940.19	905.23	956.94	765.05	714.52	746.95
28 000	28 000	27 500	27 500	27 500	27 500	26 000

表 Q006-2　某公司纺织 2014、2015 年财务数据　　　　　单位:千元

指标名称	代码	数据	
甲	乙	2015年	2014年
一、年初存货	101	220 780	191 010
二、资产负债	—	—	—
流动资产合计	201	869 182	647 341
其中:应收账款	202	14 164	13 414
存货	205	251 004	220 780
其中:产成品	206	126 375	99 351
资产总计	213	1 412 282	1 228 011

续表 Q006-2

指标名称	代码	数据	
负债合计	217	892 459	806 146
三、损益及分配	—	—	—
营业收入	301	1 679 963	1 117 150
其中:主营业务收入	302	1 679 963	1 117 150
营业成本	307	1 548 184	1 151 361
其中:主营业务成本	308	1 548 184	1 151 361
营业税金及附加	309	1 399	2 417
其中:主营业务税金及附加	310	1 399	2 417
销售费用	312	12 457	11 268
管理费用	313	23 929	23 688
其中:税金	314	4 301	4 456
财务费用	317	39 641	43 856
其中:利息收入	318		0
利息支出	319	39 642	43 856
资产减值损失	320	0	
公允价值变动收益(损失以"-"号记)	321	0	
投资收益(损失以"-"号记)	322		0
营业利润	323	54 353	−115 440
营业外收入	325	14 109	15 001
其中:补贴收入	324	0	0
营业外支出	326	275	14 033
利润总额	327	68 187	−114 492
四、应交增值税	402	13 989	24 107
五、平均用工人数(人)	606	1 450	1 230

三、统计工作要求

1.统计人员在上级的领导和监督下定期完成量化的工作要求,并能独立处理和解决所负责的统计工作任务;

2.登记生产部门的统计原始记录和台账,填写和编制统计报表;

3.按照统计制度规定,全面收集、填报、汇总本业务统计资料;

4.进行生产部门的统计资料的加工整理;

5.定期出具本生产部门业务统计分析报告。

图 Q006-6　公司纺织车间

四、统计工作程序

该公司的统计工作比较规范,纺织生产各环节都有专人负责登记、录入、对账、汇总、填报各项统计工作,他们的工作是按如下流程进行的。

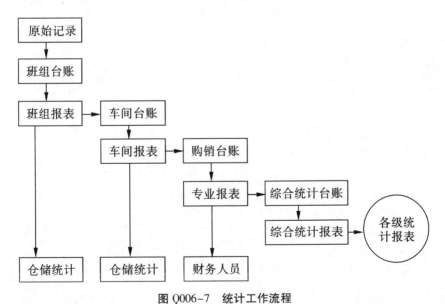

图 Q006-7　统计工作流程

五、注意事项

在完成成本费用报表时,必须按照企业一套表网上直报系统的操作规程,注意各项指标的逻辑关系和要求。

1.流动资产合计(201)≥其中:应收账款(202)+其中:存货(205);

2. 存货(205)≥其中:产成品(206);

3. 资产总计(213)≯流动资产合计(201);

4. 营业收入(301)≥其中:主营业务收入(302);

5. 营业成本(307)≥其中:主营业务成本(308);

6. 营业税金及附加(309)≥其中:主营业务税金及附加(310);

7. 管理费用(313)≯其中:税金(314);

8. 资产总计(213)≥0。

9. 由于河南省某纺织股份有限公司执行的是2006年的《企业会计准则》,所以营业利润的计算方法是:

营业利润(323)=营业收入(301)-营业成本(307)-营业税金及附加(309)-销售费
用(312)-管理费用(313)-财务费用(317)+资产减值损失(320)+
公允价值变动收益(321)

利润总额(327)=营业利润(323)+营业外收入(325)-营业外支出(326)

Q007 河南某牧业有限公司饲料产供销统计实际案例

一、案例来源

本案例由河南某牧业有限公司提供,数据存为 Excel,原始数据见 QYS007-3.1,QYS007-3.2,QYS007-3.3。

二、案例描述

河南恒辉农牧集团成立于 2009 年植树节,是一家集饲料研发生产、原料贸易、生物科技、生态养殖、安全食品、农牧投资、农牧咨询策划为一体的大型农牧企业集团。河南恒辉农牧集团现有河南恒辉生物技术有限公司、濮阳恒辉牧业有限公司、焦作恒辉牧业有限公司、宝鸡恒辉饲料有限公司、三门峡恒辉牧业有限公司、郑州恒典商贸有限公司等六家子公司,总资产 3.2 亿,年产值 5800 万,公司员工五百多名,其中:博士生 2 名,硕士生 5 名,本科生 120 多名。2011 年被河南省家禽交易会评为最具价值影响力品牌,2013 年被评为"最佳创新企业奖",是河南省饲料工业协会常务理事单位。

河南恒辉农牧集团自创立之时,就确立了"打造幸福企业,共享幸福生活"的企业文化,对外积极联合养猪业者建立新型产业合作关系,推动养猪业向农场化转型,广纳优秀人才加盟,对内开展技术创新,建立充满活力的运营机制,实现了合作共赢、和谐快速发展目标。

本课题中原工作组一行于 2015 年 12 月中旬深入该企业集团下属某牧业有限公司进行统计工作实际调研。考察了企业饲料技术研发、生产、销售的情况以及企业员工结构、资产负债总规模,企业统计工作开展情况,包括统计人员配备、统计工作制度化、规范化建设等方面情况。该公司目前主要生产和销售的饲料产品有 2089 高档生长肥育猪浓缩饲料、高档乳猪浓缩料 2088、高档乳猪配合饲料 591、高档教槽料 2086、活力素、康宝(营养可乐)等。

图 Q007-1 厂房外景

图 Q007-2 投料设备

图 Q007-3　饲料加工设备

图 Q007-4　饲料装填设备

图 Q007-5　产品传送

图 Q007-6　饲料产成品

通过实地调研获得如下基本统计数据。

表 Q007-1　河南恒辉农牧集团某牧业有限公司统计资料

年份	年末公司员工人数（人）				年末资产负债总额（万元）	
	行政	工人	销售	合计	资产总额	负债总额
2010	7	20	18	45	519.5	137.47
2011	9	24	22	55	956.87	246.60
2012	12	26	29	67	1 839.77	891.16
2013	12	24	26	62	2 788.91	1 790.83
2014	12	21	24	57	2 905.45	1 973.31
2015	12	21	22	55	3 168.50	2 193.59

饲料（吨）			年末库存量占用流动金额（万元）
产量	销量	年末库存量	
9 761.625	9 721.51	136.83	37.70
16 513.950	15 977.02	167.69	47.02
20 911.825	20 694.76	174.815	55.71
19 131.925	18 086.30	473.28	141.28
22 995.765	21 184.61	310.185	90.51
17 200.00	16 662.80	341.915	91.40

　　公司仅用四年时间就实现了饲料产销量翻番的目标,恒辉农牧饲料已成为河南区域市场最具有成长价值的品牌。展望未来,"十三五"是恒辉农牧集团发展的关键时期,他们将围绕生态、安全的生猪产业链发展,专做良心事业,专做良心产品,集中优势资源发展生物饲料、生物工程、生态养殖、生态食品四大产业。生物饲料要做到"一年满负荷,两年翻两番,三年成规模",力争在三年内把恒辉生物猪料做到河南省猪料的前三强。到2020年,在河南的濮阳、焦作、三门峡、商丘、漯河发展五大产业集聚区,在西北地区的宝鸡、西安、兰州发展西北三大产业集聚区。每个产业集聚区包括 1 个 20 万吨的绿色饲料厂(包括 1 个生物发酵饲料配套厂),10 个年出栏 2 万头的生态商品猪场,10 个直营的大型品牌超市(主营恒辉集团自主品牌冷鲜肉:"恒好"生态食品超市)。到 2020 年,恒辉农牧集团饲料企业达到 10 个,饲料产量达到 100 万吨,2 万头的生态商品猪场达到 80 个,出栏生猪 160 万头。

　　生物饲料和生物发酵技术将是恒辉农牧集团未来发展的重点。该项技术是与河南师范大学生命科学学院联合研发并已获得国家发明专利,专利号:201210551002.0。它是利用廉价饲用麸皮、米糠粕等粮食副产品作为发酵原料,混菌(恒辉专利发明真菌、酵母菌、枯草芽孢杆菌、乳酸菌)固态发酵,大大节约饲料成本,翻倍提升粮食副产品的使用价值和社会价值,具体表现为:

　　1. 发酵 10 天后,蛋白含量从未发酵的 15.10% 增加到了 38.75%;且随着发酵时间的延长,仍然不断增长;

　　2. 有益菌群数量,10 天后达 1011 个/g,对于改善动物肠道菌群有重要的意义;

　　3. 粗纤维从最初的 12.5% 降低到了 4.26%;

　　4. 乳酸含量从 0.085% 增加到了 0.445%,可以刺激动物消化道,增加适口性。

　　因此,利用恒辉集团专有发明的微生物对豆粕、麸皮、米糠粕进行固态发酵,可显著提升恒辉饲料的蛋白利用率,让养殖户通过饲喂添加微生物发酵后的饲料,提高生猪群体的免疫力,大幅度降低生猪兽药使用量,为生产生态猪肉打下坚实的基础。

　　随着养殖规模化的发展,市场竞争的加剧,中国饲料工业已进入快速整合的快车道。为适应新形势的发展,恒辉农牧集团将利用资金优势、技术优势、市场优势、品牌优势,积极拓展业务发展,寻求与其他发展志向相同的企业开展战略合作,具体合作方式有资产托管、资产租赁、合资建厂、合作开发等,通过与其他企业的合作,实现优势互补,合作共赢,为客户提供更有价值的服务,为实现生态、健康、安全食品产业链做出贡献。

三、统计工作要求

1. 公司要建立厂部、车间、班组三级统计网络,配备专、兼职统计人员,并具备相应的统计专业知识和能力,依法开展统计工作。

2. 原始记录应遵循适应统计、会计和业务核算的需要,与企业生产管理状况相适应,与各项管理制度相适应的原则来设置,主要包括产品生产、生产能力、劳动力、资产负债、原材料、燃料、动力、新产品生产与投入以及财务收支等方面的记录。

3. 企业应根据工业统计制度要求建立相应的统计台账(包括电子台账),包括工业总产值及工业销售产值统计结果、工业用电量计算、产品产量、主要财务收支、原材料、能源消耗、库存材料、科研开发、职工变动、工资等台账。

统计台账要及时登录,账面要整洁,字迹要清楚工整,不能随意涂改和空缺。日期、摘要、数量、计量单位、金额按规定填写,没有错记、漏记、多记、混记的情况,必要时可附加文字说明。用蓝黑墨水或者碳素墨水书写,不能用圆珠笔或铅笔书写。

统计台账数据与原始记录、统计报表应相互衔接一致,账内相关指标数字必须符合逻辑。定期打印台账存档。

4. 按照所在地政府统计机构的要求,接受统计调查任务。按要求参加政府统计机构有关统计工作会议和统计业务培训,正确理解和掌握统计调查制度的内容和要求,掌握数据处理程序。

四、统计工作程序

该企业集团下属某牧业有限公司的统计工作比较规范,从班组到车间再到公司,都有兼职统计人员负责登记、汇总、填报各类统计数据,他们的工作程序基本是按照如下流程进行的。

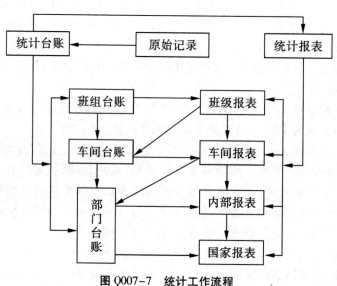

图 Q007-7　统计工作流程

五、注意事项

在引用以上统计数据时，必须注意统计数据的性质，其中公司员工人数、资产及负债总额以及饲料库存均为各年年末现有数据，而各年的饲料产量、销售量则是从年初到年末累计的结果。

Q008　中央储备粮某直属库出库统计实际案例

一、案例来源

中央储备粮某直属库提供,数据存为 Excel,原始数据见 QYS008。

二、案例描述

中央储备粮某直属库,坐落在河南省某市境内。它始建于1958年,整个库区占地面积60.5万平方米,设计仓容83.21万吨,库容量98万吨,固定资产总值6.4亿元。该直属库具有规模大、仓型全、功能强,现代化程度高的特点,兼具储备和中转两大功能,粮食的接收、存储、发放过程全部实现机械化、微机化,机械化吞吐量达2 000吨/小时,有固定晒场。保粮基础工作规范化、科学化、档案化;全方位采取粮情检测系统、环流熏蒸系统、机械通风系统、谷物冷却机"四合一"新技术,并依托大专院校和科研机构,积极开展科学储粮研究和技术革新,逐步实现由传统保粮向科学保粮的转变,确保国储粮数量真实、质量良好、调用通畅。中央储备粮某直属库拥有国内最齐全的仓型,仓储设施统计见下表。

图 Q008-1　立筒仓

图 Q008-2　陈粮

图 Q008-3　粮食传送带

表 Q008-1　中央储备粮某直属库仓储设施统计表

仓储设施	计量单位	数量	设计仓容(万吨)
立筒仓	个	211	38.1
浅圆仓	个	12	13
砖混结构平方仓	栋	17	22.15
钢结构平房仓	栋	3	5.5
砖筒仓	栋	8	0.5
轻钢罩棚	栋	2	0.5
站台仓	个	9	13.46

其中:四排式立筒仓群、72米大跨度钢结构平房仓是目前我国最新型、跨度最大的仓

体,也是我国最大的国家粮食储备库和国家储备粮库建设的标志性工程。该库统计工作严格、规范,数据登记完整。现收集到原始数据及整理结果见QYS008。

图 Q008-4　钢结构平房仓

三、统计工作要求

1. 直属库各环节统计要使用统一的电子规范文档建立仓储统计台账,执行日日消制度,当天与统计、财务对账。库内部分分仓建立保管账和汇总台账,按仓建账,逐日登记,按月汇总;库外部分由驻库人员负责建立分仓保管账和汇总台账,定期上报给统计部。

2. 质检人员负责库外粮食的质量管理并将收购、出库粮食的质量信息录入 ERP 系统;库内按 ERP 管理权限,输入粮食入库或出库数量信息;打印票据,经质检、业务核对签字确认后及时传递财务、统计部。

3. 驻库人员负责库外采购、销售的数量和质量,每天工作结束后,将收购、销售报给统计、业务内勤和仓储部;购销部内勤汇总每天库外采购、销售数据,并及时录入 ERP 系统,建立台账,定期与统计、仓储部统计对账;分品种销售完成后,要按销售合同相关条款确认存货的损耗或盈余,并与统计部、仓储部对账。

图 Q008-5　站台仓

图 Q008-6　轻钢罩棚

4. 生产人员与仓储人员、业务内勤及时准确沟通,按传递票据单执行入库、出库工作。按仓分天统计流量数据,计算分天分仓累计流量数据,编制流量数据报表,报送运营分析人员及财务部。

5. 财务成本核算人员,根据收购凭证、销售出库凭证、运输合同及相关合同,进行分品种的数量和成本的核算,确认损耗并与统计部对账,保证凭证的有效性,归档存放。

6. 按 ERP 系统基础数据及驻库人员统计日报,编制统计日报,填报购销存周报、经营头

图 Q008-7　砖混结构平房仓

寸周报和应收购款周报,定期向国粮局报送粮食收支平衡月报、季报,向运营管理部报送运营分析报表和运营数据的整理与分析。

四、统计工作程序

该直属库的统计工作比较规范,从库内统计到库外统计,都有专人负责登记、录入、对账、汇总、填报各项统计工作,他们的工作是按如下流程进行的。

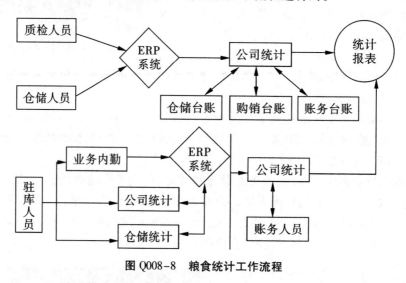

图 Q008-8　粮食统计工作流程

五、注意事项

该直属库多年的粮食统计工作经验告诉我们,要想保证粮食统计数据及时准确,就必须注意从基础工作入手,大力夯实源头数字,完善手续制度,强化监督落实。

一是注意细化企业统计制度。该直属库为更好地掌握粮食统计数字的真实性,在认真执行粮油统计制度的基础上,又结合企业实际制定了粮油出(入)库情况报单、分库点收支存报告单、《直属库统计百分考核办法》以及溢余、损耗审批制度,使统计数字的准确性、时效性有了很大提高。

二是注意规范传递手续。该直属库大力推行原始凭证传递制度规范化,认真执行粮食统计制度,客观反映粮油购销存的实际情况,确保原始记录齐全,传递手续严格,做到业务处理收有凭、支有据。

三是注意规范台账登记统计。该直属库通过狠抓统计台账制度的落实,使承储单位能够及时根据原始凭证登记统计台账,改变了统计数字依照会计数字"跑"的不良习惯。

四是注意完善对账制度。该直属库制定了《统计、会计、仓储三方对账互核薄》,规定:每月底业务终了,统计、会计、仓储三方对账,发现问题及时查找原因,并加以解决。统计报表做到"三不报出",即:不对账不报出,有错误不报出,不经负责人审阅不报出,切实做到了账账相符,账实相符,确保了库存真实。

Q009　郑州市某公共交通公司线路运营统计实际案例

一、案例来源

本案例由郑州市某公共交通公司提供，数据存为 Excel 格式，原始数据见 QYS009。

二、案例描述

郑州市某公共交通公司始建于 1954 年，是具有社会公益性质的国有大型公交企业，经过 60 余年的发展，已经由当初的 6 台车，3 条线路、17 名职工发展成为一个以城市公交客运业务为主、相关关联业务为辅助的大型国有公交企业。公司下设六个运营分公司、两个修理公司以及物业公司、结算中心、培训中心、职工医院等 13 个直属单位，现有职工 14000 余人。

多年来，郑州公交在省、市各级领导和社会各界的大力支持下，坚持发展，创造优秀，着力打造"郑州公交"服务品牌，服务能力和服务水平不断提高，行业影响力与日俱增，场站建设、职工培训、服务质量、智能化水平等各项工作都处于全国公交行业领先水平，开创了全国城市公交发展的"郑州模式"。2014 年 6 月，国家统计局中国经济景气监测中心、郑州市政府等部门联合举行新闻发布会，发布《郑州市公共交通对郑州社会经济发展贡献的评价研究报告》，充分肯定了郑州公交对郑州市城市经济社会快速发展所做的贡献。

2012 年 10 月，郑州市被交通运输部确定为第一批 15 个创建"公交都市"示范城市之一，这是郑州市城市建设和交通发展的一件大事。郑州市委、市政府从强化公交优先、建设畅通郑州十大工程、落实综合交通管理十项措施、推进中心城区功能外疏、倡导文明出行等五方面着手，实施城市交通综合性治理，并于 2012 年 11 月发布了《畅通郑州白皮书（2012-2014）》，2013 年 2 月发布了《郑州市"公交都市"建设示范工程实施方案（2013—2017）》，在政策、项目、技术以及创建目标、实施计划、保障机制等方面都进行了进一步明确，为郑州市"公交都市"示范城市建设奠定了基础。郑州公交紧紧围绕方便百姓出行、缓解城市交通拥堵这一中心工作，以"公交都市"示范城市建设为契机，以实干为民的精神助力建设"畅通郑州"，努力打造服务优质、市民满意的公交企业。

积极落实公交优先，实现公交优秀，是时代赋予郑州公交人的光荣使命。当前，郑州市正在积极打造国家"公交都市"示范城市，郑州公交将进一步解放思想，改革创新，有决心、有信心在各级领导及社会各界的关心、支持下，为广大人民群众提供安全、方便、快捷、舒适、经济的城市公共交通服务，让公共交通成为百姓出行的第一选择，全力打造高水准的国家一流的"公交都市"，为推进中原经济区和郑州都市区建设做出新的、更大的贡献！

本课题中原工作组一行于 2016 年 4 月走访该公司的公交二公司，就线路运营方面的统计工作及运营安排进行了走访。了解了针对线路安排的班车密度、线路区间等运营方面的统计工作。

三、统计工作要求

1. 每位公交司机应严格按照登记要求，登记每天运营的公交车次，运营的班次，以及每趟班次的发车时间和到站时间。

2. 调度室应做好每路公交车的运营台账，以了解班车发送的时间间隔，车次密度等方面的信息，并为统计出每位公交司机的工作量及工作效率提供依据。

3. 及时更新公交管理系统中的班车运营情况，为公众提供及时准确的公交信息。

四、统计工作程序

首先公交司机应根据自己的运营车次在调度点进行登记，之后有调度人员根据登记的信息进行公交运营情况的录入，以便及时准确地记录公交运营的实际情况。根据需要查询系统形成完整的运营信息，如某线路一天发送的总班次、平均运行时间，某位公交司机运营的班次是多少，等等。

五、注意事项

一定要严格执行公司工作制度，做到登记规范、流程规范，并要设定好管理权限，落实好统计责任制。

在简化流程的同时，一定要保留好原始凭证，并及时更新系统数据，做到系统信息的准确性、及时性。

Q010　广东某市加油站加油业务统计实际案例

一、案例来源

广东某市加油站提供,数据存为 Excel 格式,原始数据见 QYS010。

二、案例描述

随着中国汽车产业的发展及人民收入的提高,汽车已经成为普及的交通工具,加油站的加油业务也日益发展。

图 Q010-1　统计工作过程调研

全天 24 小时营业的加油工作有时十分繁忙,有时又十分清闲,如何根据加油的数据来安排人员值班及休息成为一个重要的问题。本案例把加油的明细表按星期及时间进行分组并制作统计图来分析加油业务的规律。

我们实地调研(图 Q010-1)时,公司向我们提供了 2016 年 5 月 1 日到 7 月 8 日加油明细表(表 Q010-1)。

表 Q010-1　2016 年 5 月 1 日到 7 月 8 日加油明细表

A 枪号	B 灌号	C 油品	D 数量	E 单价	F 金额	G 金额数值	H 加油时间	I 星期	J 时间	K 结算方式	L 结算时间
13	4	95号	43.62	6.19	270.00	270.00	2016-05-01 0:06:16	7	0	现金	2016-05-01 0:17:48
16	3	92号	24.48	5.72	140.00	140.00	2016-05-01 0:17:37	7	0	现金	2016-05-01 0:26:09
12	3	92号	41.96	5.72	240.00	240.00	2016-05-01 0:18:34	7	0	现金	2016-05-01 0:21:51
9	4	95号	30.69	6.19	190.00	190.00	2016-05-01 0:23:22	7	0	现金	2016-05-01 0:34:30
5	4	95号	30.22	6.19	187.06	187.06	2016-05-01 0:25:30	7	0	IC卡	2016-05-01 0:26:51
15	4	95号	64.61	6.05	399.94	399.94	2016-05-01 0:26:54	7	0	现金	2016-05-01 0:28:35
8	3	92号	40.25	5.58	230.23	230.23	2016-05-01 0:28:40	7	0	IC卡	2016-05-01 0:31:37
16	3	92号	33.36	5.72	190.82	190.82	2016-05-01 0:31:34	7	0	IC卡	2016-05-01 0:32:33
16	3	92号	47.20	5.72	270.00	270.00	2016-05-01 0:34:51	7	0	现金	2016-05-01 0:37:41
15	4	95号	42.00	6.19	260.00	260.00	2016-05-01 0:38:17	7	0	现金	2016-05-01 1:23:33
10	2	0号柴油	156.12	5.29	825.87	825.87	2016-05-01 0:52:19	7	0	IC卡	2016-05-01 0:57:10
12	3	92号	41.96	5.72	240.01	240.01	2016-05-01 0:56:39	7	0	现金	2016-05-01 1:23:33
14	3	92号	22.90	5.72	131.00	131.00	2016-05-01 0:58:16	7	0	现金	2016-05-01 1:23:33
16	3	92号	26.22	5.72	150.00	150.00	2016-05-01 0:58:41	7	0	现金	2016-05-01 1:23:33
14	3	92号	43.71	5.72	250.00	250.00	2016-05-01 1:00:57	7	1	现金	2016-05-01 1:23:33
16	3	92号	20.10	5.72	114.97	114.97	2016-05-01 1:01:44	7	1	现金	2016-05-01 1:23:33
12	3	92号	39.34	5.72	225.00	225.00	2016-05-01 1:03:20	7	1	现金	2016-05-01 1:23:33
14	3	92号	17.48	5.72	100.00	100.00	2016-05-01 1:03:50	7	1	现金	2016-05-01 1:23:33

注:该表原始数据见附件 QYS010-原始数据。

三、统计工作要求

为了方便加油站数据的使用及分析,加油站的统计数据必须真实准确,并保证资料的连续性。

四、统计工作程序

加油站的统计工作的程序大致可分为统计资料的收集、统计资料的整理、统计资料的分析、统计资料的应用四个步骤,每个步骤的工作内容分述如下。

收银员根据加油登记卡上填写的油品及数量记录,通过收银台录入收款金额并收款。这一笔交易同步传输到加油站的管理系统。这些交易信息全部保存到管理系统,管理人员可以通过该系统了解加油站的基本销售情况,并作简单的分析。销售人员的奖金也是根据该销售额的记录进行计算。

五、注意事项

必须保障统计资料的准确性、客观性和科学性,要保证数据的及时录入及保存备份。

Q011 深圳某连锁便利店商品零售额预测统计实际案例

一、案例来源

YQ 便利店有限公司(下面简称公司)提供,数据存为 Excel,原始数据见 QYS011。

二、案例描述

便利店业态于 20 世纪 90 年代末引入国内市场。它因单体体量较小,个店增长相对有限,所以相较于大卖场或百货店而言,常依靠连锁经营实现规模的扩张。连锁经营的优点在于可以实现运营经验的快速复制,总部资源的分享,基础设施投资的成本分摊以及提高采购议价能力等,同时蜂窝式布局带来的品牌展示资源也赋予便利店连锁网络更高的渠道溢价。

近年来,在与 7-Eleven、全家等外资连锁便利店同台竞争中,内资便利店诞生了如快客、苏果、唐久、之上、36524、美宜佳、联华快客、红旗连锁、深圳友琪等品牌。

YQ 便利店有限公司创立于 2006 年,总部位于深圳市龙岗区。截至 2015 年 10 月,公司采取"直营+特许加盟+合作加盟"的经营模式,在深圳、惠州、东莞、长沙等四个地区共拥有 629 家门店;2014 年 12 月成立子公司惠州市友捷物流有限公司,建立 8 800 平方米的物流配送中心;2015 年 5 月成立深圳市嘉雪冷链食品有限公司,建立 500 平方米 −18 ℃冷冻、1 000 平方米 5 ℃冷藏仓库,实现常温、冷链专业配送,以满足门店的物流配送需求。公司于 2013 年引进海鼎系统,并切换原有 SISS V9 商业管理系统,实现管理升级。门店只需完成终端销售和服务,总部进行门店信息的自动回收和处理,并进行数据分析。其中,通过对各单品的销售量(数量)、零售额、毛利额、毛利率、SKU 相关指标等进行销售统计,比较各类商品的销售额,以及毛利额较高的几大类商品中平均单品贡献水平,引导门店调整商品结构,提高经营效益。公司主要采取集中区域发展策略,通过提升观念、加强管理、加强信息控制,充分发挥本土优势,做强再做大。公司在 2014 年荣获广东省最具发展潜力品牌。

图 Q011-1　统计工作现场

图 Q011-2　第 0505 分店

在实地调研时,公司向我们提供了"第0505分店2015年度商品销售数据汇总表"。

表Q011-1 第0505分店2015年度商品销售数据汇总表

A	B	C	D	E	F	G	H	I	J
行号	记帐日期	门店代码	数量	零售额	成本额	毛利额	毛利率	客流量	客单价
1	2015.01.01	0505	1136	5340.7	4050.07	1290.63	24.17	455	11.74
2	2015.01.02	0505	1313	4735.2	3566.72	1168.48	24.68	455	10.41
3	2015.01.03	0505	1163	4710	3499.62	1210.38	25.70	440	10.70
4	2015.01.04	0505	3439	7905.5	6503.86	1401.64	17.73	508	15.56
5	2015.01.05	0505	1408	5400.7	4052.41	1348.29	24.97	514	10.51
6	2015.01.06	0505	1429	6178	4903.41	1274.59	20.63	472	13.09
7	2015.01.07	0505	1417	5853.5	4509.88	1343.62	22.95	446	13.12
8	2015.01.08	0505	1915	6481.5	5139.84	1341.66	20.70	503	12.89
9	2015.01.09	0505	1897	6058.9	4662.54	1396.36	23.05	568	10.67
10	2015.01.10	0505	1844	6390.5	4909.69	1480.81	23.17	522	12.24
11	2015.01.11	0505	1658	5086.4	3894.74	1191.66	23.43	442	11.51
12	2015.01.12	0505	1818	7181	5528.41	1652.59	23.01	563	12.75
13	2015.01.13	0505	1690	6080.5	4615.7	1464.8	24.09	474	12.83
14	2015.01.14	0505	1504	6515.5	4999.31	1516.19	23.27	484	13.46
15	2015.01.15	0505	1294	6015	4555.85	1459.15	24.26	520	11.57
16	2015.01.16	0505	1695	6134	4716.94	1417.06	23.10	545	11.26
17	2015.01.17	0505	1510	5913	4524.31	1388.69	23.49	525	11.26
18	2015.01.18	0505	967	4499.5	3363.51	1135.99	25.25	439	10.25
19	2015.01.19	0505	1477	5911.5	4443.55	1467.95	24.83	543	10.89
20	2015.01.20	0505	1129.5	5437.6	4018.61	1418.99	26.10	503	10.81
21	2015.01.21	0505	1108	5519.9	4216.49	1303.41	23.61	495	11.15
22	2015.01.22	0505	1360	5767.8	4373.84	1393.96	24.17	518	11.13
23	2015.01.23	0505	1367	5970.4	4437.54	1532.86	25.67	568	10.51
24	2015.01.24	0505	1277	5397.6	3996.17	1401.43	25.96	499	10.82
25	2015.01.25	0505	1278	5217.3	3804	1413.3	27.09	431	12.11
26	2015.01.26	0505	1263	4988.7	3779.94	1208.76	24.23	471	10.59

注:(1)表Q011-1原始数据见附件QYS011-原始数据;

　　(2)毛利额=零售额-成本额;毛利率=毛利额/零售额;客单价=销售额/顾客数。

三、统计工作要求

便利店要做到专业化、规范化的经营,需要大量的数据分析,便利店的经营数据是销售的最精确反映,只有进行仔细的数据分析,才能真正抓住市场。

1.门店库存数据、销售数据准确无误,单品销售数据必须全部刷入收银机,不能漏刷;

2.按时完成数据分析工作,填写电子统计台账;

3.定期出具本岗位业务的电子统计报表。

四、统计工作程序

连锁便利店经营工作受数据引领,常规经营管理是由信息流程自动化管理去实现,即"门店只需完成终端销售和服务,总部进行门店信息的自动回收、处理,生成配送单,物流中心完成配送",数据分析工作是公司实行统计监督、加强营运管理、提高经营效益的必然选择。该企业的销售统计工作比较先进,做到全天候动态掌握门店商品销售状况,各月定期进行销售计划完成情况分析,并完成电子报表,他们的销售工作流程如下。

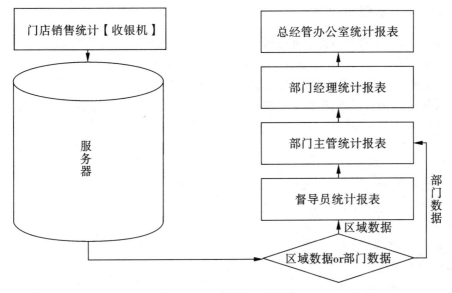

图 Q011-3 销售工作流程

五、注意事项

（一）数据提取权限

员工权限、主管权限、经理权限、总经理权限。

（二）销售额及目标达成数据提取及汇报

1. 数据上传时间：每日 9:00 前。

2. 每位直营店督导员管理 6 家门店，对 6 家门店业绩负责。

3. 区域内业绩由督导员，反馈至门店。同时，根据完成情况，向门店下达阶段性目标完成计划。

4. 直营店主管每日提取本月阶段目标至公司管理层。

（三）门店鲜食销售数据提取及汇报

1. 由专职督导员，每周提取一次：鲜食销售数量、销售金额、库存数量；汇总后发送至部门主管处，为主管决策提供数据支持；店长根据门店销售及库存，制作订货单（门店库存、日均销量、安全库存、订货数量、缺货数量），发送至冷链物流，由冷链物流分拣并配送；

2. 每月 2 日前提取月度鲜食销售分析，分列类别贡献率。

（四）门店常温商品订货

公司实行自动补货，由系统根据门店前 15 日平均销售数量，设定单品订货上下限；同时，系统自动出配送单，由人工确认并发放送至物流，物流按单分拣配送。

六、门店日常销售数据

1. 商品分析,由督导员提取并分析,执行向主管汇报、向店长传达的流程。

2. 门店月度销售目标达成率,由督导员提取并分析,执行向主管汇报,向店长传达的流程;再由部门主管向部门经理汇报目标完成情况及说明。

3. 类别商品销售跟进:由督导员提取并分析,执行向主管汇报、向店长传达的流程。

Q012　宁波某男装有限公司生产统计实际案例

一、案例来源

宁波某男装有限公司提供。

二、案例描述

宁波某男装有限公司是一家私营股份有限公司,专业生产具有法国设计风格的年轻时尚男性品牌GXG。公司坐落在宁波市望春工业园区。于2007年正式和香港银博兴投资公司合资的宁波某男装有限公司进行中国大陆区品牌推广工作并予同年8月份在大陆区开设第一家店铺,自目前近400家店。GXG整个品牌风格以产品的黑白灰无彩色和店务的黑白复古风有机结合,塑造出新一轮的中国流行风。在复古雅致的店务中能让顾客感受到品牌所追求的"打造出新一代中国男性优雅时

图 Q012-1　GXG 门店

尚斯文的潮装"。在所有产品以黑白灰为框架下GXG分为两大系列。GILL 是假日休闲系列,其产品崇尚自由、创新、随意的潮流风格,在产品中较多地应用剪裁、纽扣、拉链、相拼、印染绣等工艺让产品体现时尚而不张扬、流行而不类同的假日休闲风。GREEN 是GXG品牌中另一条重要的产品风格:都市商旅系列。其崇尚永恒和经典的大气主流风格,在产品中较多应用一些流行的面料和时尚的工艺来演绎男装中经典的款式,大气而不老气,简约而不简单,并在简约中体现斯文贵族的气质。重要的是两位兄弟设计师在系列的组合上坚持以目前最为流行的 Mix(混搭)为主线来贯穿整个品牌风格,并在产品中出现包、鞋、领带、手表、眼镜等时尚饰品来丰富整个产品的结构。GXG男装从穿着上也体现双 G 风格,即 Gill Mix Green;都市 Office 一族的具有绅士气质的男士通过 GXG 的两大系列——假日休闲和都市商旅相互穿插搭配穿着像明星一样时尚、自信和耀眼。

2016 年 3 月 1 日,公司来了两位实习大学生,据说都是市场营销专业的,所以被安排到公司市场部,市场部李经理交给他们的第一项任务就是做一项市场调研。从 2016 年开始,公司准备由原来的男士休闲服装向男士休闲服饰转变,但是面对国内外休闲服装市场品牌众多、市场竞争激烈的局面,公司决策层认为要取得产品开发与市场推广的成功,需要对目前的市场环境有一个清晰的认识,从现有市场中发现机会,做出正确的市场定位和市场策略。因此,决策层决定专门在市场部成立市场调研机构开展市场调研与预测分析,通过对市场进行深入的了解,确定如何进行产品定位,如何制定价格策略、渠道策略、促销策略以及将各类因素进行有机的整合,发挥其资源的最优化配置,从而使新开发的服饰成功介入市场。

三、统计工作程序

企业调查人员为了使本次调查任务圆满完成,在搜集资料之前需要制订一份调查工作计划,明确工作程序,具体如下:

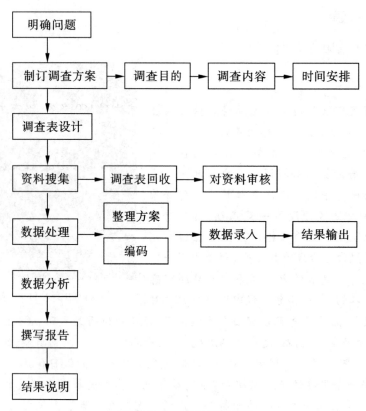

图 Q012-2　调查工作流程

四、统计工作要求

1. 在本次调查中,调查人员根据公司领导的意图,协同公司其他有关部门,设计调查方案和调查提纲。

2. 负责访问员的招聘与培训工作。

3. 负责调查问卷的发放、回收,并做好有关调查内容的解释工作。

4. 负责资料的汇总整理,并进行统计分析。

5. 撰写分析报告。

Q013　宁波某购物俱乐部有限公司统计实际案例

一、案例来源

宁波某购物俱乐部有限公司提供,数据存为 Excel,原始数据见 QYS012。

二、案例描述

该购物俱乐部成立于1995 年9 月,目前,公司门店达到160 多家,遍布省内的宁波、杭州、绍兴、台州、丽水、嘉兴、舟山等地市。公司至今拥有130 多万付费会员,近9 千名员工,每天有30 多万顾客进出门店或在互联网上购买商品,超过1500 多家核心的供应商和服务商,有30 多亿元的流动和固定资产。公司始终坚持"用较少的钱,过更好的生活"的公司使命,立足社区老百姓日常生活所需,坚持"便宜、便利"的价值理念,为会员顾客带来"新鲜、实惠、每一天"的顾客体验。

为了更准确地掌握超市周边居民的基本情况,公司于2016 年4 月10 组织了一次消费者购物情况的问卷调查。公司对调查资料作了手工汇总,如下表所示。

表 Q013-1　200 位顾客的问卷调查汇总数据

顾客	性别	年龄	婚姻状况	购买金额（元）	支付方式	出行方式	环境满意度
1	男	37	已婚	208	手机支付	自行车	一般
2	女	32	离异	586	手机支付	自驾车	比较满意
3	女	54	已婚	109	现金	自行车	比较满意
4	女	63	已婚	66	现金	步行	非常满意
5	女	25	未婚	64	手机支付	步行	一般
6	女	56	已婚	199	超市卡	步行	比较满意
7	男	35	已婚	286	手机支付	步行	比较满意
8	男	31	已婚	285	手机支付	步行	不满意
9	女	29	未婚	80	手机支付	步行	比较满意
10	女	58	离异	68	超市卡	自行车	比较满意
11	女	55	已婚	120	超市卡	公交车	比较满意
12	女	56	再婚	89	超市卡	步行	一般
13	女	58	已婚	160	现金	步行	一般
14	男	56	已婚	172	现金	步行	比较满意
15	女	48	已婚	109	现金	自行车	非常满意

续表 Q013-1

顾客	性别	年龄	婚姻状况	购买金额(元)	支付方式	出行方式	环境满意度
16	男	54	已婚	283	超市卡	自行车	比较满意
17	女	54	丧偶	152	现金	自行车	非常满意
18	女	24	未婚	88	手机支付	步行	非常不满意
19	女	22	未婚	62	银联卡	自行车	非常不满意
20	女	26	未婚	52	手机支付	公交车	一般
21	男	36	再婚	389	银联卡	自驾车	一般
22	男	53	已婚	261	超市卡	自行车	不满意
23	男	32	已婚	520	银联卡	自驾车	不满意
24	女	52	离异	152	现金	步行	比较满意
25	女	41	已婚	181	银联卡	自行车	一般
26	女	45	已婚	106	现金	自行车	不满意
27	女	55	已婚	198	现金	步行	非常不满意
28	男	67	丧偶	158	超市卡	步行	非常满意
29	男	46	再婚	186	现金	步行	比较满意
30	男	53	已婚	123	现金	步行	比较满意
31	女	52	已婚	162	现金	步行	非常满意
32	女	57	离异	165	银联卡	步行	一般
33	女	32	已婚	286	手机支付	公交车	一般
34	女	46	已婚	130	现金	公交车	不满意
35	女	36	再婚	320	手机支付	自驾车	比较满意
36	女	54	已婚	130	现金	步行	一般
37	女	56	已婚	180	现金	步行	比较满意
38	女	44	已婚	126	现金	步行	不满意
39	女	21	未婚	32	现金	自行车	不满意
40	男	35	再婚	202	手机支付	自行车	一般
41	男	39	已婚	108	现金	步行	比较满意
42	男	40	再婚	365	银联卡	自驾车	比较满意
43	女	42	已婚	110	现金	步行	一般
44	男	36	未婚	189	现金	步行	一般
45	男	38	已婚	279	银联卡	出租车	比较满意
46	男	59	已婚	302	银联卡	自行车	比较满意

续表 Q013-1

顾客	性别	年龄	婚姻状况	购买金额(元)	支付方式	出行方式	环境满意度
47	女	58	已婚	249	超市卡	自行车	比较满意
48	女	34	已婚	465	银联卡	自驾车	不满意
49	女	44	离异	104	银联卡	自行车	比较满意
50	女	56	再婚	130	现金	步行	非常不满意
51	男	52	已婚	189	超市卡	步行	不满意
52	女	57	已婚	164	现金	步行	非常满意
53	女	46	再婚	287	银联卡	步行	比较满意
54	女	42	已婚	107	现金	步行	比较满意
55	男	46	已婚	120	现金	步行	一般
56	女	38	再婚	168	银联卡	步行	比较满意
57	男	43	已婚	230	现金	自驾车	比较满意
58	女	63	已婚	120	超市卡	自行车	不满意
59	女	66	已婚	159	超市卡	步行	一般
60	女	47	离异	77	现金	步行	比较满意
61	女	56	已婚	158	现金	步行	比较满意
62	女	67	丧偶	54	现金	步行	非常满意
63	女	61	已婚	286	银联卡	公交车	一般
64	男	75	丧偶	154	银联卡	公交车	比较满意
65	女	63	再婚	120	银联卡	步行	比较满意
66	男	36	已婚	232	超市卡	自驾车	一般
67	女	38	再婚	343	超市卡	出租车	一般
68	男	43	再婚	108	现金	步行	比较满意
69	女	65	已婚	190	银联卡	步行	一般
70	女	62	已婚	164	银联卡	步行	比较满意
71	男	33	离异	330	手机支付	自驾车	一般
72	男	53	已婚	189	银联卡	公交车	不满意
73	女	26	未婚	130	超市卡	自行车	很不满意
74	男	46	已婚	168	银联卡	步行	一般
75	女	48	已婚	220	银联卡	步行	比较满意
76	女	53	已婚	182	银联卡	步行	一般
77	男	53	已婚	360	银联卡	步行	一般

续表 Q013-1

顾客	性别	年龄	婚姻状况	购买金额(元)	支付方式	出行方式	环境满意度
78	男	58	已婚	210	超市卡	公交车	比较满意
79	男	66	已婚	229	超市卡	公交车	比较满意
80	男	40	已婚	126	手机支付	步行	比较满意
81	女	68	已婚	165	银联卡	公交车	一般
82	女	61	已婚	239	超市卡	步行	一般
83	女	51	已婚	210	超市卡	公交车	比较满意
84	女	72	已婚	100	银联卡	公交车	一般
85	女	73	丧偶	158	现金	步行	不满意
86	女	45	已婚	218	超市卡	公交车	不满意
87	男	53	已婚	267	银联卡	步行	一般
88	女	48	已婚	210	超市卡	公交车	一般
89	女	45	已婚	248	超市卡	步行	比较满意
90	男	55	已婚	218	超市卡	步行	一般
91	男	34	再婚	388	手机支付	自驾车	比较满意
92	男	38	已婚	186	手机支付	步行	一般
93	女	42	离异	99	银联卡	步行	比较满意
94	女	63	已婚	150	超市卡	步行	一般
95	男	53	已婚	168	银联卡	步行	比较满意
96	女	49	已婚	147	超市卡	自行车	一般
97	男	57	已婚	199	超市卡	公交车	非常满意
98	女	62	已婚	133	现金	公交车	比较满意
99	女	65	已婚	186	银联卡	步行	非常满意
100	女	58	已婚	102	现金	公交车	比较满意
101	男	54	已婚	108	手机支付	公交车	一般
102	女	59	已婚	186	现金	步行	比较满意
103	男	57	已婚	129	现金	自行车	比较满意
104	女	64	已婚	164	现金	步行	非常满意
105	女	62	已婚	169	现金	自行车	一般
106	女	65	已婚	299	银联卡	步行	比较满意
107	男	39	已婚	346	银联卡	步行	非常满意
108	男	69	已婚	195	现金	步行	一般

续表 Q013-1

顾客	性别	年龄	婚姻状况	购买金额（元）	支付方式	出行方式	环境满意度
109	女	75	已婚	140	现金	公交车	比较满意
110	女	63	离异	168	银联卡	自行车	比较满意
111	女	58	已婚	220	超市卡	步行	比较满意
112	男	48	再婚	394	手机支付	自驾车	比较满意
113	男	53	已婚	130	现金	步行	一般
114	男	57	已婚	102	现金	步行	非常满意
115	女	55	已婚	179	现金	步行	非常满意
116	男	42	已婚	183	手机支付	自行车	一般
117	女	59	丧偶	52	现金	步行	非常满意
118	女	33	再婚	188	超市卡	自行车	一般
119	女	40	已婚	262	超市卡	自行车	非常不满意
120	男	43	已婚	232	超市卡	自行车	一般
121	男	49	已婚	189	银联卡	步行	比较满意
122	男	41	已婚	261	超市卡	步行	不满意
123	男	52	已婚	220	银联卡	步行	非常满意
124	男	37	离异	152	超市卡	自行车	比较满意
125	女	58	已婚	281	超市卡	自行车	一般
126	女	55	已婚	386	银联卡	步行	不满意
127	女	45	已婚	108	现金	步行	非常不满意
128	女	57	丧偶	118	现金	步行	非常不满意
129	男	41	再婚	286	手机支付	自驾车	比较满意
130	男	59	已婚	143	现金	步行	比较满意
131	男	63	丧偶	102	现金	公交车	一般
132	女	45	离异	265	银联卡	步行	一般
133	女	44	已婚	186	手机支付	公交车	比较满意
134	女	57	已婚	130	现金	公交车	不满意
135	男	49	再婚	230	超市卡	自驾车	比较满意
136	女	51	已婚	139	现金	步行	比较满意
137	女	54	已婚	80	现金	步行	一般
138	女	36	离异	126	超市卡	自行车	不满意
139	女	19	未婚	55	手机支付	自行车	非常满意

续表 Q013-1

顾客	性别	年龄	婚姻状况	购买金额(元)	支付方式	出行方式	环境满意度
140	女	34	已婚	252	超市卡	步行	一般
141	男	46	已婚	128	现金	步行	一般
142	男	41	已婚	365	银联卡	步行	比较满意
143	女	52	已婚	110	现金	步行	比较满意
144	男	59	已婚	189	现金	步行	一般
145	女	45	已婚	203	手机支付	出租车	比较满意
146	女	53	已婚	162	超市卡	步行	比较满意
147	女	37	已婚	249	超市卡	出租车	一般
148	女	35	已婚	365	银联卡	自驾车	不满意
149	女	59	离异	104	银联卡	步行	比较满意
150	男	59	已婚	330	超市卡	步行	非常不满意
151	男	50	已婚	289	超市卡	步行	一般
152	女	57	已婚	164	超市卡	自行车	非常满意
153	女	56	已婚	187	银联卡	步行	比较满意
154	男	61	已婚	153	银联卡	步行	比较满意
155	男	56	已婚	224	银联卡	自行车	比较满意
156	女	68	已婚	188	银联卡	步行	比较满意
157	男	66	已婚	130	现金	步行	一般
158	男	73	已婚	210	超市卡	公交车	不满意
159	男	79	已婚	109	超市卡	公交车	比较满意
160	女	61	离异	79	现金	步行	比较满意
161	女	68	已婚	58	银联卡	步行	比较满意
162	女	59	丧偶	84	现金	步行	非常满意
163	男	60	已婚	286	超市卡	自行车	一般
164	男	55	已婚	214	超市卡	公交车	比较满意
165	男	53	再婚	240	银联卡	自行车	一般
166	男	42	已婚	242	超市卡	公交车	比较满意
167	女	51	已婚	260	超市卡	出租车	比较满意
168	女	54	已婚	165	超市卡	步行	比较满意
169	女	45	离异	190	银联卡	步行	一般
170	女	66	已婚	264	银联卡	步行	一般

续表 Q013-1

顾客	性别	年龄	婚姻状况	购买金额(元)	支付方式	出行方式	环境满意度
171	男	62	已婚	130	现金	自行车	一般
172	女	73	已婚	189	超市卡	公交车	不满意
173	女	59	已婚	235	超市卡	公交车	很不满意
174	男	56	已婚	268	银联卡	自行车	一般
175	女	73	已婚	220	超市卡	公交车	比较满意
176	女	83	丧偶	182	银联卡	出租车	不满意
177	女	85	丧偶	60	现金	步行	一般
178	女	61	已婚	110	现金	公交车	比较满意
179	女	46	已婚	229	超市卡	公交车	非常不满意
180	男	49	已婚	126	现金	步行	比较满意
181	女	38	已婚	241	银联卡	公交车	一般
182	女	44	再婚	266	超市卡	步行	比较满意
183	男	43	已婚	224	超市卡	步行	非常满意
184	女	22	未婚	79	手机支付	公交车	一般
185	女	47	未婚	69	手机支付	公交车	不满意
186	男	50	已婚	143	现金	步行	一般
187	男	35	已婚	298	手机支付	自驾车	一般
188	男	29	已婚	319	超市卡	自驾车	比较满意
189	女	52	已婚	119	现金	公交车	比较满意
190	女	67	已婚	269	超市卡	步行	一般
191	男	65	已婚	249	银联卡	步行	比较满意
192	男	81	已婚	184	银联卡	步行	比较满意
193	女	46	已婚	139	手机支付	步行	比较满意
194	女	54	已婚	240	超市卡	公交车	一般
195	女	47	已婚	150	手机支付	自驾车	一般
196	女	58	已婚	247	超市卡	步行	一般
197	男	51	已婚	199	超市卡	步行	非常满意
198	女	64	已婚	154	现金	公交车	非常满意
199	男	56	已婚	179	银联卡	步行	一般
200	男	48	已婚	176	现金	步行	比较满意

三、统计工作程序

公司统计人员为了使本次调查任务圆满完成,在搜集资料之前制订了一份调查工作计划,明确工作程序,具体如下:

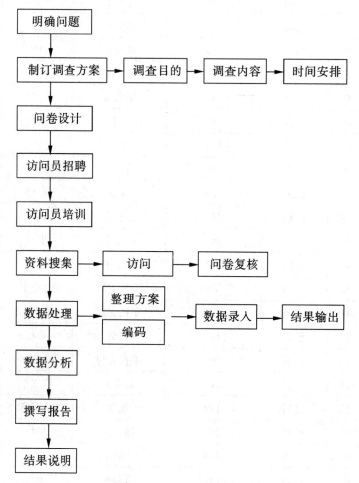

图 Q013-1　统计工作程序

四、统计工作要求

1. 在本次调查中,统计人员根据公司领导的意图,设计调查方案和抽样实施细则。

2. 负责设计调查问卷。

3. 负责招聘和培训访问员,印制"××顾客调查"访问员证书。

4. 在访问期间,统计人员对访问过程进行全程监控。

5. 负责问卷的审核、回收、汇总、整理分析工作。

6. 负责编制访问员报酬发放表,建议采购需要发放的礼品。

7. 负责数据分析报告的撰写。

Q014　浙江某工贸有限公司生产统计实际案例

一、案例来源

浙江某工贸有限公司提供，数据存为 Excel，原始数据见 QYS013。

二、案例描述

浙江某工贸有限公司是一家以研发、生产、销售为一体的现代化规模企业。公司占地面积 30700 平方米。拥有员工 400 多人（含工厂），中高级技术人员占员工比例为 15%，国内外销售人员 40 多人，拥有国内领先、国际一流的应用于种类生产线的关键设备和核心技术，具有年产 360 多万套炊具的生产能力。公司全面通过 ISO9001 国际质量体系认证和欧

图 Q014-1　厂房外景

洲 BSCI 工厂审核，是目前国内较大的不粘锅生产工厂。主要生产不粘炒锅、蒸锅、总粉锅、汤锅、奶锅及厨房家用电器等，同时承接国内外客户各种"异形锅"的生产（贴牌、来样定做），以其独具匠心的人性化设计、新颖别致的造型和优惠的价格深受国内外客户的青睐。

图 Q014-2　厂房内设备

图 Q014-3　产品样品间

2016 年年初为了制订各类管理、技术人员的职业发展计划，调整企业员工的薪酬待遇，以造就一支业务精干的高素质、高境界、具有高度凝聚力和团队精神的人才队伍，并形成以绩效考核为核心导向的人才管理机制。对全体从业人员的基本情况进行了调查登记工作。浙江组一行三人于 2016 年 3 月 18 日来到该公司进行实地调研，除了考察办公现场、生产车间外，还参与了公司对从业人员的调查工作。利用员工调查表取得以下主要统计数据，如表 1 所示。

表 Q014-1   浙江某工贸有限公司职工主要情况统计表

员工编号	姓名	性别	年龄	工龄（年）	文化程度	专业技术职称	职务（或岗位）	年薪（万元）
1	印东伦	男	36	13	本科	高级经济师	总经理	38.52
2	严艳红	女	33	9	硕士	高级商务师	副总经理	26.4
3	王 强	男	31	7	本科	外销员	职员	14.28
4	王 莉	女	25	2	大专	无	职员	4.2
5	季 骏	男	38	14	本科	商务师	职员	18.24
6	沈 瑶	女	40	16	大专	无	职员	16.44
7	张 奇	男	46	20	本科	商务师	副总经理	28.92
8	吴新年	男	33	10	大专	无	职员	14.24
9	郭山山	男	29	4	本科	无	职员	8.64
10	刘芳芳	女	31	7	本科	经济师	职员	16.44
11	江 旭	男	46	22	大专	会计师	部门主任	18.24
12	李晨亮	男	37	12	大专	无	职员	14.24
13	陈玉芳	女	28	5	大专	无	职员	7.44
14	陈佳雯	女	32	8	本科	会计师	职员	16.44
15	孙 後	男	37	10	大专	无	职员	14.24
16	李前峰	男	28	4	大专	统计员	职员	6.84
17	陈可欣	女	38	14	本科	经济员	职员	18.24
18	姜文杰	男	42	18	大专	技术员	职员	15.24
19	王永森	男	35	11	大专	经济师	业务经理	16.44
20	徐莉莉	女	32	8	本科	会计员	职员	14.28
21	周一波	男	43	19	大专	工程师	职员	16.44
22	陈思思	女	36	10	大专	经济师	业务经理	18.24
23	赵小文	女	33	10	大专	无	职员	14.28
24	戴梦琪	女	24	2	大专	无	职员	4.2
25	赖可人	男	29	5	本科	无	职员	10.56
26	朱 波	女	34	10	本科	助理经济师	职员	15.24
27	郑 磊	男	44	20	本科	高级工程师	部门主任	22.2
28	陈一星	男	26	1	研究生	无	职员	4.2
29	王爱娣	女	43	18	本科	无	职员	13.2
30	应 宁	男	27	4	大专	无	职员	6.2

续表 Q014-1

员工编号	姓名	性别	年龄	工龄（年）	文化程度	专业技术职称	职务（或岗位）	年薪（万元）
31	杨森	男	34	10	大专	无	职员	14.28
32	陆家一	女	32	8	大专	商务师	职员	15.68
33	谢可	女	26	2	本科	无	职员	5.4
34	叶沁媛	女	31	8	大专	技工	职员	14.28
35	张顺	男	28	4	大专	技工	职员	8.42
36	钱国东	男	33	6	硕士	工程师	厂长助理	21.12
37	汪强	男	26	3	大专	技术员	职员	6.84
38	徐星	男	25	3	大专	无	职员	5.4
39	陈耀光	男	29	3	本科	无	职员	6.84
40	屠家银	男	26	2	本科	技术员	职员	4.92
41	陈萌月	女	24	2	本科	会计员	职员	4.92
42	谭永强	男	33	8	本科	技术员	职员	14.28
43	林翔翔	男	34	5	本科	工程师	部门主任	21.12
44	包良	男	28	4	本科	无	职员	8.64
45	高林	男	29	5	大专	外销员	职员	11.4
46	陈柏年	男	34	9	大专	外销员	职员	13.8
47	赵振军	男	32	5	本科	外销员	职员	13.8
48	陆伟	男	39	10	大专	技术员	职员	13.8
49	陈浩然	男	35	11	大专	技术员	部门主任	18.6
50	李广前	男	31	7	本科	经济师	职员	15.68
51	张磊	男	28	3	本科	技术员	职员	6.8
52	夏静	女	26	2	本科	无	文秘	5.4
53	谭冰	男	28	5	大专	经济员	业务经理	15.68
54	王丽	女	32	5	大专	无	职员	6.2
55	钟佳佳	女	28	4	本科	技术员	职员	6.8
56	周招财	男	35	12	大专	高级技工	职员	18
57	史思	女	30	6	大专	技术员	职员	6.8
58	陈光华	男	26	2	本科	无	职员	5.4
59	王燕	女	30	6	本科	无	职员	8.82
60	鲁苏江	男	29	4	本科	技术员	职员	6.8

续表 Q014-1

员工编号	姓名	性别	年龄	工龄（年）	文化程度	专业技术职称	职务（或岗位）	年薪（万元）
61	潘成	男	32	7	大专	外销员	职员	12
62	陈虹	女	34	10	硕士	商务师	部门经理	24
63	吴佳	女	30	5	大专	助理商务师	职员	6.8
64	肖欣	女	26	3	大专	无	职员	4.2
65	汪林波	男	33	7	本科	技术员	职员	8.82
66	王芸	女	37	10	大专	会计员	职员	12
67	周强	男	34	10	本科	技术员	职员	13.8
68	姚建军	男	32	8	大专	外销员	职员	14.6
69	宋一兵	男	30	5	本科	无	职员	6.4
70	吴吉丽	女	29	5	本科	外销员	职员	14.6
71	余华	男	34	10	大专	技术员	职员	12.2
72	成钢	男	33	8	大专	技术员	职员	11.8
73	黄珊珊	女	26	3	大专	无	职员	4.2
74	袁佳飞	女	25	1	本科	无	文员	4.2
75	陈军伟	男	29	5	大专	无	职员	5.4
76	楼晓军	男	30	7	大专	无	职员	6.4
77	许雪飞	女	29	6	大专	外销员	职员	14.6
78	岳奇来	男	31	8	大专	无	职员	10.32
79	王茄丽	女	28	5	大专	无	职员	5.4
80	鲁桂燕	女	28	4	本科	外销员	职员	13.8
81	何智宇	男	29	5	大专	无	职员	5.4
82	方姗莹	女	34	10	大专	无	文秘	10.32
83	吕雯	女	30	7	大专	无	业务助理	12
84	陈佳	女	27	4	大专	单证员	职员	6.8
85	邢松强	男	38	14	本科	单证员	职员	11.4
86	王蒙	女	31	7	本科	跟单员	职员	8.8
87	周光辉	男	29	4	大专	跟单员	职员	8.8
88	诸宁波	男	31	7	大专	外销员	职员	14.6
89	俞茹萍	女	30	4	本科	报关员	职员	8.8
90	叶方	男	32	8	大专	商务师	经理助理	15.68

续表 Q014-1

员工编号	姓名	性别	年龄	工龄（年）	文化程度	专业技术职称	职务（或岗位）	年薪（万元）
91	厉 军	男	33	10	大专	报关员	职员	12.2
92	陈吉琪	女	31	8	大专	报关员	职员	11.4
93	张梦丹	女	27	3	本科	无	职员	6.8
94	许婷婷	女	30	6	大专	无	职员	6.8
95	黄亚琴	女	32	8	大专	经济员	业务经理	15.68
96	向泽荣	男	30	4	硕士	无	业务经理	15.68
97	忻茹男	女	30	5	大专	无	职员	5.4
98	高可人	男	33	8	大专	无	职员	10.32
99	王苡男	女	26	3	大专	会计员	职员	4.8
100	柳福华	男	38	12	大专	无	部门主任	21.12
101	高 艺	女	30	6	本科	助理统计师	部门主管	21.12
102	林长生	男	36	10	本科	无	职员	12.2
103	方振国	男	33	8	硕士	技术员	职员	14.6
104	陈莲萍	女	29	4	研究生	经济员	职员	10.8
105	杨大荣	男	31	8	大专	无	职员	8.32
106	潘伟康	男	27	3	大专	无	职员	6.8
107	苏汉杰	男	33	8	本科	无	职员	9.78
108	陈立江	男	33	8	大专	无	业务经理	15.68
109	戴永明	男	34	11	大专	技术员	职员	12.2
110	姚 江	男	32	7	本科	无	职员	8.58
111	朱小波	男	27	3	本科	无	职员	6.8
112	方 蕊	女	30	4	本科	无	职员	8.64
113	胡大志	男	38	14	大专	经济师	厂长	32.8
114	陈玉芳	女	31	8	大专	无	职员	8.32
115	孟舒雅	女	35	11	本科	高级技工	职员	15.68
116	赖新新	男	30	8	大专	无	职员	8.32
117	邱素芬	女	31	8	大专	外销员	副总经理	22.2
118	杨德新	男	36	12	本科	高级技工	副厂长	26.4
119	陈美丽	女	25	1	本科	无	文员	3.72
120	胡建毅	男	31	9	高中	无	保安	5.15

续表 Q014-1

员工编号	姓名	性别	年龄	工龄（年）	文化程度	专业技术职称	职务（或岗位）	年薪（万元）
121	邵　峰	男	30	7	大专	无	保管员	6.6
122	季维森	男	27	4	大专	无	保管员	5.4
123	马玉翔	男	31	8	高中	无	保安	5.15

三、统计工作程序

企业统计人员为了使本次调查任务圆满完成，在搜集资料之前需要制订一份调查工作计划，明确工作程序，具体如下：

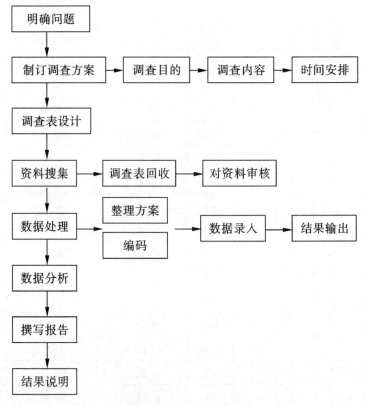

图 Q014-4　统计工作程序

四、统计工作要求

1. 在本次调查中，统计人员根据公司领导的意图，协同公司人事部门，设计调查方案和调查登记表。

2. 负责调查表的发放、回收，并做好有关调查内容的解释工作。

3. 负责资料的汇总整理,并进行统计分析。

4. 撰写分析报告。

附件1

浙江某工贸有限公司从业人员统计调查方案

1. 调查目的

为准确掌握公司种类人员的基本情况,为制定各类管理、技术人员的职业发展战略与规划,合理调整企业员工的薪酬待遇,以造就一支业务精干的高素质、高境界、具有高度凝聚力和团队精神的员工队伍,并形成以绩效考核为核心导向的现代企业管理机制,提供全面的数字资料。

2. 调查对象和调查单位

本公司所有员工为调查对象,每一位员工为调查单位,并以部门为单位进行登记。

3. 调查项目:(公司员工基本情况调查表)

4. 调查时间和调查期限

调查登记内容截至 2015 年 12 月 31 日,并于 2016 年 1 月 8 前以部门为单位提交给人事部门。

5. 备注

本次员工调查工作由人事管理人员协助统计人员负责落实。所有调查表最后经公司人事管理人员审核后由统计人员进行汇总,并向总经理办公室汇报调查结果。

附件 2

浙江某工贸有限公司员工调查登记表　　　NO：

姓名		性别		出生日期	年	月	日	年龄	岁	
籍贯		最高学历		到职日期	年	月	日	工龄	年	照片
婚姻状况		担任工作		身份证号						
专业技术职称				年薪		（此项由统计人员登记）				
专业特长										
家庭住址										
联系电话										
主要工作经历										
家庭成员		姓名	性别	与本人关系		现住址				
备注										

填表人填表日期：

填表说明：

1. 出生日期须按公历填写。

2. 最高学历以毕业证书为准，分为高中及以下、大专、本科、研究生及以上。

3. 到职日期指到本公司报到开始工作的日期。

4. 婚姻状况应根据实际情况填写，如：未婚、已婚、离异、丧偶、再婚。

5. 担任工作，是指当前的工作岗位。

6. 专业技术职称以国家劳动、人事部门颁发的专业技术职称证书为准。

7. 年薪一项不需要由本人填写。

Q015　浙江省温州市某童装厂生产统计实际案例

一、案例来源

浙江省温州市某童装厂提供,数据存为 Excel,原始数据见 QYS014-2.1,QYS014-2.2。

二、案例描述

浙江省温州市某童装厂成立于2001年4月,是一家集设计、生产、销售于一体的国内牛仔童装工厂,坐落于"温州童装第一村"。工人人数由2001年建厂时的22人,增加到现在的125人,各类服装生产设备100余台、月产量8万件以上。成立十多年来,工厂主销售产值每年均以15%以上的速度增长。在市场竞争日趋激烈的情况下,工厂决策层并没有满足于现状,而又确定了内销和外销并举的新举措,使工厂走上了能适应不断变化的外部环境及良性持续发展的健康之路,不断推出一流产品,在求新求异的儿童服饰世界里,演绎和展示儿童服饰的精华,在广阔、灿烂的世纪中稳步前进。

图 Q015-1　童装生产厂

图 Q015-2　童装产品

2016年4月8日(周五),课题组成员来到温州市该童装厂调研。据了解,工厂采取计件制管理,工人大多为来自四川、贵州、湖南、安徽、江西等地的农民工。工厂没有专职的统计人员,统计工作由财会人员负责,但统计基础工作还是比较扎实,从原始记录到统计台账,从内部报表到统计报表都比较规范。调查中发现,企业从去年起,产品的销售渠道有所扩大,这就要求2016年的产品产量必须有较大的增长。财务部门根据去年工人计件产量来确定2016年的计划产量。表 Q015-1 是2015年125名工人所生产的儿童服装产量资料。表 Q015-2 为该厂历年销售产值与年末工人人数资料。

表 Q015-1　儿童服装产量统计资料　　　　　　　　单位:(件)

工号	产量	工号	产量	工号	产量	工号	产量	工号	产量
1	4 209	26	5 108	51	4 861	76	4 366	101	4 320
2	3 987	27	4 739	52	4 897	77	4 498	102	4 189
3	4 899	28	4 835	53	5 230	78	4 458	103	4 389
4	4 932	29	4 792	54	4 790	79	4 278	104	4 298
5	4 737	30	4 789	55	5 066	80	4 750	105	4 489
6	4 543	31	4 683	56	4 858	81	4 763	106	4 376
7	4 523	32	4 866	57	5 049	82	4 409	107	4 490
8	4 533	33	4 709	58	4 869	83	4 307	108	4 532
9	4 890	34	4 788	59	4 809	84	4 906	109	4 587
10	5 012	35	4 688	60	5 005	85	4 705	110	4 672
11	4 320	36	4 932	61	4 779	86	4 844	111	4 301
12	4 728	37	5 094	62	4 659	87	3 790	112	4 704
13	4 667	38	4 932	63	4 598	88	4 780	113	4 802
14	4 889	39	4 833	64	4 589	89	4 689	114	4 633
15	4 806	40	4 918	65	4 678	90	4 677	115	4 879
16	4 877	41	4 782	66	4 938	91	4 780	116	4 638
17	4 832	42	4 609	67	4 689	92	4 739	117	4 688
18	4 580	43	4 805	68	4 587	93	4 809	118	4 798
19	4 709	44	4 839	69	4 399	94	4 669	119	4 509
20	4 633	45	4 736	70	4 887	95	4 890	120	4 539
21	4 554	46	4 958	71	4 784	96	3 998	121	4 488
22	4 877	47	4 852	72	4 789	97	4 005	122	4 492
23	4 896	48	4 895	73	4 866	98	4 189	123	4 883
24	4 867	49	4 836	74	4 630	99	4 230	124	4 702
25	4 670	50	4 951	75	4 359	100	4 276	125	4 692

表 Q015-2　某童装厂历年销售产值及年末工人人数统计资料

年份	销售产值（万元）	工人数（人）	年份	销售产值（万元）	工人数（人）	年份	销售产值（万元）	工人数（人）
2001	208.23	30	2006	717.43	50	2011	1 584.02	90
2002	319.52	35	2007	948.06	58	2012	1 840.63	102
2003	415.38	38	2008	1 097.86	67	2013	2 107.53	107
2004	510.92	42	2009	1 236.19	74	2014	244.73	115
2005	602.88	45	2010	1 390.71	80	2015	2 806.55	125

另外从工厂人力资源部了解到,近几年来,工厂用工压力相当大,尤其是每年的年初,经常有一批熟练工人流失。所以从 2016 年起,工厂开始实施新的用工制度,大幅度提高熟练工人的奖励额,并对从家乡带入新工人的职工,每带一人,一次性奖励 500 元。

2016 年 3 月份工厂生产工人人数增减情况如下:

2015 年年末工人 125 人,2016 年 3 月 1 日工人 108 人;3 月 4 日,从四川来到工厂 7 人;3 月 8 日从贵州来了 10 人;3 月 12 日,有三位安徽籍工人离开工厂;3 月 15 日,又从四川万州来了 8 个工人;3 月 24 日,又有二位贵州籍工人因家有急事离开工厂,当天从江西萍乡找来了 12 名工人。到 3 月末,工厂工人勉强达 140 人。

三、统计工作程序

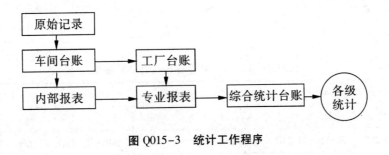

图 Q015-3　统计工作程序

四、统计工作要求

1.统计人员在上级的领导和监督下定期完成量化的工作要求,并能独立处理和完成所负责的统计工作任务。

2.登记生产部门的统计原始记录和台账,填写和编制统计报表。

3.按照统计制度规定,全面收集、填报、汇总本业务统计资料。

4.进行生产部门的统计资料的加工整理。

5.定期出具本生产部门业务统计分析报告。

Q016　浙江某集团有限公司生产统计实际案例

一、案例来源

浙江某集团有限公司提供，数据存为 Excel，原始数据见 QYS015-2.1，QYS015-2.2。

二、案例描述

某集团始创于 1995 年，建筑面积 190000 平方米，员工 4800 余人，其中中高级技术人员及管理人员 400 余人。公司生产的产品共有 300 多个品种，产品质量控制、研发设计能力居全国同行业领先水平，先后获得 159 项产品外观专利、85 项实用专利、9 项发明专利。产品远销欧美十几个国家和地区，连续八年在插座行业国内销售第一，近年集团销售额以每年 20% 的速度增长。

集团总部地处浙江省宁波慈溪市。慈溪市匡堰工业园有一家该集团下辖的宁波某电器有限公司，专业生产各种墙壁开关、插座等，调查组一行在公司领导的带领下，参观了公司的生产车间，同时取得了下列部分统计数据，如表 Q016-1 和表 Q016-2 所示。

图 Q016-1　公司生产车间

表 Q016-1　2016 年企业出口计划明细表　　　　单位：万美元

月份	公司出口总额		西欧		东南亚		港澳台		南美	
	计划	实际	计划	实际	计划	实际	计划	实际	计划	实际
1	3 200	3 211	1 210	1 289	750	712	640	650	600	560
2	3 000	2 812	1 150	1 208	700	650	600	621	550	333
3	3 250	2 977	1 220	1 304	770	729	633	643	627	301
4	3 150		1 200		752		640		570	
5	3 100		1 160		760		630		575	
6	3 250		1 220		748		632		560	
全年	38 100	9 000	14 478	3 801	9 100	2 091	7 620	1 914	6 902	1 194

表 Q016-2　企业历年产品出口额及地区分布情况表　　　　单位:万美元

年份	出口总额	西欧	东南亚	港澳台	南美
2005	4 792	2 380	1 432	980	
2006	6 772	3 890	1 783	1 099	
2007	11 158	5 572	3 156	2 430	
2008	20 086	7 396	5 877	3 873	2 940
2009	29 469	10 830	7 699	5 960	4 980
2010	35 562	12 080	9 894	7 577	6 011
2011	41 210	14 342	10 750	8 385	7 733
2012	38 346	12 855	10 340	7 982	7 169
2013	36 173	11 332	10 231	6 630	7 980
2014	36 005	12 420	10 892	6 433	6 310
2015	37 624	13 880	9 872	6 382	7 490

注:2015 年企业出口计划为 36 800 万元。

三、统计工作程序

宁波某电器有限公司的统计工作比较规范,配备专职统计人员或兼职统计人员,负责对统计数据的登记、录入,负责对账、汇总、填报等各项统计工作,他们的工作是按如下流程进行的。

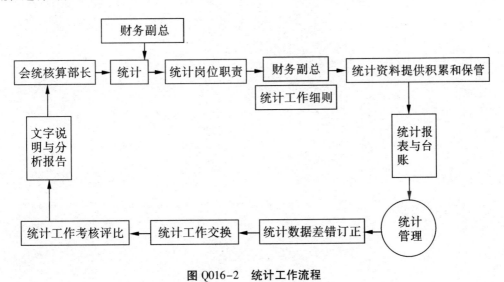

图 Q016-2　统计工作流程

四、统计工作要求

1.统计人员必须遵守统计法规,在有关部门的领导下,定期完成搜集公司相关的统计数据,并保证数据的及时、真实、准确和完整。

2.及时向公司领导提供和反映国内外插座行业的统计信息。

3.登记汇总各分支机构的统计原始记录和台账,填写和编制统计报表。

4.按照统计制度规定,全面收集、填报、汇总本业务统计资料。

5.负责统计资料的加工整理。

6.定期出具本公司各业务部门的统计分析报告。

Q017　浙江某打火机有限公司生产统计实际案例

一、案例来源

浙江某打火机有限公司提供，数据存为 Excel，原始数据见 QYS016。

二、案例描述

图 Q017-1　公司外景

浙江某打火机有限公司创办于 1992 年，从下岗工人安置费 5 000 元起步，凭着温州人吃苦耐劳、敢为人先的精神，经二十多年的发展，成为中国金属外壳打火机生产的龙头企业。多年来，公司始终坚持抓质量、创品牌的道路，多项技术填补了国内空白，并获得国家专利。现公司产品远销加拿大、日本、美国、墨西哥、西欧等 70 多个国家和地区，在50 多个国家注册了商标，并在欧美等发达国家开设了专卖店。打火机更是通过技术创新，不断提升品质、提高档次，率先打入国外精品市场，在与国际知名品牌打火机的竞争中赢得了一席之地。

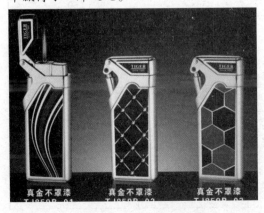

图 Q017-2　产品展示

在中国打火机应对欧盟反倾销调查中，作为行业龙头企业，公司联合同行积极应对，最终打赢了中国加入 WTO 后民营企业应对的反倾销第一案，赢得社会各界的普遍好评。目前，公司正迈着稳健的步伐，向着"创国际品牌，争当世界打火机行业的龙头企业"的目标迈进。

2015 年年底，公司引进一款最新产品，生产工艺与以往的产品相比要复杂得多，但为了最大限度地降低生产成本，提高市场竞争力，公司采用三种不同的生产流水作业线进行生产、组装,测试其产量高低,以选择最佳的生产方案。以下为相同的时间下相同的生产工人在不同的生产流水作业线上生产、组装得到的最新款打火机的产量数据。

下表是相同时间、相同工人在不同生产流水线所生产的产量:

表 Q017-1　不同生产流水线所生产的产量　　　　　单位:个

工人	流水线 1	流水线 2	流水线 3
1	63	68	65
2	59	60	62
3	52	49	57
4	67	71	67
5	64	67	64
6	60	69	64
7	54	52	61
8	54	54	61
9	58	57	59
10	56	60	61
11	58	62	62
12	65	70	65
13	62	59	63
14	62	58	63
15	61	58	61
16	58	60	62
17	57	61	63
18	58	63	62
19	56	57	59
20	52	61	63
21	61	62	63
22	60	58	60
23	56	52	58
24	60	63	62
25	57	60	59
26	54	56	58
27	61	63	62

续表 Q017-1

工 人	流水线1	流水线2	流水线3
28	57	59	60
29	59	62	60
30	60	59	60

三、统计工作程序

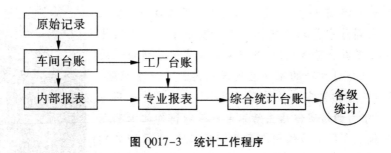

图 Q017-3　统计工作程序

四、统计工作要求

1.统计人员在上级的领导和监督下定期完成量化的工作要求,并能独立处理和完成所负责的统计工作任务。

2.登记生产部门的统计原始记录和台账,填写和编制统计报表。

3.按照统计制度规定,全面收集、填报、汇总本业务统计资料。

4.进行生产部门的统计资料的加工整理。

5.定期出具本生产部门业务统计分析报告。

Q018　苏宁易购某实体店产品质量统计实际案例

一、案例来源

苏宁易购某实体店提供，数据存为 Excel，原始数据见 QYS017。

二、案例描述

2016 年 3 月 15 日下午，宁波市鄞州区消费者协会办事人员一行三人，来到苏宁易购某实体店进行实地了解。原因是这样的，前些日子有消费者投诉，苏宁易购该实体店所销售的江苏某科技有限公司生产的家用空气净化器存在质量问题，消费者使用后没有感觉空气质量明显改善，与厂家的产品说明书不符。苏宁易购该实体店生活家电部经理得知此消息后非常重视，积极配合区消协的同志开展调查工作，并立即告知供货商，要求对产品进行质量抽查。3 月 21 日，在供货商的支持下，鄞州区消费者协会联系到了浙江省杭州市质量技术监督局作为第三方，对该公司生产的室内空气净化器进行抽检。

图 Q018-1　苏宁易购实体店

共随机抽取了 40 台该厂生产的不同型号的空气净化器。

国家标准委批准发布新修订的《空气净化器》国家标准，明确了评价空气净化器的基本技术指标与空气净化器产品的标志和标注，新标准已于 2016 年 3 月 1 日正式实施。新标准明确了空气净化器的基本技术指标(核心参数)是"洁净空气量"(简称 CADR 值)和"累计净化量"(简称 CCM 值)，即空气净化器产品的"净化能力"和"净化能力的持续性"；将空气净化器的噪声限值由低到高划分为 4 档；提升了空气净化器针对不同污染物净化能力的能效水平值，分为合格和高效两个等级。新标准完善了空气净化器产品去除各类目标污染物净化能力的实验方法，包括针对颗粒物、甲醛累计净化量的测试方法，即空气净化器净化寿命实验；针对甲醛净化能力测试和重复性评价。同时，新标准对空气净化器产品说明书的标注内容做出规定：应包括净化器名称、型号，净化器特点、净化原理、主要使用性能指标，以及安装、维护、保养等注意事项。

图 Q018-2　空气净化器

按照新国标的标准，"洁净空气量"为 300 m³/h，"累计净化量"P(M 颗粒物≥3000)、F(M 甲醛≥300)，即为合格产品。

2016 年 4 月 19 日，经浙江省杭州市质量技术监督局按照国家质量监督检验检疫总局、国家标准化管理委员会批准的空气净化器国标 GB/T18801-2015 检验结果如下。

表 Q018-1　空气净化器检测报告摘要

编号	洁净空气量 （简称 CADR 值）	累计净化量 （简称 CCM 值）F	累计净化量 （简称 CCM 值）P
1	472.00	933.00	3 954.00
2	421.00	518.00	5 032.00
3	345.00	766.00	3 890.00
4	325.00	639.00	7 643.00
5	311.00	562.00	4 421.00
6	352.00	552.00	6 433.00
7	419.00	310.00	4 987.00
8	330.00	949.00	7 421.00
9	2 384.00	768.00	4 078.00
10	334.00	634.00	7 221.00
11	382.00	689.00	5 432.00
12	312.00	559.00	6 733.00
13	348.00	663.00	5 980.00
14	392.00	902.00	9 455.00
15	362.00	1 176.00	2 967.00
16	431.00	1 102.00	5 897.00
17	463.00	729.00	3 098.00
18	361.00	645.00	5 467.00
19	423.00	896.00	10 320.00
20	392.00	489.00	4 355.00
21	384.00	867.00	4 211.00
22	370.00	481.00	3 878.00
23	412.00	1 083.00	9 293.00
24	364.00	618.00	4 766.00
25	434.00	532.00	8 099.00
26	492.00	638.00	5 672.00
27	368.00	730.00	7 409.00
28	522.00	801.00	5 099.00
29	391.00	1 032.00	7 233.00
30	427.00	736.00	8 976.00

续表 Q018-1

编号	洁净空气量 （简称 CADR 值）	累计净化量 （简称 CCM 值）F	累计净化量 （简称 CCM 值）P
31	454.00	632.00	8 234.00
32	380.00	309.00	6 720.00
33	424.00	493.00	6 245.00
34	294.00	855.00	6 549.00
35	340.00	745.00	11 239.00
36	378.00	620.00	10 226.00
37	370.00	1 022.00	2 978.00
38	385.00	539.00	6 533.00
39	440.00	725.00	8 477.00
40	362.00	298.00	9 433.00

三、统计工作程序

统计抽样过程全程由浙江省杭州市质量技术监督局按照国家质量监督检验检疫总局、国家标准化管理委员会批准的空气净化器国标 GB/T18801-2015 执行。

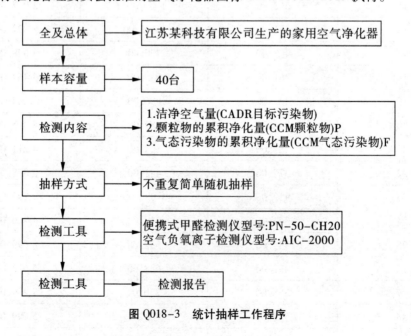

图 Q018-3 统计抽样工作程序

Q019　阿里巴巴集团某商铺销售统计实际案例

一、案例来源

阿里巴巴集团某商铺提供，数据存为 Excel，原始数据见 QYS018。

二、案例描述

阿里巴巴网络技术有限公司（简称阿里巴巴集团）是以曾担任英语教师的马云为首的 18 人，于 1999 年在中国杭州创立，他们相信互联网能够创造公平的竞争环境，让小企业通过创新与科技扩展业务，并在参与国内或全球市场竞争时处于更有利的位置。

阿里巴巴集团经营多项业务，业务包括：淘宝网、天猫、聚划算、全球速卖通、阿里巴巴国际交易市场、1688、阿里妈妈、阿里云、蚂蚁金服、菜鸟网络等。

阿里巴巴集团拥有大量市场资料及统计数据，为履行对中小企的承诺，正努力成为第一家为全部用户免费提供市场数据的企业，希望通过分析数据，让用户掌握市场先机，继而调整策略，扩展业务。

天猫创立于 2008 年 4 月，致力于为日益成熟的中国消费者提供选购顶级品牌产品的优质网购体验。2016 年 5 月 5 日课题组成员来到阿里巴巴总部，经专人介绍，来到统计数据分析室进行调研，取得如下数据，如下表所示。

表 Q019-1　天猫某商铺粉丝量与销售额数据

时间（2016.5.6-2016.5.7）		粉丝量（人）	销售额（元）
5.6	5:00	93 213	3 093
5.6	6:00	98 345	3 829
5.6	7:00	102 899	4 276
5.6	8:00	107 386	4 910
5.6	9:00	113 629	5 883
5.6	10:00	118 376	6 729
5.6	11:00	124 267	7 540
5.6	12:00	129 987	8 438
5.6	13:00	136 728	9 292
5.6	14:00	142 552	11 380
5.6	15:00	148 219	13 201
5.6	16:00	157 334	14 098

续表 Q019-1

时间(2016.5.6-2016.5.7)	粉丝量(人)	销售额(元)
5.6　17:00	164 321	15 345
5.6　18:00	172 462	16 086
5.6　19:00	178 278	16 839
5.6　20:00	182 448	17 322
5.6　21:00	185 783	17 932
5.6　22:00	189 231	18 620
5.6　23:00	193 009	18 988
5.7　0:00	196 364	19 328
5.7　1:00	199 837	19 526
5.7　2:00	212 936	19 865

三、统计工作程序

在调研过程中,我们发现,这里的统计工作都是由有关软件实施的,统计分组、汇总、数据展示、计算分析等相当规范,统计人员可实时监控每一个平台的数据变化。

四、统计工作要求

1. 遵守国家有关法律法规,保守国家秘密数据。
2. 及时搜集重点平台之重点数据并及时发布。
3. 客户唯上。
4. 尊重事实。

Q020　宁波某旅行社游客统计实际案例

一、案例来源

宁波某旅行社提供,数据存为 Excel,原始数据见 QYS019。

二、案例描述

宁波某旅行社,又名宁波某旅游连锁企业,旗下拥有遍布全省各地市的数十家控股公司,是跨旅行社、航空票务、餐饮、计算机科技等多项旅游关联行业的浙江省旅游界超级航母。许可经营项目:入境旅游业务、国内旅游业务、出境旅游业务(在许可证有效期内经营)。经营产品:跟团旅游、周边汽车游、国内航空游、出国出境游。自由行,提供旅游目的地服务,绝不是机票+酒店简易的旅行,度假酒店均为某旅行社长期合作酒店。自驾游,全程 GPS 定位服务。定制服务,根据客户要求制定个性化旅游及组团旅游,帮助企业制定会务会奖,节省企业 20% 以上差旅差价。自组团全程监控服务到位,价格分列透明性价比高。

2016 年 20 日,浙江组一行三人来到宁波某旅行社进行调研,由于临近春节旅游高峰,旅行社的各部门工作都非常繁忙,而孙经理还是非常热情地接待了我们,介绍当前国内外旅游行业的现况。据我们了解,该旅行社已发展成为拥有遍及各地市的数十家控股公司,全省员工近千名,专职导游领队数百名,年综合营业规模超 3 亿元的浙江省旅游界超级航母,综合规模实力跻身中国旅游界前列。旗下公司旅游业务范围涵盖出国旅游、国内旅游、机票酒店代理、商务差旅服务等所有与旅行相关的业务。以下就是该旅行社统计部门调查取得的最近五年旅游人次统计资料,如下表。

表 Q020-1　某旅行社 2011—2015 年旅游人次按月汇表

单位:人次

月份	2011 年	2012 年	2013 年	2014 年	2015 年
1 月	14 012	14 512	15 895	15 125	16 758
2 月	12 552	13 646	14 415	13 865	15 659
3 月	7 213	7 652	8 564	8 865	10 458
4 月	4 832	5 025	5 156	4 568	5 980
5 月	12 523	12 656	13 356	10 652	15 354
6 月	11 222	10 321	10 159	10 654	12 225
7 月	16 512	17 656	18 562	16 865	19 995
8 月	15 125	15 213	15 865	16 356	17 112
9 月	4 562	5 325	6 156	6 021	8 155

续表 Q020-1

月份	2011 年	2012 年	2013 年	2014 年	2015 年
10 月	14 855	14 945	15 015	14 695	16 655
11 月	4 223	4 521	5 365	6 759	6 858
12 月	6 325	7 656	7 896	8 358	9 166
合计	123 956	129 128	136 404	132 783	154 375

三、统计工作程序

该旅行社的统计工作比较规范,从各旅行分支机构统计到总部统计,都有专人负责登记、录入、对账、汇总、填报各项统计工作,他们的工作是按如下流程进行的。

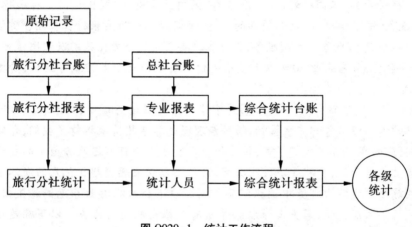

图 Q020-1　统计工作流程

四、统计工作要求

1. 统计人员必须遵守统计法规,在有关部门的领导下,应定期完成搜集旅游统计数据,并保证数据的及时、真实、准确和完整。

2. 及时向领导提供和反映国内外旅游市场的统计信息。

3. 登记、汇总各分支机构的统计原始记录和台账,填写和编制统计报表。

4. 按照统计制度规定,全面收集、填报、汇总本业务统计资料。

5. 负责统计资料的加工整理。

6. 定期出具本旅行社各业务部门的统计分析报告。

Q021　浙江嘉兴某家纺有限公司生产统计实际案例

一、案例来源

浙江嘉兴某家纺有限公司提供，数据存为 Excel，原始数据见 QYS020。

二、案例描述

嘉兴某家纺有限公司是浙江省桐乡市一家专业生产蚕丝被的私营企业，下设蚕丝被厂和蚕丝原料加工制造厂，年产能达到150吨桑蚕丝，年生产蚕丝被10万多条，年销售额突破5000万元。

产品主要有蚕丝被系列、蚕丝光胎系列、套件系列等十几种产品。蚕丝被产品除了远销西欧、东亚、北美、日本市场外，还为国内外蚕丝被品牌运营商、蚕丝被批发经销单位、蚕丝被终端零售实体店铺、蚕丝被淘宝聚划算团购、大型商超、集团企业提供100%纯手工桑蚕丝被代加工服务，产品指标直接通过国家 CNAS 实验室质检。蚕丝被产品定位商场专柜正品，主推中高端100%蚕丝被市场。

图 Q021-1　公司外观

图 Q021-2　桑蚕养殖基地

图 Q021-3　蚕茧

图 Q021-4　手工拉制蚕丝

2011年该公司参加阿里巴巴"央视品牌之旅"广告拍摄活动，在 CCTV 一套、四套、NEWS 节目中播出；2015年北京电视 BTV 生活2015精彩栏目专访该公司创办人。公司秉承"质量第一，诚信至上"的经营理念，打造"××家纺，里外如一"的蚕丝被品牌诉求，致力于打造中国一流的蚕丝诚信品牌。

2016 年 3 月 25 日，课题组成员来到该公司调研，考察了桑蚕养殖基地，蚕丝被生产车间、仓库等。在调查中发现，该公司对数据搜集与积累工作做得不够完善，没有从统计的角度积累数据。相对完整的数据是从 2010 年开始的，所以我们所取得的数据也是 2010 年以来的主要产品数据，鉴于企业的商业秘密，我们不指明产品的具体名称。如下表所示。

表 Q021-1 某公司两款蚕丝被产品相关资料统计表

年份	桑蚕丝被				柞蚕丝被			
	生产量（床）	出厂价（元）	单耗量（斤/床）	原材料单价（元/斤）	生产量（床）	出厂价（元）	单耗量（斤/床）	原材料单价（元/斤）
2010	12 000	298	2.20	120	18 000	488	4.36	102
2011	19 000	328	2.18	120	21 000	528	4.32	102
2012	24 000	358	2.16	124	23 000	538	4.30	106
2013	28 000	368	2.16	130	27 000	560	4.28	108
2014	33 000	398	2.15	126	31 000	578	4.26	108
2015	41 000	414	2.12	128	38 000	599	4.20	112

三、统计工作程序

某公司没设专职人员，统计工作由会计记账员兼，统计内容不多，负责对统计数据的登记、录入，负责对账、汇总等各项统计工作，他们的工作是按如下流程进行的。

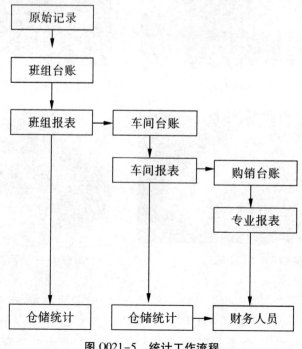

图 Q021-5 统计工作流程

四、统计工作要求

1. 统计人员必须遵守统计法规,在有关部门的领导下,应定期完成搜集公司相关的统计数据,并保证数据的及时、真实、准确和完整。

2. 及时向公司领导提供和反映国内外家纺行业的统计信息。

3. 登记汇总各分支机构的统计原始记录和台账,填写和编制统计报表。

4. 按照统计制度规定,全面收集、填报、汇总本业务统计资料。

5. 负责统计资料的加工整理。

6. 定期出具本公司各业务部门的统计分析报告。

Q022 广州某药店药品的品类分析案例

一、案例来源

广州某药店提供,数据存为 Excel,原始数据见 QYS021。

二、案例描述

在资源有限的情况下,小型连锁及单体药店如何有效地做好商品管理,如何让有限的资金在门店发挥出最大效用,这是在经营过程中需要面对的第一课题。对小连锁及单体店来说,商品管理的目的无外乎几点:确定经营定位,辨别顾客群体和消费类型;最大限度提升销售,尽量不影响销售的前提下提升经营利润;提升商品周转效率,用最小的资金占用尽量满足顾客品类需求。

 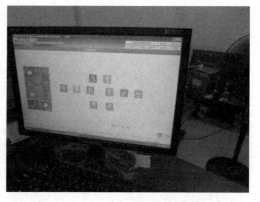

图 Q022-1 "药店王"管理系统(界面)　　　图 Q022-2 "药店王"管理系统(操作台)

三、统计工作要求

为了方便药店数据的使用及分析,药店的统计数据必须真实准确,保证资料的连续性。药店药品信息包含以下信息项:药品编号、药品名称、药品库存数量、药品销售价格、药品厂家、药品生产日期、药品进货价格、药品保质期。

(一)药店管理系统的主要工作

(1)创建药品信息文件,根据提示输入药品的各项信息,按药品编号对药品信息进行排序。

(2)增加药品信息,在原有药品信息文件的基础上增加新的药品信息,要求:增加后的药品信息仍按编号排序,并继续保存。

(3)销售药品,通过收银台的扫描枪扫描条形码输入要进行销售操作的药品的相关数据,如有错漏应及时更正。

单号	据类型	品代码	商品名称	规格	单位	家批	本进	销售一价	销售员12价	经手人	日期	销售数量	销售金额	成本金额	销售毛利	摘要一	摘要二	后供	有
CH00016897	销售	5235	韵之语早早孕快速检测试纸		盒	0	0.01	20	20	销售员02	2015-12-01	1	20	0.01	19.99	应收20.00		1	2017-
CH00016930	销售	5235	韵之语早早孕快速检测试纸		盒	0	0.01	20	20	销售员02	2015-12-01	1	20	0.01	19.99	应收20.00		1	2017-
CH00016962	销售	5456	早早孕快速检测测试纸（早之	1	盒	0	0.01	20	19	销售员11	2015-12-01	1	20	0.01	19.99	应收22.00		1	2017-
CH00017022	销售	5235	韵之语早早孕快速检测试纸		盒	0	0.01	20	20	销售员01	2015-12-01	1	20	0.01	19.99	应收20.00		1	2017-
CH00017037	销售	5235	韵之语早早孕快速检测试纸		盒	0	0.01	20	20	销售员01	2015-12-01	1	20	0.01	19.99	应收20.00		1	2017-
CH00017049	销售	5455	伊梦早早孕快速检测试纸	1支	盒	0	0.01	20	19	销售员15	2015-12-01	1	20	0.01	19.99	应收20.00		1	2017-
CH00016970	销售	14690	欧罗娅早早孕检测试纸	1个	盒	0	0.01	15	14.5	销售员11	2015-12-01	1	15	0.01	14.99	应收33.00		1	2017-
CH00017053	销售	14468	足光粉	3包	盒	0	3.5	10	9	销售员11	2015-12-01	1	10	0.01	9.99	应收44.60		1	2016-
CH00017046	销售	61864	甲磺酸酚妥拉明分散片(哥达)	40mg*2粒	盒	0	8	88	85	销售员01	2015-12-01	1	88	8	80	应收88.00		9	2016-
CH00016947	销售	5242	DP参苓白术散	6g*9袋	盒	0	11	29	27.5	销售员15	2015-12-01	1	29	3.15	25.85	应收146.2		1	2018-
CH00016999	销售	5568	舒瞳（水润E清护眼液）	15ml	盒	0	2.3	15	14	销售员01	2015-12-01	1	15	2.3	12.7	应收17.00		125	2016-
CH00016903	销售	5676	DP奥美拉唑肠溶胶囊	14粒	瓶	0	5	29.8	28.5	销售员02	2015-12-01	1	29.8	5	24.8	应收73.30		1	2017-
CH00017008	销售	5676	DP奥美拉唑肠溶胶囊	14粒	瓶	0	5	29.8	28.5	销售员15	2015-12-01	1	29.8	5	24.8	应收50.30		1	2017-
CH00016995	销售	90115	冰菊润目	10ml	盒	0	2.5	15	14.5	销售员15	2015-12-01	1	15	2.58	12.42	应收165.0		125	2017-
CH00017032	销售	90115	冰菊润目	10ml	盒	0	2.5	15	14.5	销售员11	2015-12-01	1	15	2.58	12.42	应收32.00		125	2017-
CH00017006	销售	90115	冰菊润目	10ml	盒	0	2.5	15	14.5	销售员15	2015-12-01	1	15	2.59	12.41	应收15.00		125	2017-
CH00017064	销售	90115	冰菊润目	10ml	盒	0	2.5	15	14.5	销售员11	2015-12-01	1	15	2.59	12.41	应收20.00		125	2017-
CH00017067	销售	61674	DP复方氨酚烷胺胶囊(双克)	10粒	盒	0	3.5	18	18	销售员01	2015-12-01	1	20	3.5	16.5	应收48.00		1	2017-
CH00016925	销售	5676	DP奥美拉唑肠溶胶囊	14粒	瓶	0	5	29.8	28.5	销售员02	2015-12-01	1	28.5	5	23.5	应收201.5		1	2017-
CH00017043	销售	62011	盐酸洛美沙星乳膏	20克：60	盒	0	4.2	15	14.5	销售员01	2015-12-01	1	15	2.65	12.35	应收15.00		130	2017-
CH00016890	销售	5614	DP复方金银花颗粒	10袋	盒	0	4.5	25	23.8	销售员02	2015-12-01	1	25	4.5	20.5	应收25.00		1	2016-
CH00016900	销售	5614	DP复方金银花颗粒	10袋	盒	0	4.5	25	23.8	销售员10	2015-12-01	1	25	4.5	20.5	应收44.00		1	2016-
CH00016937	销售	5614	DP复方金银花颗粒	10袋	盒	0	4.5	25	23.8	销售员11	2015-12-01	1	25	4.5	20.5	应收68.00		1	2016-
CH00016947	销售	5614	DP复方金银花颗粒	10袋	盒	0	4.5	25	23.8	销售员15	2015-12-01	1	25	4.5	20.5	应收146.2		1	2016-
CH00017034	销售	5614	DP复方金银花颗粒	10袋	盒	0	4.5	25	23.8	销售员15	2015-12-01	1	25	4.5	20.5	应收29.50		1	2016-
CH00016996	销售	13623	阿苯达唑片	10片	盒	0	1.7	10	9	销售员15	2015-12-01	1	10	1.81	8.19	应收62.00		2	2018-
CH00017002	销售	12929	氟康唑胶囊	3粒	盒	0	2.79	15	14.5	销售员01	2015-12-01	1	15	2.79	12.21	应收15.00		2	2016-
CH00016975	销售	62069	DP小儿氨酚黄那敏颗粒	10袋/盒	盒	0	2.9	15	14.3	销售员15	2015-12-01	1	15	2.9	12.1	应收15.00		1	2017-
CH00016925	销售	62061	DP炎可宁片	24片	盒	0	3.3	18	17	销售员02	2015-12-01	1	17	3.3	13.7	应收201.5		1	2017-
CH00016877	销售	5193	依诺沙星滴眼液	10ml	支	0	3.6	18	17	销售员10	2015-12-01	1	18	3.5	14.5	应收46.00		9	2016-
CH00016992	销售	13621	阿奇霉素分散片	6片	盒	0	3.3	18	17.5	销售员01	2015-12-01	1	18	3.55	14.45	应收43.00		121	2017-
CH00016907	销售	5477	晕车贴	4贴	盒	0	4.2	15	15	销售员02	2015-12-01	1	15	3	12	应收15.00		121	2017-
CH00016952	销售	62069	DP小儿氨酚黄那敏颗粒	10袋/盒	盒	0	2.9	15	14.3	销售员11	2015-12-01	1	14.3	2.9	11.4	应收14.30		1	2017-
CH00016961	销售	14749	阿苯达唑片	12片	盒	0	2.3	11	10.5	销售员11	2015-12-01	1	11	2.3	8.7	应收11.00		125	2018-
CH00016864	销售	5163	DP口罩	11个	包	0	1.7	8	7.8	销售员10	2015-12-01	1	8	1.7	6.3	应收8.00		1	2016-

图 Q022-3　药店 2015 年 12 月销售原始数据

注:该表原始数据见附件 QYS021-原始数据。

(4)按不同条件对药品信息进行统计工作:①统计当月各药品销售的数量和成交额;②当某药品库存数量小于 20 时,进行库存警示,提示进行补货处理;③计算各药品距离保质期的月数,对月数少于 3 个月的药品进行销售警示。

(二)盘点工作

建立盘点制度,采用定期盘点或不定期盘点的方式。盘点可采用如下方法:

(1)按货架表盘点。在盘点前事先定义好各个货架,并整理好这些药架存放的药品。每个货架被分配到一张页表和一张明细表中,用计算机分页打印空白的对照表,把后期的盘点结果与计算机里的库存数据进行核对。

(2)盘点机盘点。盘点机是一种无线扫描器,接收端可以接收并录入药品的条码信息。为了避免重复盘点,先把全店的药品的标签贴上不干胶标签。在盘点机扫描输入数据以后,就手工撕掉不干胶标签,这样就从根本上避免了重复盘点数据。

(三)进、销、存及财务数据的汇总及分析

对药店的销售额、经营品种、药品资金占用、流通费用及利润等指标的分析。

(四)了解药品的价格信息

对顾客抱怨药价、药品名及时间进行记录,附近其他竞争对手药品价格。填写竞争药房访价表,记录药品名及本药店、其他药店的价格。

四、统计工作程序

药店统计工作的程序大致可分为统计资料的收集、统计资料的整理、统计资料的分析、统计资料的应用 4 个步骤。每个步骤的工作内容分述如下:收银员通过收银台的扫描枪把药品的条形码扫描录入药品的商品代码,输入销售人员的代码,并结算及收款。

同时把这一笔交易传输到药店的管理系统。由此把药店所有的交易信息全部保存到管理系统，管理人员可以通过该系统了解药店的基本情况，并作简单的分析。销售人员的奖金也是根据该销售额的记录进行提成。

五、注意事项

必须保障统计资料的准确性、客观性和科学性，要保证数据的及时录入及保存备份。

Q023　深圳某连锁便利店商品销售统计实际案例

一、案例来源

YQ便利店有限公司(下面简称公司)提供,数据存为Excel,原始数据见QYS022。

二、案例描述

便利店业态于20世纪90年代年代引入国内市场。它因单体体量较小,个店增长相对有限,所以相较于大卖场或百货店而言,常依靠连锁经营实现规模的扩张。连锁经营的优点在于可以实现运营经验的快速复制,总部资源的分享,基础设施投资的成本分摊以及提高采购议价能力等,同时蜂窝式布局带来的品牌展示资源也赋予便利店连锁网络更高的渠道溢价。

近年来,在与7-Eleven、全家等外资连锁便利店同台竞争中,内资便利店诞生了如快客、苏果、唐久、之上、36524、美宜佳、联华快客、红旗连锁、深圳友琪等品牌。

YQ便利店有限公司创立于2006年,总部位于深圳市龙岗区。截至2015年10月,公司采取"直营+特许加盟+合作加盟"的经营模式,在深圳、惠州、东莞、长沙等四个地区共拥有629家门店;2014年12月成立子公司惠州市友捷物流有限公司,建立8800平方米的物流配送中心;2015年5月成立深圳市嘉雪冷链食品有限公司,建立500平方米-18°冷冻、1000平方米5°冷藏仓库,实现常温、冷链专业配送,以满足门店的物流配送需求。公司于2013年引进海鼎系统,并切换原有SISS V9商业管理系统,实现管理升级。门店只需完成终端销售和服务,总部进行门店信息的自动回收和处理,并进行数据分析。其中,通过对各单品的销售量(数量)、零售额、毛利额、毛利率、SKU相关指标等进行销售统计,比较各类商品的销售额,以及毛利额较高的几大类商品中平均单品贡献水平,引导门店调整商品结构,提高经营效益。公司主要采取集中区域发展策略,通过提升观念、加强管理、加强信息控制,充分发挥本土优势,做强再做大。公司在2014年荣获广东省最具发展潜力品牌。

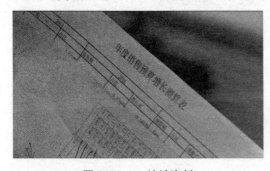

图 Q023-1　统计资料

图 Q023-2　物流子公司

我们实地调研,公司向我们提供了"第0505分店2015年度商品销售数据汇总表"。

行号	区域代码	区域名称	门店代码	门店名称	商品代码	条码	商品名称	零售价	数量	零售额	成本额	毛利额	毛利率	大类		中类		小类		缺省供应商代码	缺省供应商名称

图 Q023-3 第 0505 分店 2015 年度商品销售数据汇总

注:(1)表 Q023-1 见附件 QYS023-原始数据;

(2)毛利额=零售额-成本额;毛利率=毛利额/零售额;客单价=销售额/顾客数。

三、统计工作要求

便利店的要做到专业化、规范化的经营,需要大量的数据分析,便利店的经营数据是销售的最精确反映,只有进行仔细的数据分析,才能真正抓住市场。

1.门店库存数据、销售数据准确无误,单品销售数据必须全部刷入收银机,不能漏刷;

2.按时完成数据分析工作,填写电子统计台账;

3.定期出具本岗位业务的电子统计报表。

四、统计工作程序

连锁便利店经营工作是受数据引领,常规经营管理是由信息流程自动化管理去实现,即"门店只需完成终端销售和服务,总部进行门店信息的自动回收、处理,生成配送单,物流中心完成配送",数据分析工作是公司实行统计监督、加强营运管理、提高经营效益的必然选择。该企业的销售统计工作比较先进,做到全天候动态掌握门店商品销售状况,各月定期进行销售计划完成情况分析,并完成电子报表,他们的销售工作流程如下。

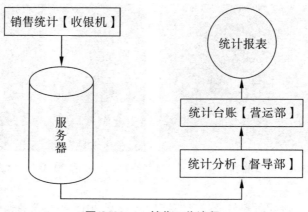

图 Q023-4 销售工作流程

五、注意事项

1. 每日,9:00前传达门店经营业绩,分类跟踪商品销售与库存数据,做好一周三次配送工作;

2. 每周一上班后,根据门店日出货金额登记表,汇总周业绩达成率;

3. 每月1日,督导员向主管汇报区域内门店业绩完成情况,再由部门主管向部门经理汇报目标完成情况及说明;

4. 每年上旬,对上年度的经营情况进行分析,制定本年度经营计划。

Q024 广东某医院门诊量统计实际案例

一、案例来源

广东某医院提供,数据存为 Excel,原始数据见 QYS023-2.1。

二、案例描述

医院统计是卫生服务统计的重要组成部分,其宗旨是为医院科学管理服务。长期实践证明,医院只有依靠统计手段,才能真正实现管理的科学化和定量化。医院统计是在收集和整理有关统计信息的基础上,运用统计学理论和方法,反映医院疾病防治工作情况,描述医院医疗服务活动的内在规律,分析和评价医疗服务质量和效益,指出医疗服务工作存在的问题,并提出改进措施。医院统计工作,主要包括门诊数据统计、住院数据统计。

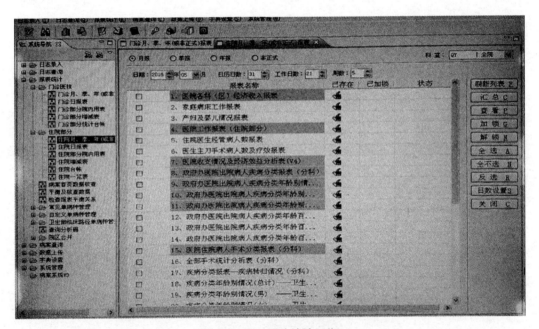

图 Q024-1 医院统计工作

(一)门诊数据统计

工作门诊统计工作看似简单,实际上比较细化。统计室由专门人员负责门诊各科所产生的工作量的合并、归类、输入、汇总,形成门急诊报表,然后每月、每半年、每一年从该门诊急诊日报表上提取相应数据输入报表。所需内容包括:门诊人次、急诊人次、总诊疗次数、专家门诊人次、特需门诊人次、急诊留观人数、抢救人数、危重人数、成功率等数据。

（二）住院数据统计工作

住院数据来源于病人从入院到出院期间所产生的一系列医疗和财务数据,来源于病案首页。经过计算和汇总,从而形成各类住院动态报表。随后按照要求,每月、每半年、每一年把所需数据输入其中。常规数据有:出院人数、床位数、治愈人数、好转人数、未愈人数、死亡人数、平均住院日、周转率、出院均次费用、手术人次、病房危重病人等数据。

及时、准确的统计数据是决策的重要依据。统计信息是医院宏观管理和科学决策的依据,是检查监督医院各项计划实施进展的依据,是医院合理开发和有效利用人力、物力、财力资源的依据。因此,做好数据的归类和应用,同时确保数据的准确、及时性,对实现医院的现代化管理,提高整体水平有着十分重要的意义。

我们实地调研,该单位向我们提供了 2006～2015 年的诊疗数据。

日期	科室名称	总诊疗人次 合计(1)	门诊 计(2)	门诊 其中专家门诊(3)	急诊 计(4)	急诊 其中死亡人数(5)	出车*(6)	家庭卫生服务人次(7)	其他诊疗人次(8)	观察室 收容人数(9)	观察室 死亡人数(10)	急诊危重病人抢救 人次数(11)	急诊危重病人抢救 其中成功人次数(12)	急诊危重病人抢救 抢救成功率(13)	健康检查人数(14)	门、急诊手术例数*(15)	平均每天门急诊人次(16)
01月	全院	55481	46121	5170	9187	1	173					16	15	93.75	2142	1104	2492.59
02月	全院	30887	24927	3184	5839		121					11	11	100.00	1774	596	1674.83
03月	全院	51519	42986	5464	8358		175					11	11	100.00	4237	1455	2223.52
1季度	全院	137887	114034	13818	23384	1	469					38	37	97.37	8153	3155	2160.39
04月	全院	54746	46183	5993	8415	2	148					12	10	83.33	2661	1257	2479.69
05月	全院	56966	47670	5936	9126		170					6	6	100.00	3478	1249	2677.89
06月	全院	66438	55346	6549	10912		180					9	9	100.00	3589	1555	2999.26
2季度	全院	178150	149199	18478	28453	2	498					27	25	92.59	9728	4061	2719.11
上半年	全院	316037	263233	32296	51837	3	967					65	62	95.38	17881	7216	2444.04
07月	全院	50591	49823	5697	8627		141					10	10	100.00	3354	1329	2444.51
08月	全院	54468	46611	5604	7660		197					16	16	100.00	3469	1066	2466.67
09月	全院	51087	43876	5185	7024		187					5	5	100.00	3042	1812	2323.47
3季度	全院	164146	140310	16486	23311		525					31	31	100.00	9865	4207	2412.00
10月	全院	54843	47425	5337	7263		155					9	9	100.00	3088	1314	2730.34
11月	全院	58648	51347	5617	7181		120					14	14	100.00	2922	930	2684.46
12月	全院	56772	49509	4827	7180	1	83					11	10	90.91	2674	1233	2384.18
4季度	全院	170263	148281	15781	21624	1	358					34	33	97.06	8684	3477	2588.71
下半年	全院	334409	288591	32267	44936	1	883					65	64	98.46	18549	7684	2498.03
全年	全院	650446	551824	64563	96772	4	1850					130	126	96.92	36430	14900	2472.42
01月	内科	8275	2891	1638	5294		90										308.44
02月	内科	5474	1861	1085	3545		68										236.08
03月	内科	8042	3016	1680	4919		107										295.77
1季度	内科	21791	7768	4303	13758	1	265										282.33
04月	内科	8108	3150	1744	4876	1	82					9	8	88.89			312.53
05月	内科	8118	3120	1659	4919							1	1	100.00			314.68

2010诊疗人次　2011诊疗人次　2012诊疗人次　2013诊疗人次7　2014诊疗人次　2015诊疗人次

图 Q024-2　广东某医院 2006～2015 年门诊数据

注:该表原始数据见附件 QYS021-原始数据。

三、统计工作要求

《中华人民共和国统计法》规定,为了保障统计资料的准确性、客观性和科学性,各级统计部门、各行各业必须认真贯彻执行统计法规,对虚报、瞒报、伪造、篡改统计数字者,一定要依法严肃处理。

为了保证医院统计工作任务的完成,医院统计部门必须要有严格的工作制度:

(1)根据医院现代科学管理和填报报表的需要,规定医院内部使用报表的种类、格式、上报程序及期限。

(2)对报表中名词的含义及指标的计算公式,除上级已有规定以外,可做补充规定。

(3)拟定主要医疗文件格式、登记簿及通知单等,结合医疗工作程序,规定填报、统计和归档程序。

（4）登记、统计及报表的检查、审查制度。

（5）资料的管理、使用及汇编等制度。

医院统计工作人员必须坚持实事求是的原则，如实反映客观实际，保证统计数字准确、可靠；要主动地为领导提供统计资料，根据医院工作中存在的主要问题及时进行调查研究、分析预测，为医院领导科学决策提供有用的信息。另外，统计资料不仅要求完整，还必须配套，也就是说，一份有价值的统计资料必须同时包括：既有宏观信息，又有微观信息；既有纵向信息，又有横向信息；既有定量信息，又有定性信息；既有定期信息，又有典型、专题信息。

四、统计工作程序

医院统计工作的程序大致可分为统计资料的收集、统计资料的整理、统计资料的分析、统计资料的应用4个步骤，每个步骤的工作内容分述如下：

（一）统计资料的收集

统计资料的收集是按照统计的任务和目的，运用科学的调查方法，有组织地收集资料的全过程，是统计工作的基础。通过统计资料的收集要获得丰富的而不是零碎不全的，准确的而不是错误的原始资料。

统计资料的来源主要有：医疗工作原始记录的报告卡，统计报表和专题调查。

（1）医疗工作原始记录和登记。医疗工作的原始记录有就诊病人的病案资料和各科室根据相应登记制度记录的各种原始登记等。

（2）填写统计报表。在全院各科室建立月报制度（某些科室须建立日报制度），不能仅限于几项统计数字，只填报统计数字而没有文字内容，不利于了解情况和进行统计分析。因此在月报中应开辟"文字月小结项"，其中包括工作中的成绩、存在问题、病人反映、建议和意见等。各医疗科室都应认真填写医疗月报。

（3）专题调查。医院管理人员为了了解医院管理中某些问题，时常还需要做专题调查。专题调查可以采取定期或不定期的全面调查、抽样调查、重点调查、典型调查等方式。

在收集医院统计资料时，无论采用何种形式都必须要求原始资料应严格按照规定的表格内容、要求标准、完成时间等认真填写，必要时进行复查核实。这样收集的资料才能作为整理、分析时使用的依据。

（二）统计资料的整理

统计资料整理按调查内容和研究任务的不同，可分为定期统计资料整理、专题统计资料整理和历史统计资料整理。

（三）统计资料的分析

分析统计资料是统计工作的重要一步，其任务是应用唯物辩证的观点和方法，结合专业知识，对经整理得到的资料加以研究，做出合乎客观事实的分析，揭露事物的矛盾，发现问题，找出规律，提出符合实际情况的意见。统计人员可从以下几个方面开展统计分析。

（1）调查分析各项事物之间相互联系、相互依存、相互影响和相互制约的关系,掌握事物的发展规律,争取工作的主动权。例如,分析外科工作状况,应考虑外科门诊情况、外科病房床位数量及其使用情况、手术室的设备条件、外科医师的技术能力和协调情况,其他医技科室的技术力量和设备条件等。对于外科工作的各个环节以及存在的问题,均须通过统计分析,发现问题,找出解决问题的方法,达到预期的效果。

（2）调查分析事物内部构成。例如,通过掌握门诊各科诊疗人次数构成、各科医师的工作量,分析门诊各科的工作状况,有利于解决门诊"三长一短"的矛盾;从医院各类工作人员的构成,分析各类人员结构是否合理等。

（3）调查分析事物的均值。平均值是一组变量的代表值,反映事物的集中趋势和平均水平。在进行均值分析时,应注意资料的同质性和可比性,若将不同质的事物混在一起,将会得出错误的结论。

（4）调查分析事物的发展动态。通过密切注意事物的运动变化,观察各个不同时期的统计指标值,清楚地了解不同时期医院医疗服务的规模、水平和效率。特别是两个事物的对比,往往在个别对比时,看不出问题,而只有通过较长期的观察,才能较容易地得出正确的结论。

（5）调查分析计划指标执行情况。以统计数据为依据制订计划指标之后,又要用统计分析手段定期检查和监督计划执行情况,协助医院领导及时调整人力、物力,动员一切有利因素促进计划指标的实现。

（6）统计指标的综合分析。使用多项统计指标,从相关的几个方面,综合分析事物的总体情况。例如,在研究医院业务收入和医疗费用问题时,需要把经济管理与医疗服务的社会效益结合起来进行分析,决不能仅考虑经济指标而忽略医疗服务量和医疗质量指标。只有综合分析医院工作的经济效益和社会效益,才能真正为医院深化改革、加强科学管理和提高医疗服务水平提供有效的依据。

（四）统计信息的应用

医院统计工作要为医院领导做好参谋,为医院领导决策提供科学的依据,同时还要为全院各科室服务,将经过统计处理后的信息,及时反馈给医院基层各科室,充分发挥医院统计工作的监督指导作用。应用和反馈统计信息的常见形式有:①定期分析;②专题分析;③统计简报;④统计年报汇编。

五、注意事项

必须保障统计资料的准确性、客观性和科学性。

第二篇

转化为统计教学案例(J)

第一部分

转化为数据搜集统计教学案例

J101 调查方案设计在服装市场调查中的应用

一、教学案例设计

教学案例编号	J101	教学案例名称	调查方案设计在服装市场调查中的应用		
企业案例编号	Q012	企业案例名称	宁波某男装有限公司生产统计实际案例		
教学案例背景			坐落在宁波市望春工业园区的宁波某男装有限公司是一家私营股份有限公司,专业生产具有法国设计风格的年轻时尚男性品牌 GXG。2016 年 3 月 1 日,公司来了两位实习大学生,据说都是市场营销专业的,所以被安排到公司市场部,市场部李经理交给他们的第一项任务就是做一项市场调研。从 2016 年开始,公司准备由原来的男士休闲服装向男士休闲服饰转变,但是面对国内外休闲服装市场品牌众多、市场竞争激烈的局面,公司决策层认为要取得产品开发与市场推广的成功,需要对目前的市场环境有一个清晰的认识,从现有市场中发现机会,做出正确的市场定位和市场策略。因此,决策层决定专门在市场部成立市场调研机构开展市场调研与预测分析,通过对市场进行深入的了解,确定如何进行产品定位,如何制定价格策略、渠道策略、促销策略以及将各类因素进行有机的整合,发挥其资源的最优化配置,从而使新开发的服饰成功介入市场		
案例问题			根据 Q012 资料,设计一份调查方案		
案例教学目标		知识目标		能力目标	素质目标
		明确统计调查方案的主要内容、格式与撰写要求		能根据调查项目的要求设计一份简单的调查方案	学会与人交流、沟通与合作
教学建议			在教学过程中,首先要求学生掌握统计调查应从哪里开始,有哪些方式和方法,调查的工具主要指什么。其次要明确统计调查方案有哪些主要内容,如何撰写统计调查方案		
案例反思			本案例的主要任务是根据相关要求制订一份统计调查方案,所以本案例的重点应是调查方案的可行性和科学性		

二、数据说明

公司市场部规定,此次调查工作自 2016 年 3 月初开始,至 2016 年 6 月底结束,为期三个月,总费用不超过八万元人民币。调查区域定为杭州、上海、温州、宁波、苏州五个城市。要求在一周内提出调查方案,6 月底之前向公司提交调查报告。

三、案例分析

接到任务的两大学生首先就要着手弄清楚所要调查的问题,即明确问题。明确问题是一个很关键的步骤,因为它涉及市场调查的方向和合理性。于是两位大学生认真听取了公司有关领导的介绍,了解公司的目的、意图以及信息需求。另外他们还收集、分析相关的二手资料,并进行了小规模的定性调研,以便确保对所要调查的问题能够明确地加以界定,或以假设的方式提出来。

在明确了调查的问题之后,接下来的工作就是做一个调查计划,即拟订调查方案,在所要拟订的调查方案中,通常要对调查的目的、内容、方法以及抽样、统计分析、调查的时间安排、费用等做具体的说明。调查计划是否合理、完善,会影响到整个市场调查的客观性和科学性,因此,拟订调查方案在整个调查活动中尤其重要。

调查方案拟订好之后,并不是就可以拿来实施的,还需要经过认证,得到公司领导的认可,所以两位大学生还需要向公司领导进行方案说明,公司领导再对方案的合理性、可行性和科学性进行综合评估和判断,如果得到公司领导的基本认可,就可以进入调查的实施阶段。以下就是两位大学生所撰写的调查方案。

宁波某男装有限公司休闲服饰市场调查方案

调查项目负责人:王茹萍　　　调查总监:李意後

督导:　　　　黄　杰　　　策划实施:高　後　陈　磊

2016 年 3 月—2016 年 6 月

（一）前言

本公司调研机构成员多次与公司决策层沟通，就休闲服装市场调查达成了共识。目前我国休闲服装市场品牌众多，市场竞争激烈，但另一方面，整个市场又存在以下问题：

（1）品牌定位不清晰；

（2）产品款式同质化现象严重；

（3）产品板型差距大；

（4）市场推广手法雷同等。

休闲服饰公司能否对目前的市场环境有一个清晰的认识，能否在目前的市场竞争状态下找到市场空间和出路，取决于正确的市场定位和市场策略，只有对市场进行深入的了解与分析，才能确定如何进行产品定位，如何制订价格策略、渠道策略、促销策略，使产品成功介入市场。

在本次调查中，调研机构全体成员将集中优势资源，严格把控调研质量，科学实施调研流程，确保调研的顺利完成。

（二）调研目的

1.通过市场调研，为××品牌寻找新的市场空间和出路；

2.通过市场调研，了解目前男装休闲服饰市场的竞争状况和特征；

3.通过市场调研，了解竞争对手的市场策略和运作方法；

4.通过市场调研，了解男装休闲服饰市场的渠道模式和渠道结构；

5.通过市场调研，了解消费者对男装休闲服饰市场的消费习惯和偏好；

6.通过市场调查，了解男装休闲服饰市场的品牌竞争；

7.通过市场调查，了解消费者对男装休闲服饰产品的认知和看法等。

总之，本次调查最根本的目的是真实地反映休闲服饰市场的竞争状况，为××品牌的定位及决策提供科学的依据。

（三）调研内容

1.宏观市场调查

（1）休闲服饰市场的动态及市场格局

（2）休闲服饰细分市场的竞争特点和主要竞争手法

（3）休闲服饰细分市场的发展和市场空间

（4）休闲服饰细分产品的流行趋势研究

（5）休闲服饰细分市场知名品牌的优劣势分析

（6）主要休闲服饰企业分析和研究等

2.代理商调查

（1）代理商对新兴市场的一些看法

（2）代理商对不同风格休闲服饰品牌的看法

（3）代理商对市场空间和产品机会的看法

（4）代理商对新品牌的市场定位的建议

（5）代理商的市场运作手段和方法

(6)代理商对产品、价格、款式、种类的需求

(7)代理商对厂家合作的建议和要求

(8)代理商对产品组合、市场推广的建议

(9)代理商目前的市场运作状态与潜在需求之间的差异

3.零售商调查(包括网商)

(1)零售商对不同品牌休闲服饰风格的看法

(2)零售商对当地休闲服饰市场的看法

(3)零售商对产品、价格、款式、种类等的需求及与现有状态间的差距

(4)不同零售方式的产品组合差异性

(5)当地零售市场的主要竞争手段

(6)该店销售得好的款式及其原因分析

(7)该店产品的价格组合方式等

4.消费者研究

(1)产品调查

①消费者对目前休闲服饰产品的评价

②消费者对产品质地的偏好趋势

③消费者对休闲服饰风格的偏好趋势

④消费者对休闲服饰款式的偏好趋势

⑤消费者对产品组合的要求

⑥消费者对产品色彩的趋势与偏好

⑦消费者对产品图案的选择和爱好

⑧消费者对休闲服饰产品的潜在需求与休闲服饰现状的差距等

(2)购买行为调查

①消费者购买什么类型的休闲服装(WHAT)

②消费者为何购买(WHY)

③消费者何时购买(WHEN)

④消费者何处购买(WHERE)

⑤消费者由谁购买(WHO)

⑥消费者如何购买(HOW)

(3)影响因素调查

①卖场氛围对消费者购买的影响程度

②影响消费者购买的最主要因素

③品牌对消费者购买的影响程度

④风格对消费者购买的影响程度

⑤价格对消费者购买的影响程度等

(4)品牌调查

①休闲服饰品牌知名度测试

②休闲服饰品牌认知度测试

③休闲服饰品牌满意度测试

④××品牌联想测试等

(5)广告信息调查

①消费者获取信息的主要渠道

②消费者获取休闲服饰信息的主要渠道

③目前休闲服饰信息的主要传播点等

④媒介接受对称性分析等

(6)竞争对手调查

①消费者对竞争对手风格的认知

②消费者对竞争对手产品的了解程度

③消费者对竞争对手价格的接受程度

④消费者对竞争对手利益点的接受程度等

5.样本的构成调查

①样本的年龄构成

②样本的职业构成

③样本的文化程度构成

④样本的家庭收入构成

⑤样本的性别构成等

(四)问卷设计思路

(1)问卷结构主要分为说明部分、甄别部分、主体部分、个人资料部分,同时问卷还包括访问员记录、被访者记录等;

(2)问卷形式采取开放性和封闭性相结合的方式;

(3)问卷逻辑采取思路连续法,既按照被调查者思考问题和对产品了解的程度来设计,在一些问题上,采取跳问等方式来进行消费者的逻辑思维;

(4)主要问题的构想:消费者单位与职业、过去购买的休闲服服饰风格、最近购买的休闲服饰品牌等。

(五)调研区域

以下区域作为调查的主要区域:杭州、宁波、温州、上海、苏州。

调研区域点的分布原则上以当地的商业中心为焦点,同时考虑一些中、高档生活小区;各个区域要求覆盖以下各个调研点,以保证样本分布的均匀性和代表性。(具体地点由督导到当地了解后决定)

(1)商业中心区域;

(2)代理商经销点;

(3)大型商场休闲柜组;

(4)休闲服饰专卖店;

(5)网商。

（六）调查方法与样本量设计

1. 消费者抽样方法

采用便利抽样和配额抽样的方法。本次调查在各个城市中采取在街头或商业场所向过往或停留的消费者做休闲服饰市场的产品测试；从总体样本中以年龄层为标志把总体样本分为若干类组，实施配额抽样。

2. 经销商、零售商调查方法

本次调查的深度访谈由公司有经验的调查人员按照调查提纲来了解相关信息，通过在商业场所观察不同品牌的销售情况和消费者的购买情况，获得市场信息。

3. 文献法

用于内部资料整理、文案研究等。

每个区域的样本量为400例。（计划书中样本量分配略）

（七）分析方法

对问卷进行统一的编码、数据录入工作。编码由编码员对已完成的问卷建立答案标准代码表（简称码表），然后进行问卷编码；选择不同地区、不同层次的问卷来建码表。

数据录入到电子表格中，对数据进行电脑逻辑查错、数据核对等检查。

用 SPSS 或 Excel 软件对问卷进行数据分析。聚类分析法分析被访者人口背景、消费习惯、生活方式、个性等；因子分析法分析影响消费者购买的原因、品牌差异性等影响；相关分析法分析影响消费者消费、评价品牌、产品与品牌、产品特性之间的内在关系；SWOT分析品牌的内在环境和外在环境，从而明确优势和劣势，认清市场机会和威胁，对于策略性决定有很大的指导作用。

（八）组织安排和预算

1. 机构安排及职责

设置项目负责人1名，负责项目的规划实施全过程，并对公司负责；项目实施督导人员6名，在负责人的领导下组织开展调研工作，负责对调查员培训、督导问卷访谈、进行数据资料的整理分析、承担调查报告的撰写任务等；聘用调查人员60名，接受培训后，按要求完成问卷访谈工作。

2. 调查员的选拔与培训安排

从当地某高校二年级学生中选择经济类专业20名学生，上海市选择30名学生，要求仪表端正，举止得体，懂得一定的市场调研知识，具有较好的调研能力，具有认真负责的工作精神及职业热情，具有把握谈话气氛的能力。培训内容主要是休闲服饰个体调查问卷访谈要求及技术。

3. 实施的进度安排

分准备、实施和结果处理三个阶段。准备阶段完成界定调研问题、设计调研方案、设计调研问卷三项工作；实施阶段完成资料的收集工作；结果处理阶段完成汇总、归纳、整理和分析，并将调研结果以书面的形式——调研报告表述出来。时间分配见下表。

表 J101-1 时间分配表

工作内容	时间安排	负责人	备注
调研方案规划设计、问卷的设计	7 个工作日	李意後	
调研方案、问卷的修改、确认	5 个工作日	李意後	
人员培训、安排	5 个工作日	李意後	
实地访问阶段	25 个工作日	高 後	
资料的审核	3 个工作日	陈 磊	
数据预处理阶段	5 个工作日	高 後	
数据统计分析阶段	8 个工作日	高 後	
调研报告撰写阶段	25 个工作日	李意後	
论证阶段	3 个工作日	李意後	

4. 经费预算

包括证件制作费、交通费、差旅费、调查人员培训费、访问员报酬、礼品费、报告费等，具体金额略。

(九)附件

包括聘用调查员承诺书、调查问卷、调查问卷复核表、访谈提纲、质量控制办法等，具体内容略。

四、小结

本案例的主要任务是根据有关要求设计调查方案。一个完整的调查方案,应该包括调查目的、调查对象和调查单位、调查内容、调查时间与调查期限、调查方式方法等内容。

五、学习资源

1.《统计学》,曾五一、朱建平主编,上海财经大学出版社,2013

2.《21 世纪统计学系列教材:统计学专业课程教学案例选编》,高敏雪、蒋妍主编,中国人民大学出版社,2013

3.《应用统计学:基于 SPSS 运用》,张良主编,上海财经大学出版社,2013

J102 公交客流量调查表的设计及应用

一、教学案例设计

教学案例编号	J102	教学案例名称	公交客流量调查表的设计及应用
企业案例编号	Q009	企业案例名称	郑州市某公共交通公司线路运营统计实际案例
教学案例背景			公交线路的运营及安排都要根据实际的需要和运营情况来进行调整和安排,只有安排合理,才能提高公交的运载能力和运行效率,真正地满足广大群众的需要。如何进行某线路的车次密度安排,应根据忙闲时来进行调整,也应根据该线路乘客的承载能力来调整。另外为了提高整体运营的效率,还应安排部分区间车。但是,关于公交线路运行的具体安排和调整,必须要有充分的实际运营情况作为依据
案例问题			如何进行某公交线路运营情况的调查及分析

案例教学目标	知识目标	能力目标	素质目标
	掌握观察调查法的含义、使用情况,明确公交线路运行观察调查表在设计上应包括的内容	能够根据要求独立设计公交线路的观察调查表,形成分析问题的思路	养成主动思考、分析问题、解决问题的习惯和作风

教学建议	先了解观察调查法使用的条件,以及对某线路进行观察调查时,应观察记录哪些方面的信息,以此设计出该线路运营的观察调查表。并思考根据这些观察信息如何来进行分析,分析出该线路运行的有关情况,如运载能力、运行效率、运行忙闲时、区间车布置、忙时加车等的分析
案例反思	本案例是一个有关观察调查表的设计和应用的问题,教学过程中,引导学生如何根据观察调查的需要来设计所需的观察项目和表格,并根据观察的信息,如何来进行必要的分析,以了解所要调查的内容。该案例有助于加深对观察调查法应用的了解,特别对于观察法来解决实际问题有了更深的印象,为更好地解决公交线路方面的数据调查和分析提供了思路

二、数据说明

1. 原始数据 QYS009。

2. 选择需要进行调整的某条线路作为观察对象,根据车辆运行时的车内录像登记运行中的实际情况，主要包括运行站点、运行时间、乘客数量等数据信息。

3.本案例有关观察表的绘制、观察数据的汇总以及相关的分析均要求在 Excel 2007 以上版本完成，具体操作步骤及方法在后面有详细说明。

三、案例分析

选择郑州公交二公司的 9 路公交线路作为调查观察的对象，首先应设计观察表，作为记录和观察数据的一个依据，对要观察的数据有一个基本的认识。在设计观察表时，应包括以下基本信息：观察执行情况（调查编号、调查时间、观察员等），具体观察的信息（站名、到站时间、上车人数、下车人数等）。这些观察信息应根据具体的调查需要来设计。另外观察表根据线路行驶的方向不同，分为上行和下行两个方向。

（一）设计线路观察表

表 J102-1　9 路公交（上行）乘客流量观察

调查编号：_____　调查时间：_____年____月___日　观察员：_____
行驶区间：__花园路刘庄__ 到 __陇海路西三环__

站名	时间	两站行驶间隔时间	上车人数	下车人数	车内人数
花园路刘庄		——		——	
鹿港小镇					
天荣国际建材港					
花园路三全路					
花园路沙门村					
汽配大世界					
省广播电视中心					
花园路鑫苑路					
花园路关虎屯					
花园路丰产路					
花园路红专路					
花园路黄河路					
花园路口					
紫荆山人民路					
工人新村					
二七广场人民路					
中原路京广路					
大学路中原路北					
医学院					

续表 J102-1

站名	时间	两站行驶间隔时间	上车人数	下车人数	车内人数
炮院					
碧沙岗公园北门					
碧沙岗公园西门					
绿城广场					
市委					
中原路工人路					
桐柏路中原路					
绿东村					
市一中					
中原医院					
陇海路桐柏路					
陇海路伏牛路					
陇海路秦岭路					
陇海路华山路					
陇海路洛达庙					
陇海路西三环			——		

表 J102-2　9 路公交（下行）乘客流量观察表

调查编号：＿＿＿＿＿　调查时间：＿＿＿＿年＿＿月＿＿日　观察员：＿＿＿＿＿＿＿

行驶区间：　陇海路西三环　　到　　花园路刘庄

站名	时间	两站行驶间隔时间	上车人数	下车人数	车内人数
陇海路西三环		——		——	
陇海路洛达庙					
陇海路华山路					
陇海路秦岭路					
陇海路伏牛路					
陇海路桐柏路					
中原医院					
市一中					
绿东村					

续表 J102-2

站名	时间	两站行驶间隔时间	上车人数	下车人数	车内人数
中原路工人路					
市委					
绿城广场					
碧沙岗公园西门					
碧沙岗公园北门					
炮院					
医学院					
中原路大学路					
中原路京广路					
二七广场人民路					
工人新村					
紫荆山人民路					
花园路口					
花园路黄河路					
花园路红专路					
花园路丰产路					
花园路鑫苑路					
省广播电视中心					
汽配大世界					
花园路沙门村					
花园路三全路					
天荣国际建材港					
鹿港小镇					
花园路刘庄				——		

（二）进行观察数据的录入

选择某天的该线路所有班次的运行监控视频进行数据的记录和录入。数据的录入在 Excel 工作表中完成，建立两个 Sheet 表，一个录入上行班车的运行情况，一个录入下行班车的运行情况。录入时，根据运行班次，依次将观察表中的时间、上车人数、下车人数的信息录入进去，两站行驶间隔时间和车内人数可以通过单元格的引用计算得出。数据录入的有关样式见 Excel 表——QYS009.xls。

（三）根据观察数据进行有关分析

根据观察的信息能够从以下几个方面进行分析：

1. 本线路的运载能力

通过汇总每趟班次运载的乘客数量、每趟车厢的最多容纳的乘客数量，以及全天该线路运行的班次数，能够了解该线路的运载能力。并能根据每站的上下车乘客的情况，判断出线路沿线主要的或重要的站点。

2. 本线路的运行速度

通过汇总每趟班次的运行时间，以及各相邻站点之间的运行时间，对该线路的整体运行速度有一定的了解。并能根据速度情况，判断出影响运行效率的一些站点，提出提高运行效率的一些对策。

3. 本线路运行的忙闲时

根据运行中的乘客数量和运行速度的快慢，来确定该线路具体运行时的忙闲时。

4. 根据分析提出线路运行的改进措施

例如根据忙闲时，可以选择加开班车，以缓解忙时乘车难、效率低的状况。根据主要的上下客站点，能够开设区间车，以提高整个线路的运行效率。

四、小结

通过本案例，对观察法的使用情况、数据录入以及信息分析有了一定的认识，不仅能够对公交线路运行情况进行详细的调查，还能通过调查数据的分析，对线路具体的运行情况有更深的认识，能够根据运行情况提出一些有针对性的线路改进措施，并为类似需要观察获取信息的调查提供借鉴和参照。

五、学习资源

1. 原始数据 QYS009。

2. 《调查数据分析》，谢家发主编，郑州大学出版社，2011

3. 《统计学原理》，王志电主编，中国统计出版社，2015

J103　消费者基本情况数据的搜集与整理

一、教学案例设计

教学案例编号	J103	教学案例名称	消费者基本情况数据的搜集与整理		
企业案例编号	Q013	企业案例名称	宁波某购物俱乐部有限公司统计实际案例		
教学案例背景			某购物俱乐部股份有限公司,门店160多家,遍布省内的宁波、杭州、绍兴、台州、丽水、嘉兴、舟山等地市。公司至今拥有了130多万付费会员,近9千名员工,每天有30多万顾客进出门店或在互联网上购买商品,超过1500多家核心的供应商和服务商,有30多亿元的流动和固定资产。公司始终坚持"用较少的钱,过更好的生活"的公司使命,立足社区老百姓日常生活所需,坚持"便宜、便利"的价值理念,为会员顾客带来"新鲜、实惠、每一天"的顾客体验。 　为了更准确地掌握超市周边居民的基本情况及消费水平,公司于2016年4月10组织了一次顾客基本情况的问卷调查		
案例问题			利用SPSS统计分析软件对调查数据进行整理并作简要分析		
案例教学目标			知识目标	能力目标	素质目标
			在理解和掌握统计调查方法及问卷设计要求的基础上,重点掌握拦截访问法的正确应用	对问卷进行编码、录入,结果输出	能根据调查要求搜集数据,汇总整理数据和分析数据
教学建议			在教学过程中,要求学生明确数据的类型,便于数据编码和录入;熟练掌握SPSS有关操作步骤;生成相应的统计表和统计图,并根据所生成的统计图表作简要的统计分析		
案例反思			本案例如何根据要求搜集数据,整理数据,分析数据		

二、数据说明

1. QYS012原始数据是由某购物俱乐部股份有限公司组织20位大学生于2016年4月9日上午,按照随机抽样方式,采用拦截访问的调查方法取得的,后经手工汇总而成的。

2. 本案例采用SPSS 23.0统计分析软件进行数据整理与分析。

三、案例分析

（一）数据搜集

1.制订调查计划

公司统计人员为了使本次调查任务圆满完成,在搜集资料之前需要制订一份调查工作计划,明确工作程序,具体如下:

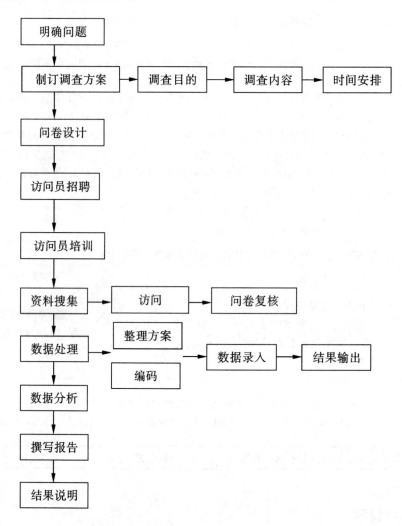

图 J103-1　工作程序

2. 设计调查问卷

超市顾客基本情况调查问卷

问卷编号：　　　　　　　　访问地址：

访问员：　　　　　　　　　访问时间：时分至时分

一审签名：　　　　　　　　二审签名：

××先生、女士：

您好！我是某超市的访问员，为了更好地为广大顾客提供优质的服务，我们正在做一项关于顾客基本情况的调查，您所提供的答案我们会做好保密工作，可能会占用您几分钟时间，希望到您的支持和配合，谢谢。

Q1. 您今天是怎么来超市买东西的(　　　)。

1. 自行车　　　2. 自驾车　　　3. 步行

4. 公交车　　　5. 打的

Q2. 您今天大概花了(　　　)元。

Q3. 麻烦您说一下这些钱您用什么方式支付的(　　　)。

1. 手机　　　2. 超市卡　　　3. 现金　　　4. 银联卡

Q4. 您对我们超市的购物环境(　　　)

1. 非常不满意　2. 不满意　　　3. 一般

4. 比较满意　　5. 非常满意

Q5. 请问您今天多大了(____周岁)。

Q6. 最后一个问题容我冒昧，您的婚姻状况是(　　　)

1. 已婚　　　　2. 未婚　　　　3. 离异

4. 再婚　　　　5. 丧偶

Q7. 被访者的性别(　　　)。(由访问员自填)

1. 男　　　　　2. 女

感谢您的大力支持，请收下我们一点点心意(送礼品)。

3. 实地调查(拦截访问)

抽样实施细则：从市区66家超市中随机抽取5家超市，它们分别是四明中路店、沧海路店、兆龙路店、实验商场店和康庄店。在各点随机访问40位顾客。

表 J103-1 "顾客调查"人员安排表

超市名称	访问时间	访问员	负责人
四明中路店	2016 年 4 月 9 日 上午 7:30-10:30	陈文瑜 张小天 黄 珍 陈 静	陈文瑜
沧海路店	2016 年 4 月 9 日 上午 7:30-10:30	季美丽 王嘉琪 陈 露 方东华	季美丽
兆龙路店	2016 年 4 月 9 日 上午 7:30-10:30	桑 瑶 夏依依 胡璐璐 成 丽	桑 瑶
实验商场店	2016 年 4 月 9 日 上午 7:30-10:30	王诗诗 葛静静 陈 芳 应雅芳	王诗诗
康庄店	2016 年 4 月 9 日 上午 7:30-10:30	陆 艺 方 芳 李艺花 杨可人	陆 艺

(二)整理数据

1.对问卷进行编码(编制编码表)

表 J103-2 编码表

变量名	类型	标签	值	度量标准
Q1	数值型	性别	1=男,2=女	名义
Q2	数值型	年龄	1=25 岁以下,2=25-35,3=35-45,4=45-55 5=55-65,6=65 岁以上	标度
Q3	数值型	婚姻状况	1=未婚,2=已婚,3=离异,4=再婚,5=丧偶	名义
Q4	数值型	购买金额	1=80 元以下,2=80-160,3=160-250,4=250- 350,5=350-450,6=450 元以上	标度
Q5	数值型	支付方式	1=手机支付,2=超市卡支付,3=银联卡支付,4= 现金支付	名义
Q6	数值型	出行方式	1=自行车,2=公交车,3=步行,4=自驾车,5=出 租车	名义
Q7	数值型	对购物环境满意度	1=非常不满意,2=不满意,3=一般,4=比较满意, 5=非常满意	序号

2. 数据录入,建立 SPSS 数据文件

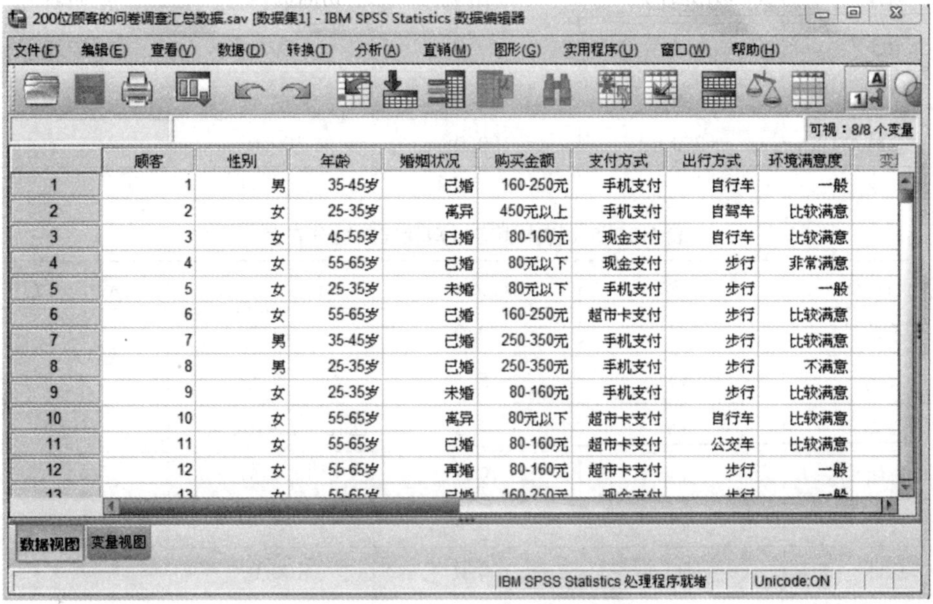

	顾客	性别	年龄	婚姻状况	购买金额	支付方式	出行方式	环境满意度
1	1	男	35-45岁	已婚	160-250元	手机支付	自行车	一般
2	2	女	25-35岁	离异	450元以上	手机支付	自驾车	比较满意
3	3	女	45-55岁	已婚	80-160元	现金支付	自行车	比较满意
4	4	女	55-65岁	已婚	80元以下	现金支付	步行	非常满意
5	5	女	25-35岁	未婚	80元以下	手机支付	步行	一般
6	6	女	55-65岁	已婚	160-250元	超市卡支付	步行	比较满意
7	7	男	35-45岁	已婚	250-350元	手机支付	步行	比较满意
8	8	男	25-35岁	已婚	250-350元	手机支付	步行	不满意
9	9	女	25-35岁	未婚	80-160元	手机支付	步行	比较满意
10	10	女	55-65岁	离异	80元以下	超市卡支付	自行车	比较满意
11	11	女	55-65岁	已婚	80-160元	超市卡支付	公交车	比较满意
12	12	女	55-65岁	再婚	80-160元	超市卡支付	步行	一般
13	13	女	55-65岁	已婚	160-250元	现金支付	步行	一般

图 J103-2　数据编辑器

3. 生成各变量频数分布表或统计图

打开“200 位顾客问卷调查汇总数据文件”,点击“分析”,选择“描述统计”“频率”,进入频率对话框。分别将“性别”“年龄”“婚姻状况”“购买金额”“支付方式”“出行方式”和“对环境满意度”选到变量中,再选中对话框下方的显示频率表格复选框,单击“确定”,则可得到各变量频数分布表,输出结果如下。

表 J103-3　样本顾客性别频数分布表

性别	频数	百分比	有效百分比	累计百分比
男	79	39.5	39.5	39.5
女	121	60.5	60.5	100.0
总计	200	100.0	100.0	

表 J103-4　样本顾客年龄频数分布表

年龄	频数	百分比	有效百分比	累计百分比
25 以下	4	2.0	2.0	2.0
25-35 岁	15	7.5	7.5	9.5
35-45 岁	40	20.0	20.0	29.5
45-55 岁	57	28.5	28.5	58.0

续表 J103-4

年龄	频数	百分比	有效百分比	累计百分比
55-65 岁	58	29.0	29.0	87.0
65 以上	26	13.0	13.0	100.0
总计	200	100.0	100.0	

表 J103-5　样本顾客婚姻状况频数分布表

婚姻状况	频数	百分比	有效百分比	累计百分比
已婚	144	72.0	72.0	72.0
未婚	11	5.5	5.5	77.5
离异	15	7.5	7.5	85.0
再婚	19	9.5	9.5	94.5
丧偶	11	5.5	5.5	100.0
总计	200	100.0	100.0	

表 J103-6　样本顾客支付方式频数分布表

支付方式	频数	百分比	有效百分比	累计百分比
手机支付	27	13.5	13.5	13.5
超市卡支付	55	27.5	27.5	41.0
银联卡支付	55	27.5	27.5	68.5
现金支付	63	31.5	31.5	100.0
总计	200	100.0	100.0	

表 J103-7　样本顾客出行方式频数分布表

出行方式	频数	百分比	有效百分比	累计百分比
自行车	35	17.5	17.5	17.5
公交车	37	18.5	18.5	36.0
步行	105	52.5	52.5	88.5
自驾车	17	8.5	8.5	97.0
出租车	6	3.0	3.0	100.0
总计	200	100.0	100.0	

表 J103-8　　样本顾客购买金额频数分布表

购买金额(元)	频数	百分比	有效百分比	累计百分比
80 元以下	15	7.5	7.5	7.5
80-160	63	31.5	31.5	39.0
160-250	79	39.5	39.5	78.5
250-350	31	15.5	15.5	94.0
350-450	9	4.5	4.5	98.5
450 元以上	3	1.5	1.5	100.0
总计	200	100.0	100.0	

表 J103-9　　样本顾客对购物环境满意度频数分布表

对购物环境满意度	频数	百分比	有效百分比	累计百分比
非常不满意	9	4.5	4.5	4.5
不满意	22	11.0	11.0	15.5
一般	65	32.5	32.5	48.0
比较满意	80	40.0	40.0	88.0
非常满意	24	12.0	12.0	100.0
总计	200	100.0	100.0	

4.生成交叉表和复式条形图

生成消费者的年龄、婚姻状况、支付方式、出行方式对其购买金额的交叉表和复式条形图,步骤如下:

(1)打开 200 位顾客的问卷调查汇总数据文件,点击"分析",选择"描述统计"—"交叉表",进入"交叉表"对话框。

(2)在"交叉表"主 对话框中,选择"年龄""婚姻状况""支付方式"和"出行方式",逐个单击 → 图标,分别将其选到"行"中;再选中"购买金额",单击 → 图标,将其选到"列"中。再在下方选中"显示簇状条形图"。

(3)点击"确定",即可得到消费者的年龄、婚姻状况、支付方式、出行方式与购买金额的交叉表和复式条形图的输出结果。

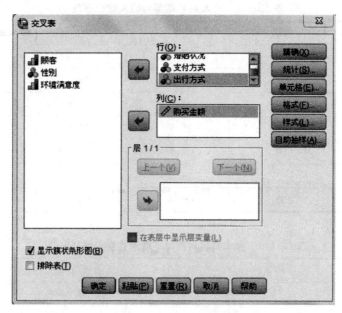

图 J103-3　交叉表对话框

表 J103-10　年龄与购买金额交叉表

年龄	购买金额（元）						总计
	80 以下	80-160	160-250	250-350	350-450	450 以上	
25 以下	3	1	0	0	0	0	4
25-35 岁	2	2	2	5	1	3	15
35-45 岁	1	10	14	10	5	0	40
45-55 岁	2	22	24	7	2	0	57
55-65 岁	4	20	27	6	1	0	58
65 以上	3	8	12	3	0	0	26
总计	15	63	79	31	9	3	200

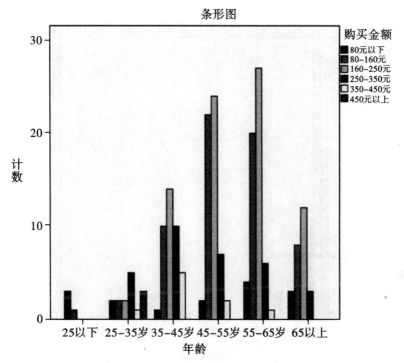

图 J103-4　年龄与购买金额复式条形图

表 J103-11　婚姻状况与购买金额交叉表

婚姻状况	购买金额（元）						总计
	80 以下	80-160	160-250	250-350	350-450	450 以上	
已婚	2	43	68	25	4	2	144
未婚	7	3	1	0	0	0	11
离异	3	6	3	2	0	1	15
再婚	0	4	6	4	5	0	19
丧偶	3	7	1	0	0	0	11
总计	15	63	79	31	9	3	200

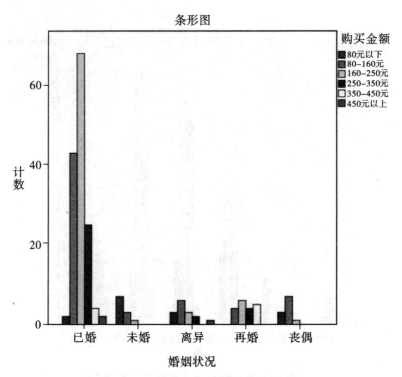

图 J103-5　婚姻状况与购买金额复式条形图

表 J103-12　支付方式与购买金额交叉表

支付方式	购买金额（元）						总计
	80 以下	80-160	160-250	250-350	350-450	450 以上	
手机支付	5	6	6	7	2	1	27
超市卡支付	1	11	29	13	1	0	55
银联卡支付	2	6	28	11	6	2	55
现金支付	7	40	16	0	0	0	63
总计	15	63	79	31	9	3	200

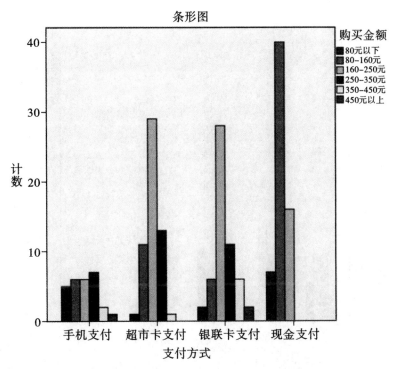

图 J103-6　支付方式与购买金额复式条形图

表 J103-13　出行方式与购买金额交叉表

出行方式	购买金额(元)						总计
	80 以下	80-160	160-250	250-350	350-450	450 以上	
自行车	4	12	12	7	0	0	35
公交车	3	14	18	2	0	0	37
步行	8	36	44	14	3	0	105
自驾车	0	1	3	5	5	3	17
出租车	0	0	2	3	1	0	6
总计	15	63	79	31	9	3	200

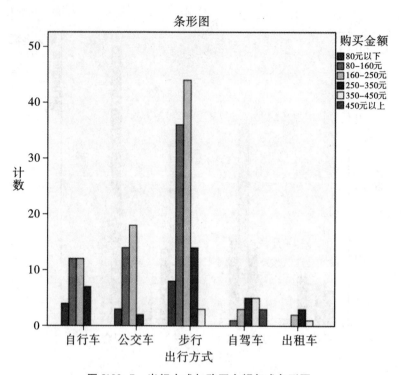

图 J103-7　出行方式与购买金额复式条形图

（三）分析数据

从上述各变量的频数分布表可以看出,顾客以女性居多,男女性别比为 1∶1.5,这些顾客中,以中老年顾客为主,45 岁以上的顾客占 70%；由于该超市是面向社区居民的,70% 的顾客多为超市附近的居民,以步行或自行车的出行方式为主；支付方式相对比较传统,以现金或超市卡或银联卡为主,占了 86%；从购买的金额看,近 80% 顾客的消费额不足 250 元。有一半以上的顾客对超市的购买环境比较满意。

从经济学角度看,年龄、婚姻状况、支付方式、出行方式都是影响消费者购买金额的因素。由上述各变量与购买金额复式条形图可看出,购买能力较强的是 25 岁至 45 岁这一年龄段,已婚家庭的购买力强于其他家庭的购买力,刷卡消费已经成为超市购物消费的主流,但也应看到,网络支付(支付宝、微信)已成为年青一代的主要支付方式。自驾车顾客的消费金额往往大于其他出行方式顾客的消费金额。

（四）几点建议

作为立足社区老百姓日常生活所需的该超市,确实给周边百姓带来了购物消费的便利,但通过此次调查,也发现了一些有待改进的地方。

(1)调查发现,中老年顾客占较大的比重,超市是否可以考虑为这些中老年顾客提供送货上门服务。

(2)调查资料表明,刷卡消费的金额远远大于现金消费金额,超市应大力提倡和宣传刷卡消费,是否可以考虑会员卡与消费卡合二为一,这样既锁定了消费者,又能提高消费额度。同时,增加网络支付服务窗口。

(3)由调查数据不难发现,仍有近一半顾客对超市的购物环境不是十分的满意,超市应在商品陈列与摆布、场内空气质量等方面加以改进。

四、小结

本案例主要根据企业要求,设计调查方案与调查问卷,并进行实地调查,然后进行整理分析,需要掌握的知识较多,如统计分组、问卷设计、调查方法、抽样技术等,还需要有关经济学、市场营销学、消费心理学等知识。

五、学习资源

1. 原始数据 QYS012。

2.《统计学》,曾五一、朱建平主编,上海财经大学出版社,2013

3.《21 世纪统计学系列教材:统计学专业课程教学案例选编》,高敏雪、蒋妍主编,中国人民大学出版社,2013

4.《应用统计学:基于 SPSS 运用》,张良主编,上海财经大学出版社,2013

第二部分

转化为数据整理统计教学案例

J201　统计分组在加油站业务数据处理中的应用

一、教学案例设计

教学案例编号	J201	教学案例名称	统计分组在加油站业务数据处理中的应用		
企业案例编号	Q010	企业案例名称	广东某市加油站加油业务统计实际案例		
教学案例背景			加油站的客户加油有周期性也有随机性,通过对两个月的加油流水记录进行分析,可以发现规律,安排合适的工作人员数量,避免人员的浪费或人手不足而影响服务		
案例问题			①如何进行统计分组; ②如何选择适当的统计图表; ③时间数列的周期性		
案例教学目标		知识目标	能力目标		素质目标
		①理解数据处理的意义和流程; ②掌握应用数据透视表处理数据的方法; ③掌握数据的分组; ④Excel 函数的使用	①能根据研究目的进行数据处理; ②能利用 Excel 处理数据; ③能选择适当的统计图表展示数据; ④能灵活运用统计分组的方法		增强统计知识,培养统计思维习惯,养成严谨认真的工作作风
教学建议			案例解读→数据说明→提出案例问题→组织讨论→开展统计整理与分析→上机实训→总结、评价→写出实训报告		
案例反思			①本案例的数据只反映加油业务的次数及金额,如果增加对加油车辆等待的时间的统计,就更有实际指导意义; ②本案例中的加油车辆的资料不足,如能登记办了加油卡的会员的详细资料将有助于分析并进行会员营销工作		

二、数据说明

每天有几百上千辆汽车到加油站加油,时间的分布也不均匀,有时一下子来了很多辆车等加油,有时又只有零零星星的车辆在加油。如果工作人员多于加油的汽车,浪费了资源,如果加油的汽车太多,让顾客久等,影响顾客的心情,工作人员工作繁忙也容易出错或因疲劳影响服务质量,或许有些老顾客以后会去找等待时间少的加油站加油。我们通过分析两个月的加油的流水记录,可以了解各时段加油次数的多少、加油金额的大小,根据这些规律安排工作人员的数量,既节约人员,也提高了服务质量。

该加油站位处高速公路旁,只有 0 号柴油、92 号汽油及 95 号汽油三种类型。摩托车不能上高速公路,因此没有摩托车加油。

三、案例分析

（一）数据的整理

表 J201-1 加油站销售原始数据

枪号	罐号	油品	数量	单价	金额	金额数值	加油时间	星期	时间	结算方式	结算时间
16	3	92号	34.97	5.72	200.00	200.00	2016-05-01 0:00:14	7	0	现金	2016-05-01 0:17:48
12	3	92号	20.10	5.72	115.00	115.00	2016-05-01 0:02:27	7	0	现金	2016-05-01 0:17:48
10	2	0号柴油	302.46	5.29	1600.00	1600.00	2016-05-01 0:05:35	7	0	现金	2016-05-01 0:17:48
13	4	95号	43.62	6.19	270.00	270.00	2016-05-01 0:06:16	7	0	现金	2016-05-01 0:17:48
16	3	92号	24.48	5.72	140.00	140.00	2016-05-01 0:17:37	7	0	现金	2016-05-01 0:26:09
12	3	92号	41.96	5.72	240.00	240.00	2016-05-01 0:18:34	7	0	现金	2016-05-01 0:21:51
9	4	95号	30.69	6.19	190.00	190.00	2016-05-01 0:23:22	7	0	现金	2016-05-01 0:34:30
5	4	95号	30.22	6.19	187.06	187.06	2016-05-01 0:25:30	7	0	IC卡	2016-05-01 0:26:51
15	4	95号	64.61	6.05	399.94	399.94	2016-05-01 0:26:54	7	0	现金	2016-05-01 0:28:35
8	3	92号	40.25	5.58	230.23	230.23	2016-05-01 0:28:40	7	0	IC卡	2016-05-01 0:31:37
16	3	92号	33.36	5.72	190.82	190.82	2016-05-01 0:31:34	7	0	IC卡	2016-05-01 0:32:33
16	3	92号	47.20	5.72	270.00	270.00	2016-05-01 0:34:51	7	0	现金	2016-05-01 0:37:41
15	4	95号	42.00	6.19	260.00	260.00	2016-05-01 0:38:17	7	0	现金	2016-05-01 1:23:33
10	2	0号柴油	156.12	5.29	825.87	825.87	2016-05-01 0:52:19	7	0	IC卡	2016-05-01 0:57:10
12	3	92号	41.96	5.72	240.01	240.00	2016-05-01 0:56:39	7	0	现金	2016-05-01 1:23:33
14	3	92号	22.90	5.72	131.00	131.00	2016-05-01 0:58:16	7	0	现金	2016-05-01 1:23:33

1. 文本转数字

表 J201-1 原数据表的 F 列"金额"是文本格式,不能进行求和计算,可在 G 列顶部点击鼠标右键,在弹出菜单中选插入列,这时 G 列为空白列,在 G1 单元格上输入"金额",在 G2 单元格上输入"=F2 * 1",必须是在英文状态下输入。这时 G2 单元格的值变为数字了。选中 G2 单元格,选"复制",然后粘贴到 G3:G24922 单元格,这时就可以把 F 列的文本数据转为数字了。

2. 加油日期转换

为了研究每周各天加油数量的规律,可使用 WEEKDAY 函数把各个日期数据转化为星期一、二、三、四、五、六、七,这样就可以按周一、周二……来分类汇总加油的次数及加油的金额。

H 列后面插入两个列,可在 I 列顶部点击鼠标右键,在弹出菜单中选插入列,再重复一次插入列。在 I1 单元格上输入"星期",在 I2 单元格上输入公式(英文状态下输入)"=WEEKDAY(H2,2)",H2 单元格的值为"2016-05-01 0:00:14",右边的 I2 单元格的函数计算显示的结果为"7",即星期天(星期7),复制 I2 单元格,然后粘贴到 I3:I24922 单元格,这样 I3 单元格到 I24922 单元格都把对应的日期数据转化为星期数据了。

3. 加油时间转换为 0 点,1 点,2 点,…,23 点

为了研究每周各天加油数量的规律,可使用 Hour 函数把各个时间数据转化为 0 点,1 点,2 点,…,23 点,这样就可以分类汇总每个小时的加油次数及金额。

在 J1 单元格上输入"时间",在 J2 单元格上输入函数:"=HOUR(H2)",I2 单元格通过 HOUR 函数把 H2 单元格"2016-05-01 0:00:14"转化为"0",复制 H2 单元格,然后粘贴到 H3:H24922 单元格,于是 H3 单元格到 H24922 单元格就生成了对应的某小时的数值。

(二)分类汇总

1. 汇总各小时及各天的加油次数

(1)在主菜单中点击"插入",选"数据透视表",如图 J201-1 所示。

在"选择一个表或区域"中输"A1:L224922",在"选择放置数据透视表的位置"下方选 sheet2。时间放"行标签",星期放"列标签",金额数值拖入"数值",如下图所示。

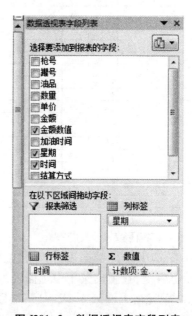

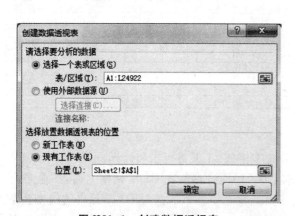

图 J201-1 创建数据透视表   图 J201-2 数据透视表字段列表

于是,得到按小时及星期分类的销售次数分类表,见下表。

表 J201-2　销售次数分类表

求和工列标签 行标	1	2	3	4	5	6	7	总计
0	12356.81	13552.41	48796.03	19128.46	10294.16	23385.26	19553.31	147066.44
1	8684.93	9590.33	13231.68	13792.72	7361.03	13426.28	8745.96	74832.93
2	4568.64	4903.69	6699.31	10213.86	6250.67	5153.47	9786.8	47576.44
3	8404.4	4258.26	8086.07	10446.8	4681.8	5262.25	5980.83	47120.41
4	8251.13	3026.05	4511.4	5891.2	9055.04	6055.77	12703	49493.59
5	7572.19	8014.03	6982.76	6816.57	10994.78	9043.04	7913.48	57336.85
6	29979.79	17746.17	21199.53	33743.74	25199.82	20717.56	26298.33	174884.94
7	43620.93	28705.3	42476.87	38114.51	36622.77	43613.42	41147.77	274301.57
8	55377.35	51136.77	72090.44	47656.52	50156.19	47744.88	54736.19	378898.34
9	96318.98	89018.93	96701.66	102221.02	112268.77	108440.28	41048.58	646018.22
10	102052.46	58755.79	65524.41	90833.67	87649.54	85562.28	84457.94	574836.09
11	66172.97	49935.15	63206.93	68923.8	60878.1	80743.06	67490.73	457350.74
12	43634.73	40877.85	45827.07	57267.69	55982.01	55253.55	62180.79	361023.69
13	52623.16	46329.46	59237.15	54000.33	60108.62	48443.16	47756.82	368498.7
14	86283.74	54682.84	69206.68	62964.48	73584.84	59788.13	70477.47	476988.18
15	71740.75	62684.44	76571.96	64770.85	67174.62	65557.72	70466.11	478966.45
16	64041.98	104170.7	81634.46	67954.45	65219.82	65489.09	61022.3	509532.8
17	55559.57	55871.82	55528.83	55670.51	67868.02	58058.26	53512.78	422069.79
18	36086.85	58732.15	61376.16	41148.99	59060.73	56290.99	32867.06	345562.93
19	37104.99	36667.06	47337.33	34208.54	58879.34	43487.31	33842.6	291527.17
20	44913.55	36527.61	49178.01	30149.87	50674.66	44765.33	24497.76	280706.79
21	32027.39	30023.55	53411.95	27399.91	46466.66	32836.18	30991.04	253156.68
22	32259.98	30575.12	41259.16	35714.12	44101.55	33612.97	35917.33	253440.23
23	23427.65	25138.01	28993.1	27509.83	42463.91	23816.7	23057.3	194406.5
总计	1023064.92	920923.49	1119068.95	1006542.44	1132997.5	1036546.94	926452.28	7165596.5

由此,可得到按小时及星期分类的销售次数分类图见下图。

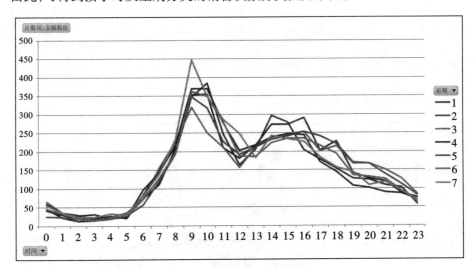

图 J201-3　销售次数分类图

　　在图 J201-3 中,从星期一到星期天,H 列(星期天)9 点到 10 点加油的次数最多,是加油的高峰期,应该多安排工作人员。星期天的加油次数最多,两个月内累计 3749 次,估计是星期天私家车主有空外出活动顺路加油。中午 12 点前后是午饭时间,形成了一个低谷。下午上班时间稍有增加,5 点之后加油的次数进一步减少。

2. 汇总各小时及各天加油的金额值

在 sheet1 中插入数据透视表,生成新的工作表 sheet3,时间放"行标签",星期放"列标签",金额数值拖入"数值"。"数值"的汇总方式选"求和",可得到销售金额时间分类表。

表 J201-3 某加油站 2016 年 5 月 1 日~7 月 2 日销售金额时间分类表

求和」列标签	1	2	3	4	5	6	7	总计
行枝								
0	12356.81	13552.41	48796.03	19128.46	10294.16	23385.26	19553.31	147066.44
1	8684.93	9590.33	13231.68	13792.72	7361.03	13426.28	8745.96	74832.93
2	4568.64	4903.69	6699.31	10213.86	6250.67	5153.47	9786.8	47576.44
3	8404.4	4258.26	8086.07	10446.8	4681.8	5262.25	5980.83	47120.41
4	8251.13	3026.05	4511.4	5891.2	9055.04	6055.77	12703	49493.59
5	7572.19	8014.03	6982.76	6816.57	10994.78	9043.04	7913.48	57336.85
6	29979.79	17746.17	21199.53	33743.74	25199.82	20717.56	26298.33	174884.94
7	43620.93	28705.3	42476.87	38114.51	36622.77	43613.42	41147.77	274301.57
8	55377.35	51136.77	72090.44	47656.52	50156.19	47744.88	54736.19	378898.34
9	96318.98	89018.93	96701.66	102221.02	112268.77	108440.28	41048.58	646018.22
10	102052.46	58755.79	65524.41	90833.67	87649.54	85562.28	84457.94	574836.09
11	66172.97	49935.15	63206.93	68923.8	60878.1	80743.06	67490.73	457350.74
12	43634.73	40877.85	45827.07	57267.69	55982.01	55253.55	62180.79	361023.69
13	52623.16	46329.46	59237.15	54000.33	60108.62	48443.16	47756.82	368498.7
14	86283.74	54682.84	69206.68	62964.48	73584.84	59788.13	70477.47	476988.18
15	71740.75	62684.44	76571.96	64770.85	67174.62	65557.72	70466.11	478966.45
16	64041.98	104170.7	81634.46	67954.45	65219.82	65489.09	61022.3	509532.8
17	55559.57	55871.82	55528.83	55670.51	87868.02	58058.26	53512.78	422069.79
18	36086.85	58732.15	61376.16	41148.99	59060.73	56290.99	32867.06	345562.93
19	37104.99	36667.06	47337.33	34208.54	58879.34	43487.31	33842.6	291527.17
20	44913.55	36527.61	49178.01	30149.87	50674.66	44765.33	24497.76	280706.79
21	32027.39	30023.55	53411.95	27399.91	46466.66	32836.18	30991.04	253156.68
22	32259.98	30575.12	41259.16	35714.12	44101.55	33612.97	35917.33	253440.23
23	23427.65	25138.01	28993.1	27509.83	42463.91	23816.7	23057.3	194406.5
总计	1023064.92	920923.49	1119068.95	1006542.44	1132997.5	1036546.94	926452.28	7165596.5

由此,可得到按小时及星期分类的销售金额分类图。

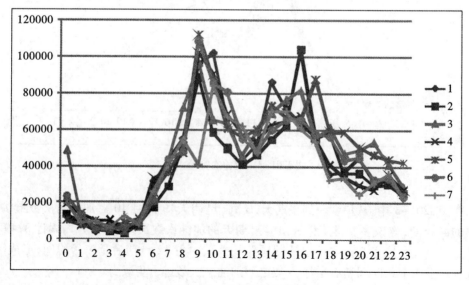

图 J201-4 销售金额分类图

　　通过表 J201-3 最后一行的数据我们可以发现,星期天加油的次数最多,但总金额却是倒数第二低,说明星期天加油的主要是私家车,所以金额较少。由表 J201-3 的数据制作的图 J201-4 也可以观察到系列 7 对应的折线在偏下的位置。

　　3. 各油品的销售额分布

　　在 sheet1,插入数据透视表,输出到 sheet4,时间拖到"行标签"里,油品拖到"列标签"里,金额数值拖到"∑数值"里,汇总方式选"求和",得到销售金额时间及油品分类表(表 J201-4),并可得到对应的面积图。

表 J201-4　某加油站 2016 年 5 月 1 日~7 月 2 日销售金额时间及油品分类表

求和项:金额数值	列标签			
行标签	92号	0号柴油	95号	总计
0	23151.67	91565.95	34191.92	148909.54
1	9485.48	49546.67	16085.78	75117.93
2	4039.57	39239.33	9097.54	52376.44
3	3921.4	34345.56	9391.81	47658.77
4	2666.66	41618.25	7400	51684.91
5	5913.44	41612.74	10672.65	58198.83
6	15357.87	134363.17	31935.04	181656.08
7	53989.51	154070.13	71481.35	279540.99
8	100968.21	163273.15	136404.92	400646.28
9	169615.57	332950.73	279576.98	782143.28
10	134786.55	190341.54	262170.26	587298.35
11	81897.38	161361.9	216576.91	459836.19
12	64392.72	168542	132609.27	365543.99
13	68485.86	160165.79	150604.35	379256
14	90245.71	208025.74	187658.11	485929.56
15	98942.94	215811.31	168449.19	483203.44
16	110758.97	245905.33	166661.17	523325.47
17	88955.05	194714.96	140335.99	424006
18	64867.74	170905.62	113799.71	349573.07
19	41252.06	160524.87	92907.42	294684.35
20	33954.35	157047.62	91136.89	282138.86
21	30217.05	138123.39	89092.5	257432.94
22	26251.6	166023.53	63915.14	256190.27
23	23748.3	123667.84	48210.35	195626.49
总计	1347865.66	3543747.12	2530365.25	7421978.03

　　加 0 号柴油的数量是最多的,总销售额也最多。在 8:00 至 10:00 及 14:00-17:00 期间要保证 0 号柴油的供应。95 号汽油比 92 号汽油的销售额多了将近一倍,是什么原因造成的呢？据老司机说 95 号汽油价格虽贵,但用 95 号汽油时发动机较有力,行驶的里程较远。有人通过对比发现使用 95 号汽油比使用 92 号省一点点钱,所以大多数车主喜欢选择 95 号汽油。

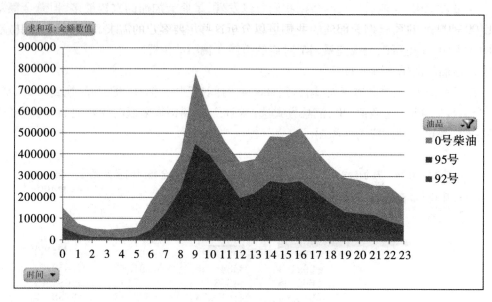

图 J201-5　各油品销售总额

4. 每次加油金额分类

我们把加油金额分组为:50 元以下、50-100,100-200,200-300,300-400,400-500,500-1000,1000-2000,2000-4000,4000-6000,6000-8000,在 A2 至 A12 单元格分别手工输入每组的上限值:50,100,200,300,400,500,1000,2000,4000,6000,8000。选择 Sheet1,选主菜单"数据"后,再选右边"数据分析",在弹出窗口选"直方图","输入区域"选 G2 到 G24922 单元格,即加油金额那列,"接收区域"选 Sheet5 的 A2 至 A12 单元格"输出区域"选 Sheet5 的 B1 单元格,勾选"图表输出"。这样就可以得到加油金额的分组数据了。

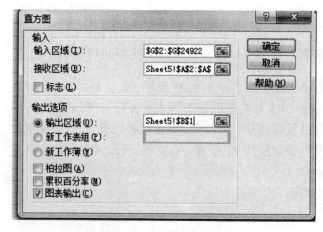

	接收	频率
50	50	477
100	100	4049
200	200	8114
300	300	5976
400	400	2763
500	500	1244
1000	1000	1450
2000	2000	719
4000	4000	111
6000	6000	11
8000	8000	7

图 J201-6　直方图设置　　　　图 J201-7　接收区域及计算结果

很明显每次加油200-300元的最多,约占57%。这和总平均数297元接近。每次加油100-400元的客户约占83%。我们可以分析这些主要客户的需求,采用会员制积分优惠来吸引客户,提高销售额。据了解加油数额少的原因有可能是向别人借车或是给割草机用的。

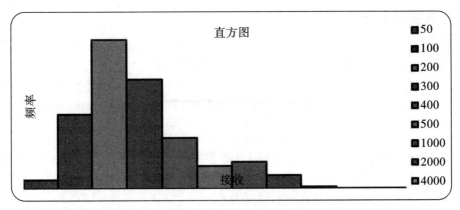

图 J201-8　加油金额分类直方图

四、小结

统计分组是一种比较常用的统计工作方法,通过对数据进行合理的分组,可以发现其内部构成、分布的规律。

时期数列也是我们经常遇到的社会经济现象,有些现象具有周期性,我们发现了它的规律后,可以利用规律来进行生产经营管理。

数据透视表可以将大量数据按某些标志进行分类、计数等。Excel 函数的功能很强大,我们可通过实践来学习和掌握。

五、学习资源

1. QYS010-原始数据
2.《新编统计学》,郭梓仁、李艳霞主编,中南大学出版社,2012

J202　统计台账设计与链接

一、教学案例设计

教学案例编号	J202	教学案例名称	统计台账设计与链接	
企业案例编号	Q007	企业案例名称	河南某牧业有限公司饲料产供销统计实际案例	
教学案例背景	河南某牧业有限公司是河南恒辉农牧集团下属六家子公司之一,各子公司的饲料产供销情况,总公司未能随时跟踪掌握,影响了总公司的整体科学决策,急需建立统计台账,做到随时掌握各子公司及总公司的饲料生产情况			
案例问题	为河南恒辉农牧集团设计统计台账及总表			
案例教学目标	知识目标		能力目标	素质目标
	掌握统计台账的含义、用途,明确统计台账设计方法、要求等		能够根据要求独立设计统计台账	养成独立思考、大胆构思的好习惯,精心设计、科学规划的严谨作风
教学建议	先认真学习有关统计台账的基本原理、设计方法,然后在老师引导下,认真阅读河南恒辉农牧集团某牧业有限公司饲料产供销统计实际案例,注意收集各个子公司生产销售的饲料品种、价格资料,最后思考如何在总公司与各个子公司之间建立一种联系,使子公司一旦发生产销记录,总公司即可看到数据变化			
案例反思	本案例有助于河南恒辉农牧集团规范统计工作,把统计作为一种有效的管理手段,推动了公司管理水平的提高,为科学决策的及时性和有效性提供了保障。让学生学会举一反三,尽可能多地把统计应用到企业管理中去,提高管理水平			

二、数据说明

1. QYS007-3.3 原始数据系公司自动化管理系统自动收集生成。

2. 各种饲料产品的价格是 2015 年的市场价格。

3. 本案例有关表格绘制、数据逻辑关系设计均要求在 Excel 2007 以上版本完成,具体操作步骤及方法在后面有详细说明。

三、案例分析

2016 年河南恒辉农牧集团仍将生产销售的饲料有 2089 高档生长肥育猪浓缩饲料、高档乳猪浓缩料 2088、高档乳猪配合饲料 591、高档教槽料 2086、活力素、康宝(营养可乐)等。其子公司有河南恒辉生物技术有限公司、濮阳恒辉牧业有限公司、焦作恒辉牧业有限公司、宝鸡恒辉饲料有限公司、三门峡恒辉牧业有限公司、郑州恒典商贸有限公司等。要想时刻掌握所有子公司各月及全年饲料销售的数量,就要编制统计台账和汇总表,这样就能及时掌握饲料商品销售的动态变化情况。

(一)建立并复制统计台账

第一步,新建1个Excel工作表,在Sheet1界面编制一张包含如表J202-1中相关信息的表格,饲料品种、单价及设计步骤等详见Q007和QYS007-3.3。

表 J202-1　生产的饲料销售情况记录

月份	2089 150元/袋		2088 113元/袋		591 208元/袋		2086 148元/袋		活力素 200元/袋		康宝 20元/瓶		总金额
	数量	金额	数量	金额	数量	金额	数量	金额	数量	金额	数量	金额	
1		0		0		0		0		0		0	0
2		0		0		0		0		0		0	0
3		0		0		0		0		0		0	0
4		0		0		0		0		0		0	0
5		0		0		0		0		0		0	0
6		0		0		0		0		0		0	0
7		0		0		0		0		0		0	0
8		0		0		0		0		0		0	0
9		0		0		0		0		0		0	0
10		0		0		0		0		0		0	0
11		0		0		0		0		0		0	0
12		0		0		0		0		0		0	0
合计	0	0	0	0	0	0	0	0	0	0	0	0	0

第二步,填写金额与数量关系以及总金额的汇总关系,此时表中的数据全部为0,详见QYS007-3.3。

第三步,单击统计台账界面下端的Sheet1,然后按右键,在弹出菜单中选择"移动或复制(M)…",在打开的对话框中选择"建立副本",回车后即在界面底端显示为Sheet1(2),表明已将Sheet1复制了1份,重复以上操作5次,即为每个子公司复制了统计台账,详见QYS007-3.3。

第四步,分别给每个产地统计台账命名,即双击界面底端的Sheet1,当背景色变为黑色时,输入"河南恒辉生物技术有限公司",同时在台账表头前输入"河南恒辉生物技术有限公司"变成"河南恒辉生物技术有限公司生产的饲料销售情况记录",照此逐一操作完成,此时界面下端显示:河南恒辉生物技术有限公司、濮阳恒辉牧业有限公司、焦作恒辉牧业有限公司、宝鸡恒辉饲料有限公司、三门峡恒辉牧业有限公司、郑州恒典商贸有限公司,详见 QYS007-3.3 所示。

至此,集团公司销售不同子公司饲料的统计台账建立完毕,随时可将各子公司饲料销售资料录入到对应分表中。这里为节省篇幅,我们只讲河南恒辉生物技术有限公司的台账(J202-2),详见 QYS007-3.3。

表 J202-2　河南恒辉生物技术有限公司生产的饲料销售情况记录

月份	2089 150 元/袋		2088 113 元/袋		591 208 元/袋		2086 148 元/袋		活力素 200 元/袋		康宝 20 元/瓶		总金额
	数量	金额	数量	金额	数量	金额	数量	金额	数量	金额	数量	金额	
1		0		0		0		0		0		0	0
2		0		0		0		0		0		0	0
3		0		0		0		0		0		0	0
4		0		0		0		0		0		0	0
5		0		0		0		0		0		0	0
6		0		0		0		0		0		0	0
7		0		0		0		0		0		0	0
8		0		0		0		0		0		0	0
9		0		0		0		0		0		0	0
10		0		0		0		0		0		0	0
11		0		0		0		0		0		0	0
12		0		0		0		0		0		0	0
合计	0	0	0	0	0	0	0	0	0	0	0	0	0

(二)建立汇总表并与台账链接

第一步,用同样方法在界面 Sheet2 编制一张饲料销售汇总表,如表 J202-3 所示,并将界面底端的 Sheet2 改为"总表",详见 QYS007-3.3。

第二步,将光标移至 B4 单元格输入"="号后点击河南恒辉生物技术有限公司分表下端的"河南恒辉生物技术有限公司",此时等号后边出现"河南恒辉生物技术有限公司!",再点击分表"B17"单元格,则等号后边就变为"河南恒辉生物技术有限公司!B17",表示总表 B4 单元格的数据是从河南恒辉生物技术有限公司分表 B17 复制而来,用拖拽方法将总表 C4～N4 分别与河南恒辉生物技术有限公司分表 C17～N17 逐一建立对应链接关系,如表 J202-3 所示;其余各行重复以上操作,即为其他各个子公司统计台账与总表建立了链接,此时表中这些子公司的数据全部为 0;最后设定总表末行"合计"的汇总方式,详见 QYS007-3.3。

表 J202-3　饲料销售汇总表

子公司	2089 150 元/袋		2088 113 元/袋		591 208 元/袋		2086 148 元/袋		活力素 200 元/袋		康宝 20 元/瓶		总金额
	数量	金额	数量	金额	数量	金额	数量	金额	数量	金额	数量	金额	
河南恒辉	0	0	0	0	0	0	0	0	0	0	0	0	0
濮阳恒辉	0	0	0	0	0	0	0	0	0	0	0	0	0
焦作恒辉	0	0	0	0	0	0	0	0	0	0	0	0	0
宝鸡恒辉	0	0	0	0	0	0	0	0	0	0	0	0	0
三门峡恒辉	0	0	0	0	0	0	0	0	0	0	0	0	0
郑州恒典	0	0	0	0	0	0	0	0	0	0	0	0	0
合计	0	0	0	0	0	0	0	0	0	0	0	0	0

此时,如果在台账中将6个子公司生产的各类饲料不同月份的销售量数据录入各个分表后,汇总表中即刻自动生成饲料累计销售数量及金额,如表 J202-3 最后一行所示。

四、小结

本案例是教学生学会如何设计统计台账并与总表链接,在现实统计台账设计教学活动中,我们真切感到学生只有亲手设计统计台账,才能真正掌握设计原理,并运用到实际工作中去。

五、学习资源

1. QYS007-3.3 原始数据

2.《数据分析》,谢家发主编,郑州大学出版社,2014

3.《21 世纪统计学系列教材:统计学专业课程教学案例选编》,高敏雪、蒋妍主编,中国人民大学出版社,第 1 版,2013

第三部分
转化为数据呈现统计教学案例

J301 企业职工基本情况数据的整理与展示

一、教学案例设计

教学案例编号	J301	教学案例名称	企业职工基本情况数据的整理与展示
企业案例编号	Q014	企业案例名称	浙江某工贸有限公司生产统计实际案例
教学案例背景			浙江某工贸有限公司(2011年以前为明星企业)是一家以研发、生产、销售为一体的现代化规模企业。拥有员工400多人(含工厂),中高级技术人员占员工比例为15%,国内外销售人40多人。2016年年初,为了制定各类管理、技术人员的职业发展计划,调整企业员工的薪酬待遇,对全体从业人员的基本情况进行了调查登记工作,取得以下主要统计数据,见企业生产案例Q014表中所列。本案例就是利用统计表和统计图展示这些调查得到的数据,使读者非常清晰地看出公司员工的基本特征,为决策提供依据
案例问题			根据Q014资料,在统计分组的基础上,利用SPSS统计软件生成统计表和统计图
案例教学目标	知识目标		能力目标

案例教学目标	知识目标	能力目标	素质目标
	明确统计表的构成、种类运用,了解种类统计图的合理运用	能借助SPSS统计软件,根据统计要求,选择合适的统计表和统计图展示统计数据,并作简要的文字说明	学会善于观察,从统计图表中发现问题,能做简单的分析说明

教学建议	在教学过程中,首先要求学生明确调查登记表中数据的类型,以便于数据编码。如:分类数据对应的测量标准为名义,顺序数据对应的测量标准为序号,定量数据对应的测量标准为标度(度量);对于定量数据,还要进行合理的分组,这样才能进行正确的编码。其次是统计图表的选择,当研究的目的是要反映总体内各组绝对数量多少时,一般采用条形图(定性变量)或直方图(定量变量);当研究的目的是要反映总体内各组成部分的比重时,往往采用饼图;当研究的目的是要反映现象发展变化时,一般采用线图;而要反映变量之间依存关系时,一般采用散点图或复式条形图。再次要认真学习企业的调查方案的内容,搞清楚搜集这些数据到底要说明什么问题。最后生成相应的统计表和统计图,并根据所生成的统计图表作简要的统计分析
案例反思	本案例的主要任务是生成各种统计表格和统计图,难点在于如何选择合理的统计图表,这需要对数据进行正确的分类。另外还要注意的是对所生成的统计图表进行分析说明,这也是本案例的难点之一

二、数据说明

1. QYS013 原始数据由浙江某工贸有限公司人事部门提供。共有七个变量,其中:性别、职务(工作岗位)为定性变量;文化程度、专业技术职称为顺序变量;年龄、工龄、年薪为定量变量。

2. 本案例采用 SPSS 23.0 统计分析软件处理。

三、案例分析

(一)编码

利用 SPSS 统计软件先对审核好的数据进行编码。编码表(表 J301-1)如下。

表 J301-1　编码表

变量名	类型	标签	值	度量标准
Q1	数值型	性别	1=男,2=女	名义
Q2	数值型	年龄	1=27 岁以下,2=27-30,3=30-35,4=35-40,5=40 岁以上	标度
Q3	数值型	工龄	1=5 年以下,2=5-10,3=10-15,4=15 年以上	标度
Q4	数值型	学历	1=研究生及以上,2=本科,3=大专,4=高中及以下	序号
Q5	数值型	专业技术职称	1=高级,2=中级,3=初级,4=无	序号
Q6	数值型	职务	1=高层管理,2=中层管理,3=一般职员	序号

续表 J301-1

变量名	类型	标签	值	度量标准
Q7	数值型	年薪	1=5 万元以下,2=5-10 万, 3=10-15 万,4=15-20 万, 5=20-25 万,6=25-30 万, 7=30 万元以上	标度

（1）打开 SPSS,在 SPSS 数据编辑窗口中,单击变量视图选项卡,进入变量命名和定义状态,如图 J301-1 所示。

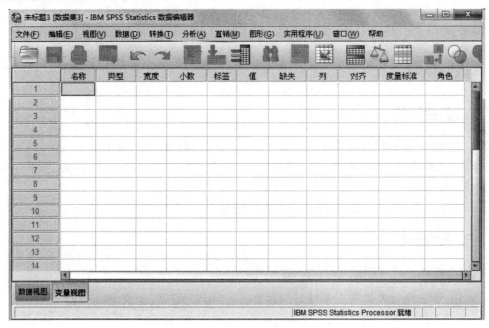

图 J301-1　变量视图窗口

变量定义包括:变量名、类型、宽度、小数位数、标签、值标签、缺失值定义、列宽、对齐方式、度量标准(测量)和角色等定义。

考虑到定性资料的变量定义同以后选取的统计分析方法、输出表格直接有关,因此定义变量时,一般要重点关注变量名、类型、标签、值标签、度量标准(测量)等的定义。如图 J301-2 所示。

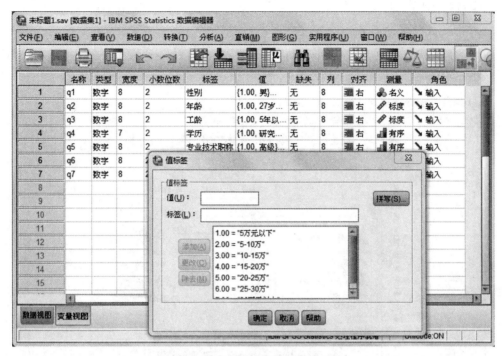

图 J301-2　数据编辑器—变量视图

（2）录入数据，如图 J301-3 所示。

	q1	q2	q3	q4	q5	q6	q7	变量	变
1	男	35-40	10-15	本科	高级	高层管理	30万元以上		
2	女	30-35	5-10	研究生及以…	高级	高层管理	25-30万		
3	男	30-35	5-10	本科	初级	一般职员	10-15万		
4	女	27岁以下	5年以下	大专	无	一般职员	5万元以下		
5	男	35-40	10-15	本科	中级	一般职员	15-20万		
6	女	40岁以上	15年以上	大专	无	一般职员	15-20万		
7	男	35-40	15年以上	本科	中级	高层管理	25-30万		
8	男	30-35	10-15	大专	无	一般职员	10-15万		
9	男	27-30	5年以下	本科	无	一般职员	5-10万		
10	女	30-35	5-10	本科	中级	一般职员	15-20万		
11	男	40岁以上	15年以上	大专	中级	中层管理	15-20万		
12	男	35-40	10-15	大专	无	一般职员	15-20万		
13	女	27-30	5-10	大专	无	一般职员	5-10万		
14	女	30-35	5-10	本科	中级	一般职员	15-20万		

图 J301-3　数据编辑器—数据视图

（3）保存数据文件。

（二）生成频数分布表

（1）打开 SPSS 数据文件，点击"分析"，选择"描述统计"—"频率"，进入"频率"对话框；如图 J301-4。

图 J301-4 频率对话框

（2）在频率对话框中，将左框中的各变量全部逐一移入右框，并点击"确定"，可得出七个频数分布表，如图 J301-5 和图 J301-6。

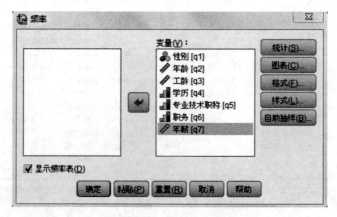

图 J301-5 频率对话框

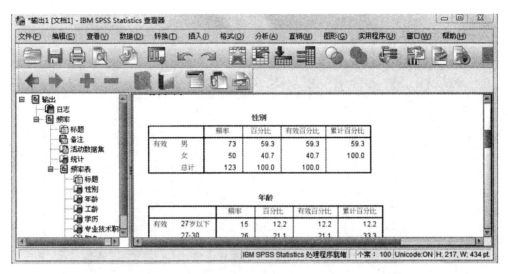

图 J301-6

生成统计图,需要注意的是,由于数据类型不同,所生成的统计图也有所不同。若数据属于定性数据,即分类数据和顺序数据,一般可生成条形图或饼图;若数据属于定量数据,则一般可生成直方图或饼图、线图等。

①条形图的生成,打开 SPSS 数据文件,点击"分析",选择"描述统计"—"频率",进入"频率"对话框,再在频率对话框中,将左框中的各定性变量全部逐一移入右框,并点击"图表",进入图表对话框,如图 J301-7,在图表对话框中选择"条形图",点击"继续",再点击"确定"。即可生成四个条形图。如图 J301-8。

图 J301-7　图表对话框

②饼图的生成,只要在图表对话框中选择"饼图"即可。

③直方图的生成,其步骤与条形图生成一样,只要将频率对话框的定量变量移入右框,即可生成直方图,如图 J301-9。

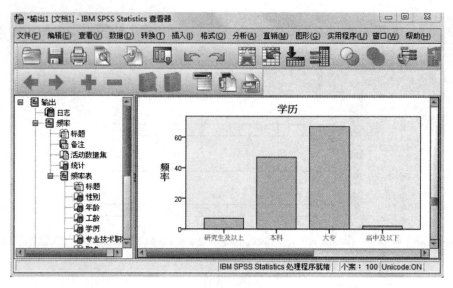

图 J301-8

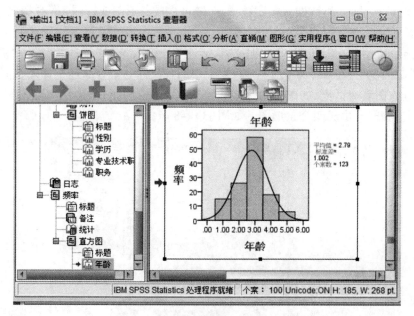

图 J301-9

(三)将生成好的频数分布表或统计图复制到 word 文档中,目的是便于文本编辑

表 J301-2 2015 年末公司从业人员性别构成表

按性别分组	人数(人)	百分比	有效百分比	累计百分比
男	73	59.3	59.3	59.3
女	50	40.7	40.7	100.0
合计	123	100.0	100.0	

表 J301-3 2015 年末公司从业人员年龄分布表

按年龄分组	人数(人)	百分比	有效百分比	累计百分比
27 岁以下	15	12.2	12.2	12.2
27-30	26	21.1	21.1	33.3
30-35	58	47.2	47.2	80.5
35-40	18	14.6	14.6	95.1
40 岁以上	6	4.9	4.9	100.0
合计	123	100.0	100.0	

表 J301-4 2015 年末公司从业人员工龄分布表

按工龄分组	人数(人)	百分比	有效百分比	累计百分比
5 年以下	35	28.5	28.5	28.5
5-10	54	43.9	43.9	72.4
10-15	27	22.0	22.0	94.3
15 年以上	7	5.7	5.7	100.0
合计	123	100.0	100.0	

表 J301-5 2015 年末公司从业人员文化程度构成表

按学历分组	人数(人)	百分比	有效百分比	累计百分比
研究生及以上	7	5.7	5.7	5.7
本科	47	38.2	38.2	43.9
大专	67	54.5	54.5	98.4
高中及以下	2	1.6	1.6	100.0
合计	123	100.0	100.0	

表 J301-6 2015 年末公司从业人员专业技术统计表

按职称分组	人数（人）	百分比	有效百分比	累计百分比
高级	3	2.4	2.4	2.4
中级	18	14.6	14.6	17.1
初级	48	39.0	39.0	56.1
无	54	43.9	43.9	100.0
合计	123	100.0	100.0	

表 J301-7 2015 年末公司各类人员构成统计表

按职务分组	人数（人）	百分比	有效百分比	累计百分比
高层管理	6	4.9	4.9	4.9
中层管理	16	13.0	13.0	17.9
一般职员	101	82.1	82.1	100.0
合计	123	100.0	100.0	

表 J301-8 2015 年末公司从业人员年收入统计表

按收入分组（万元）	人数（人）	百分比	有效百分比	累计百分比
5 万元以下	11	8.9	8.9	8.9
5-10 万	44	35.8	35.8	44.7
10-15 万	35	28.5	28.5	73.2
15-20 万	21	17.1	17.1	90.2
20-25 万	7	5.7	5.7	95.9
25-30 万	3	2.4	2.4	98.4
30 万元以上	2	1.6	1.6	100.0
合计	123	100.0	100.0	

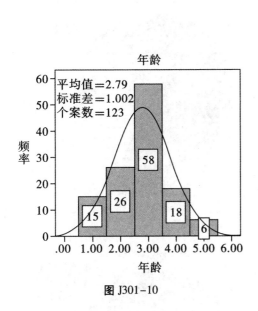

图 J301-10

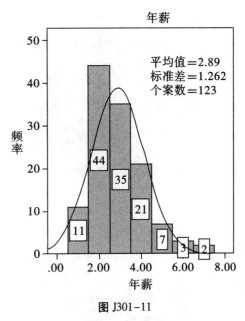

图 J301-11

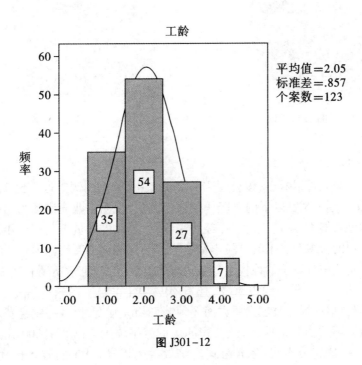

图 J301-12

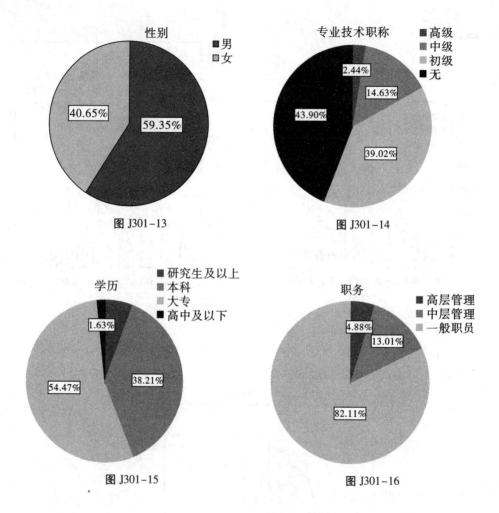

图 J301-13

图 J301-14

图 J301-15

图 J301-16

（四）文字说明

从以上统计图表可以看出,该公司 123 名员工中,男女比例接近 3 比 2,性别构成比较合理;从年龄上看,35 岁以下的年轻职工占了八成,说明企业充满活力,具有强大的技术创新精神和创新能力;从员工的工作经历来看,七成以上的员工具有五年以上的工龄,充分说明了公司的大多数员工具有较丰富的工作经验和社会阅历。但是,作为一个需要与国内外同类企业进行竞争的现代出口企业来讲,员工的自身素质还有待提高。在公司 123 名员工中,大专以下学历约占 56%,还有 40% 以上的员工尚未取得专业技术职称证书。为此,建议公司在提高员工素质方面还须制订相关制度,投入一定经费,给予员工学习提高的机会。再看员工的收入,全公司职工的月平均工资已达 10000 元,远超浙江省职工平均工资线,这充分表明,随着公司经济效益的提高,员工的收入也随之增长。所以,建议公司领导在制定各类管理、技术人员的职业发展规划时,要充分考虑到每一位员工的专业特长、学历和专业技术职称。而在调整企业员工的薪酬待遇时,特别需要考虑的因素是员工对公司的贡献程度。

四、小结

本案例的主要任务是如何借助 SPSS 统计软件,对企业相关数据进行编码、录入,进而生成统计表和统计图,并作简要说明。在编码过程中,需要注意的是正确区分数据的类型,如:分类数据对应的测量标准为名义,顺序数据对应的测量标准为序号,定量数据对应的测量标准为标度(度量)。对于定量数据,还要做合理的分组,这样才能进行正确的编码。还要值得注意的问题是统计图表的选择,当研究的目的是要反映总体内各组绝对数量多少时,一般采用条形图(定性变量)或直方图(定量变量);当研究的目的是要反映总体内各组成部分的比重时,往往采用饼图;当研究的目的是要反映现象发展变化时,一般采用线图;而要反映变量之间依存关系时,一般采用散点图或复式条形图。

五、学习资源

1. QYS013 原始数据

2.《统计学》,曾五一、朱建平主编,上海财经大学出版社,2013

3.《21 世纪统计学系列教材:统计学专业课程教学案例选编》,高敏雪、蒋妍主编,中国人民大学出版社,2013

4.《应用统计学:基于 SPSS 运用》,张良主编,上海财经大学出版社,2013

J302 企业产量数据的整理与展示

一、教学案例设计

教学案例编号	J302	教学案例名称	企业产量数据的整理与展示
企业案例编号	Q015	企业案例名称	浙江省温州市某童装厂生产统计实际案例
教学案例背景			浙江省温州市某童装厂成立于2001年,是一家集设计、生产、销售于一体的国内牛仔童装工厂,坐落于"温州童装第一村",拥有职工100余人,各类服装生产设备100余台、月产量8万件以上。成立十多年来,工厂销售指标每年均以15%以上的速度增长。在市场竞争日趋激烈的情况下,工厂决策层并没有满足于现状,而又确定了内销和外销并举的新举措。 据了解,工厂采取计件制管理,企业2015年起,产品的销售渠道有所扩大,这就要求2016年的产量必须有较大的增长。工厂还采取新的奖惩办法,促进工人在保证产品质量的同时,提高产量。财务部门根据去年工人计件产量来确定2016年的计划产量。表Q015-1就是2015年125名工人所生产的儿童服装产量资料。如何根据这些数据来编制变量数列,反映总体分布情况
案例问题			根据Q015资料,编制变量数列,反映总体分布情况
案例教学目标	知识目标	能力目标	素质目标
	通过本案例,掌握变量数列的编制方法	通过变量数列反映总体分布特征	学会善于观察,从数据中找出规律,反映数据特征
教学建议			在教学过程中,关注变量的类型,需要掌握和理解以下一些基本概念:全距、组数、组距、单项式、组距式、等距、异距、组限、开口组
案例反思			本案例的主要任务是变量数列的编制问题,重点是如何通过变量数列反映总体的分布特征

二、数据说明

1. QYS014-2.1 原始数据系浙江省温州市某童装厂所提供的2015年125名工人所生产的儿童服装产量资料。

2. 本案例采用SPSS 23.0统计分析软件进行整理。

三、案例分析

变量数列有两种,一种叫单项式,一种叫组距式。以一个变量值作为一组的叫单项式变量数列,经常应用于离散变量且变量值变动幅度较小时。而当变量值变动幅度较大或变量为连续变量时，应采用组距式，即以变量变动的某一范围为一组。

要编制组式变量数列，首先要对数据进行分组。那么分多少组呢？一般情况下，要根据数据本身的特点及数据的多少来确定。分组的目的在于观察数据的分布特征，因此组数的多少应以能够说明观察数据的分布特征为准。一般来说组数不宜过多，也不宜过少，以 4 ~ 10 个组为宜。其次，要确定组距。所谓组距是指每一组变量值中的最大值与最小值之差。若将最大值称为上限，最小值称为下限，则组距等于上限值与下限值之差，即

$$组距＝上限－下限$$

组距的大小与全距的大小及组数的多少有关，三者之间的关系：

$$组距＝全距/组数$$

全距是指一组数据中的最大值与最小值之差，反映变量值变动的最大范围。组数是指对一组数据分多少组。

在确定组距时，一般要遵循以下原则：一是要考虑各组的划分是否能区分总体内部各组成部分的性质差别。二是要能准确清晰地反映总体中各个体的分布特征。另外，在确定组距时还要注意是采用等距分组还是采用不等距分组。当被研究现象的质是随着其量的均匀变动而变化时，可以采用等距分组；而当被研究现象的质并不是随着其量的均匀变动而变化时，一般采用不等距分组。如学生按学习成绩分组，可以分为 60 分以下，60 ~ 70，70 ~ 80，80 ~ 90，90 分以上，相对应的成绩等级分别为"不及格""及格""中等""良好""优秀"。再如人口按年龄分组，可以分为 1 岁以下，1 ~ 3，3 ~ 7，7 ~ 18，18 ~ 25，25 ~ 60，60 岁以上，相对应的人口属性分别为"婴儿""幼儿""儿童""少年""青年""成年""老年"。

最后，关于组限的确定。所谓组限就是指组与组之间的数量界限，组限有两种形式，一种叫同限，即下一组的上限与上一组的下限为相同的数值，如本例；另一种叫异限，即下一组的上限与上一组的下限为不同的数值，如某市所有民营企业按职工人数分组：20 人以下，21 ~ 50，51 ~ 100，101 ~ 200，201 ~ 500，501 ~ 1000，1001 人以上。确定组限形式的原则是，当用来分组的变量为连续型变量时，组限采用同限形式，而当用来分组的变量为离散型变量时，组限采用异限形式。在实际工作中，要结合实际情况确定各组的组距和组限。

本案例中，最多的生产量为 5230 件，最少的生产量为 3790 件，全距为 $5230 - 3790 = 1440$ 件，将总体数据分为 8 组，即组距 $= 1440/8 = 180 \approx 200$（件），各组情况如下：

1. 3900 件以下

2. 3901 - 4100

3. 4101 - 4300

4. 4301 - 4500

5. 4501 - 4700

6. 4701 - 4900

7. 4901 - 5100

8. 5101 件以上

根据以上组情况,可以通过 SPSS 统计软件,生成变量分布数列及直方图,具体操作步骤如下:

第一步:打开 SPSS 统计软件,在"变量视图"进行编码。如图 J302-1 所示。

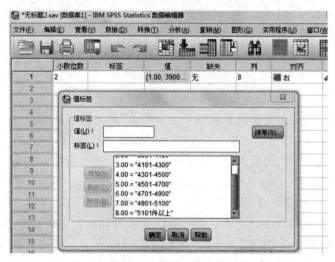

图 J302-1   数据编辑器-值标签

点击"确定"后,点击"测量",选择"标度",因为产量属定量变量。

第二步:转至"数据视图",并录入数据,如图 J302-2 所示。

	产量	变量	变量	变量	变量	变量
1	4101-4300					
2	3901-4100					
3	4701-4900					
4	4901-5100					
5	4701-4900					
6	4501-4700					
7	4501-4700					
8	4501-4700					
9	4701-4900					
10	4901-5100					

图 J302-2   数据编辑器

第三步:单击"分析",选择"描述统计"—"频率",进入"频率"对话框。选中"产量",单击 ➡ 图标,将其选到变量中,再点击"图表",选择"条形图"。单击"断续",选中对话框下方的显示频率表格复选框,表示显示频数分布表,(如图 J302-3)。选好后单击"确定"则可以得到频数分布表输出结果,(如表 J302-1,图 J302-4 所示)。

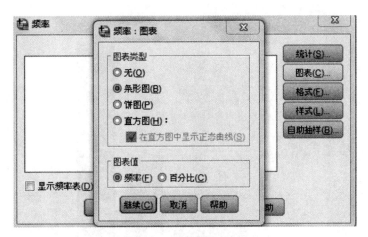

图 J302-3　频率:图表对话框

表 J302-1　125 名工人服装产量频数分布表

按产量分组(件)		频率	百分比	有效百分比	累计百分比
有效	3900 件以下	1	.8	.8	.8
	3901-4100	3	2.4	2.4	3.2
	4101-4300	7	5.6	5.6	8.8
	4301-4500	16	12.8	12.8	21.6
	4501-4700	30	24.0	24.0	45.6
	4701-4900	53	42.4	42.4	88.0
	4901-5100	13	10.4	10.4	98.4
	5101 件以上	2	1.6	1.6	100.0
	总计	125	100.0	100.0	

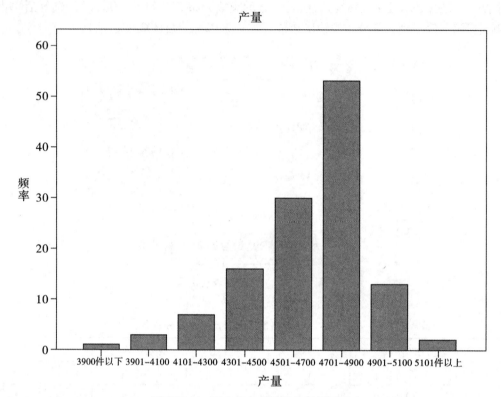

图 J302-4　125 名工人服装产量条形图

从上述图表可以看出,该厂工人的服装年生产量略为左偏分布,表明绝大多数工人的产量大于平均产量。就分布情况看,工人个人年产量在 4500 件以上的有 98 人,占总人数的 79.4% ,其中产量在 4700—4900 件之间的有 53 人,占了 42. %。但也应该看到,产量在 4300 件以下的也有 11 位工人,占总人数的 8.8%。要提高产量,挖掘每位工人的潜能,必须解决这一短板,要查明原因,采取有效的措施,以提高工人整体产量,实现工厂扩大销售量的目标。

四、小结

本案例的主要任务是如何根据原始数据进行分组,编制变量数列,并利用所生成的频数分布表和分布图,对数据作简要的分析说明。这里应注意以下几点:一是要判断数据属于哪种类型,是离散型还是连续型;二是确定组数,组数的多少,最终要揭示出总体内部的分布特征;三是数据汇总(录入),对于连续变量,组限往往采用同限,在汇总(录入)数据时,应遵循"上限不在本组内的原则";四是绘图,一般来说,要反映各组绝对数量的多少时,往往采用直方图(连续变量)或条形图(离散变量),如果要说明总体内部各组成部分的结构时,一般绘制饼图。

五、学习资源

1. QYS014-2.1-原始数据

2.《统计学》,曾五一、朱建平主编,上海财经大学出版社,2013

3.《21世纪统计学系列教材:统计学专业课程教学案例选编》,高敏雪、蒋妍主编,中国人民大学出版社,2013

4.《应用统计学:基于SPSS运用》,张良主编,上海财经大学出版社出版,2013

J303　图形法在汽车销售情况对比分析中的应用

一、教学案例设计

教学案例编号	J303	教学案例名称	图形法在汽车销售情况对比分析中的应用		
企业案例编号	Q002	企业案例名称	河南安阳市某汽车贸易有限责任公司汽车销售及库存统计实际案例		
教学案例背景			汽车的销售情况受到品牌、价格、国家政策等方面的影响,另外在具体销量上,也会受到节假日、人们的消费习惯等方面的影响,为了了解河南安阳市某汽车贸易有限责任公司近几年的销售状况,根据该公司提供的2012—2014年销售的主要型号的销售情况来进行分析企业在不同价位、型号上汽车的销售情况以及总的销售状况		
案例问题			根据 QYS002-2.1 中 2012—2014 年安阳某汽贸的销售数据,进行销售情况的分析,了解公司近几年的销售情况,为公司做好销售工作提供依据		
案例教学目标		知识目标	能力目标		素质目标
		掌握销售情况的动态分析,了解销售总体的变化趋势及规律,了解大众对汽车价位的接受程度	能够根据有关信息进行销量变动的分析,判断销量变化的趋势和一般规律		培养学生细心踏实、思维敏锐,用心思考,细致分析问题、解决问题的态度和精神
教学建议			学生应该在学习过时间数列分析的相关知识之后,对销量变动的影响因素、表现情况、分析方法有了一定的认识之后,再根据本案例中的销售信息进行有关销量变动的实际分析,并对其销售的总体走势及规律有所了解,提出合理的销售建议		
案例反思			进行汽车销售情况的动态分析,通过其动态变动图来看其变动状况是最有效和最直观的。因此如何正确运用图形来呈现现象的动态变化是教学难点和重点,在教与学的过程中要紧扣图形是怎样进行动态对比分析的,以发现销售存在的差异		

二、数据说明

1. QYS002-2.1-原始数据系公司自动化管理系统自动收集生成。

2. 这里采用的是2012—2014年安阳某汽贸销售财务报表数据,该数据依据销售票据录入财务系统,并从财务系统内导出,财务人员就主营销售的汽车型号,分别导出了2012—2014年宝来、高尔夫、捷达、迈腾、速腾五个型号车辆的销售量及销售额。根据财务销售数据,提炼出每月的销售量及销售额,其汇总结果见下表。

表 J303-1 2012-2014 年安阳某汽贸的销售量及销售额

时间	宝来		高尔夫		捷达		迈腾		速腾	
	销售量（台）	销售额（元）	销售量（台）	销售额（元）	销售量（台）	销售额（元）	销售量（台）	销售额（元）	销售量（台）	销售额（元）
2012 年 1 月	45	4,489,145.27	14	1,741,538.47	83	5,057,948.75	16	3,172,649.59	17	2,092,051.29
2012 年 2 月	10	996,239.31	4	476,581.20	40	2,541,965.86	5	955,897.42	6	745,982.91
2012 年 3 月	39	3,837,777.79	2	307,777.77	62	3,921,025.65	8	1,622,735.03	15	1,750,769.24
2012 年 4 月	44	4,142,051.30	8	978,974.38	54	3,376,923.10	18	3,542,393.17	15	1,794,017.10
2012 年 5 月	15	1,417,350.43	14	1,809,743.60	64	4,117,350.49	11	2,114,358.97	8	963,589.76
2012 年 6 月	30	2,924,102.56	11	1,302,393.17	58	3,646,666.66	13	2,612,649.57	12	1,435,726.50
2012 年 7 月	16	1,594,188.03	14	1,781,538.47	41	2,592,649.56	20	3,767,863.22	20	2,459,888.78
2012 年 8 月	30	2,831,453.00	15	1,989,401.72	53	3,300,854.68	19	4,252,222.25	12	1,434,871.81
2012 年 9 月	39	3,937,948.67	16	1,957,435.91	60	3,727,350.43	23	5,013,675.22	15	1,884,615.38
2012 年 10 月	20	1,945,299.13	10	1,346,324.80	69	4,217,948.74	28	5,813,418.83	17	2,054,871.78
2012 年 11 月	28	2,785,042.72	18	2,129,743.61	72	4,358,632.50	26	4,831,111.14	8	971,453.01
2012 年 12 月	33	3,173,846.13	8	960,170.95	123	7,591,025.64	26	5,507,094.02	16	1,927,350.45
2013 年 1 月	22	2,106,837.58	9	1,031,111.12	25	1,519,316.23	25	5,183,675.24	6	710,085.47
2013 年 2 月	23	2,170,683.74	11	1,428,376.07	42	2,644,871.81	10	2,160,683.78	14	1,854,495.72
2013 年 3 月	30	2,844,615.36	12	1,366,324.80	126	7,794,700.86	16	3,212,222.23	19	2,183,282.06
2013 年 4 月	27	2,465,213.68	11	1,260,512.82	53	3,403,247.88	18	3,477,008.56	18	3,412,820.48
2013 年 5 月	40	3,885,726.49	17	2,052,222.25	32	1,684,102.59	28	5,759,401.74	15	709,401.70
2013 年 6 月	24	2,049,316.21	17	2,079,487.19	67	4,123,076.92	38	7,571,965.82	31	3,755,384.62
2013 年 7 月	31	2,816,068.33	15	1,753,333.34	57	3,369,914.58	35	6,893,675.22	31	3,863,760.69
2013 年 8 月	29	2,720,170.90	12	1,393,162.38	49	2,915,299.21	19	3,566,709.40	29	3,745,128.23
2013 年 9 月	33	3,098,803.43	22	2,612,991.45	77	4,985,171.01	28	5,295,128.23	26	2,837,350.45
2013 年 10 月	31	2,958,803.43	17	2,005,982.92	34	1,656,538.54	29	5,692,222.24	30	3,921,623.92
2013 年 11 月	32	3,077,264.92	19	2,438,717.96	75	4,411,965.94	33	6,566,153.83	27	3,290,341.87
2013 年 12 月	41	3,990,709.40	16	1,785,470.07	87	5,045,555.74	25	4,779,829.06	29	3,571,367.50
2014 年 1 月	38	3,695,597.43	11	1,290,598.29	93	6,987,675.21	31	6,071,025.65	28	3,452,991.46
2014 年 2 月	17	1,645,042.74	7	885,555.56	48	3,601,452.98	18	3,684,615.40	15	1,886,666.69
2014 年 3 月	14	1,397,435.89	21	2,397,264.96	50	3,690,427.42	26	5,250,598.31	19	2,328,974.35
2014 年 4 月	26	2,545,128.19	15	1,736,837.59	39	2,874,017.15	18	3,569,572.64	36	4,392,188.04
2014 年 5 月	20	1,993,247.87	17	2,022,991.42	58	4,217,265.03	28	5,378,119.63	28	3,487,521.38
2014 年 6 月	40	3,857,130.64	24	2,920,085.46	38	2,822,820.60	20	3,429,145.29	31	3,933,675.22
2014 年 7 月	30	2,296,031.75	13	1,612,222.19	47	3,385,384.67	28	5,300,512.84	30	3,750,598.30

续表 J303-1

时间	宝来		高尔夫		捷达		迈腾		速腾	
	销售量(台)	销售额(元)	销售量(台)	销售额(元)	销售量(台)	销售额(元)	销售量(台)	销售额(元)	销售量(台)	销售额(元)
2014年8月	28	2,731,453.02	12	1,414,529.91	41	2,964,188.12	21	3,852,649.58	36	4,431,111.15
2014年9月	27	2,635,897.45	21	2,468,290.57	55	3,983,846.22	21	3,778,717.95	30	3,322,307.70
2014年10月	16	1,607,179.49	18	2,270,256.38	42	3,025,128.27	15	2,846,324.78	25	3,101,282.07
2014年11月	22	2,214,017.10	24	3,004,358.94	41	2,996,153.94	12	2,251,367.50	14	1,758,547.03
2014年12月	13	1,265,042.73	14	1,707,264.93	31	2,308,632.51	16	2,971,025.63	19	2,385,299.15

3. 本案例采用 Excel 2007 以上版本完成数据整理与分析。主要使用时间序列的动态分析来分析其趋势及变化情况,通过相关图形来说明结果或进行对比分析。

三、案例分析

为了了解汽车销售情况,要进行相关的动态分析,首先我们对五种型号汽车的销售量进行汇总,得出每月的总销售量,之后绘制动态线性图,如下图 J303-1 所示。通过图形可以看出汽车销售不同月份之间存在较大的波动,并且总体呈现出下降的趋势,2014年的销售状况比 2012 年和 2013 年要差一些。

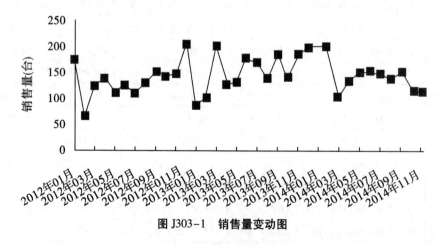

图 J303-1 销售量变动图

为了更好地看出其变化趋势,对总销售量的数列进行扩大时距,得出每个季度的销售量,并做出变动图形,如图 J303-2 所示。

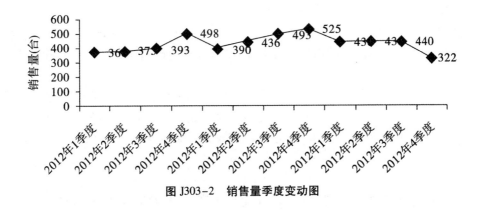

图 J303-2　销售量季度变动图

由图 J303-2 可以看出,2012 年和 2013 年的季度数据随着季度的增长呈现出上升趋势,并且第四季度的销售量要远远高于其他季度。但是,到 2014 年,这种规律并没有延续,前三季度的销量基本相当,第四季度反而有了较大下降,说明 2014 年开始销量已经开始减少。通过与公司人员沟通,由于异地购车允许上牌政策的出台,对安阳这种地市级销售商的销量存在一定影响,部分买主选择去郑州等大城市买车,2015 年的总体销量也有所下降。

在该公司销售的主要五种型号的汽车中,通过 2012—2014 年近三年数据的对比,能够看出不同型号之间的销量存在较大差别,具体如下图 J303-3 所示。

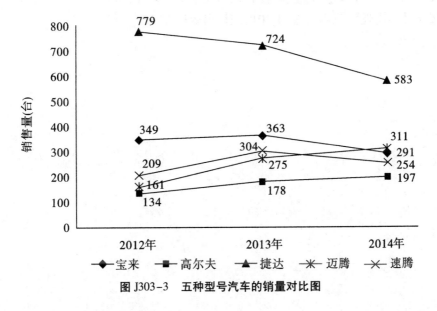

图 J303-3　五种型号汽车的销量对比图

由图 J303-3 可以看出,五种型号汽车的销售量存在较大的差异,其中捷达汽车的销量比较高,远远高于其他四个型号,这可能主要是该车型具有明显的价格优势,其平均销售价格为 6—7 万,宝来的价格在 9.5 万左右,高尔夫的价格在 12 万左右,速腾的价格在 12.2 万左右,迈腾的价格在 20 万左右,相比起价格更具有优势,所以在地级市的销量也较好。（注：这里的价格是不含税价格。）

通过对比也可以看出，2014年的销量下降主要是由于捷达汽车销售下降所造成的，在上图中，2014年捷达汽车的销量下降明显，宝来和迈腾略有下降，高尔夫、速腾有上升趋势。

通过上面的分析，总体了解到该公司的汽车销售状况呈现出下降趋势，造成下降的一个主要原因是购车政策的影响，另外捷达这种性价比比较高的汽车在总体销量上较高，但是其销量也受外界因素影响较大，销量有较大下降趋势。

四、小结

时间动态分析是时间数列学习的一个重要内容，也是教学的难点，难就难在对动态数列变动趋势或规律的判断上，在教学中要通过多种实际案例，来了解动态趋势的分析，特别是常用的分析方法和操作要熟练，并能对分析结果做出简要分析和判断。

五、学习资源

1. QYS002-2.1-原始数据
2.《统计学实训与案例》，蔡火娣、梁丹婴主编，经济科学出版社，2013
3.《统计学专业课程教学案例选编》，高敏雪、蒋妍主编，中国人民大学出版社，2013
4.《调查数据分析》，谢家发主编，郑州大学出版社，2011
5.《市场调查与预测》，翟玉芬主编，郑州大学出版社，2010
6.《统计学原理》，王志电主编，中国统计出版社，2015

第四部分

转化为数据对应比较分析统计教学案例

J401 相对指标在企业生产计划管理中的分析应用

一、教学案例设计

教学案例编号	J401	教学案例名称	相对指标在企业生产计划管理中的分析应用		
企业案例编号	Q016	企业案例名称	浙江某集团有限公司生产统计实际案例		
教学案例背景			浙江某集团有限公司始创于 1995 年,建筑面积 190000 平方米,员工 4800 余人,其中中高级技术人员及管理人员 400 余人。公司生产的产品共有 300 多个品种,产品质量控制、研发设计能力居全国同行业领先水平,先后获得 159 项产品外观专利、85 项实用专利、9 项发明专利。产品远销欧美十几个国家和地区,连续八年在插座行业国内销售第一		
案例问题			根据案例 Q016 中数据资料,应用统计相对指标分析出口总额的计划完成情况,分析不同市场的计划完成程度对总计划完成程度的影响		
案例教学目标		知识目标	能力目标		素质目标
		明确结构相对数、计划完成相对数、比较相对数、动态相对数的含义、计算和应用	能根据资料运用结构相对数分析总体内部的结构及其影响;运用计划完成相对数分析计划执行情况和执行进度;对动态数列计算速度指标		要求学生具有大局意识,有全局观念,从数据中发现问题,能做简单的分析说明
教学建议			在教学过程中,首先要求学生熟练掌握各种相对指标的含义、特点、计算方法和应用场合。尤其要注意的是计算和应用相对指标时应注意的问题		
案例反思			本案例的主要任务是利用相对指标对数据进行分析,注意对比的指标是否具有可比性,对比得到的结果说明什么问题		

二、数据说明

1. QYS015-2.1 和 QYS015-2.2 原始数据均系浙江某集团有限公司统计部门提供。

2. 本案例采用 Excel 2013 进行数据运算。

三、案例分析

(一)计划完成情况分析

根据表 QYS015-2.1-原始数据计算公司 2016 年第一季度出口额计划完成程度：

$$公司第一季度出口额计划完成程度 = \frac{实际出口额}{计划出口额} \times 100\% = \frac{9000}{9450} \times 100\% = 95.24\%$$

$$公司第一季度出口额实际完成全年计划进度 = \frac{第一季度实际出口额}{全年计划出口额} \times 100\%$$

$$= \frac{9000}{38100} \times 100\% = 23.62\%$$

(二)2016 年第一季度不同市场的出口计划完成程度对公司出计划完成程度的影响

$$各市场出口额计划完成程度 = \frac{各市场实际出口额}{各市场计划出口额} \times 100\%$$

$$各市场出口计划完成程度对公司出口计划完成程度的影响 =$$

$$\frac{各市场实际出口额 — 计划出口额}{公司一季度计划出口额} \times 100\%$$

具体计算结果见表 J401-1。

表 J401-1　各市场出口计划完成情况分析表　　　　单位:万美元

市场	计划出口额	实际出口额	计划完成程度(%)	影响程度(%)
西欧市场	3580	3801	106.17	+2.33
东南亚市场	2220	2091	94.19	-1.37
港澳台	1873	1914	102.19	+0.43
美洲	1777	1194	67.19	-6.17
合计	9450	9000	95.24	—

上述计算结果表明:公司第一季度出口额没有完成计划,只完成计划的95.24%;从而拖累全年计划的执行进度。从各市场来看,西欧市场和港澳台市场均完成了出口计划,分别超计划完成6.17%和2.19%,从而影响公司一季度出口计划超额2.33%和0.43%。东南亚市场和美洲市场没有完成计划,尤其是美洲市场只完成了计划的67.19%,东南亚市场也相差5.81%没有完成计划,从而影响公司一季度出口计划未完成6.17%和1.37%。最终使公司第一季度出口计划的完成程度为95.24%。

再从 QYS015-2.2-原始数据可以看,2015 年公司出口计划完成程度为102.24%。

超额完成 2.24%。出口额环比增长 4.5%。与 2011 年公司最好年份比,2015 年实际出口额比 2011 年实际出口额相差 8.71%。充分说明了公司内部还有不少潜力没有被很好地挖掘出来。再从结构来看,如表 J401-2 所示。2015 年公司出口额中,西区市场占36.89%,比上年提高 2.39 个百分点;东南亚市场占 26.24%,比上年下降近 4 个百分点;港澳台市场占 16.96%,与上年基本持平;美洲市场占 19.91%,比上年提高 2.38 个百分点。

表 J401-2　出口额结构分析表　　　　　　　　　　　　　单位:万美元

年份	出口总额	西欧		东南亚		港澳台		美洲	
		出口额	比重(%)	出口额	比重(%)	出口额	比重(%)	出口额	比重(%)
2005	4792	2380	49.69	1432	29.88	980	20.45	--	--
2006	6772	3890	57.44	1783	26.33	1099	16.23	--	--
2007	11158	5572	49.94	3156	28.28	2430	21.78	--	--
2008	20086	7396	36.82	5877	29.26	3873	19.28	2940	14.64
2009	29469	10830	36.75	7699	26.13	5960	20.22	4980	16.90
2010	35562	12080	33.97	9894	27.82	7577	21.31	6011	16.90
2011	41210	14342	34.80	10750	26.09	8385	20.35	7733	18.76
2012	38346	12855	33.52	10340	26.97	7982	20.82	7169	18.70
2013	36173	11332	31.33	10231	28.28	6630	18.33	7980	22.06
2014	36005	12420	34.50	10892	30.25	6433	17.87	6310	17.53
2015	37624	13880	36.89	9872	26.24	6382	16.96	7490	19.91

四、小结

本案例是利用相对指标进行分析,相对指标是两个有联系的统计指标对比得到的比值,结构相对指标是总体的部分数值与总体的全部数值对比,反映总体的内部结构;比例相对指标是总体的部分数据与另一部分数值对比,反映总体内部各组成部分的比例关系;比较相对指标是同一时期的同类指标在不同空间上的对比;反映现象发展的不平衡性或所存在的差距;强度相对指标是两个有联系性质不同的总量指标对比得到的比值,反映现象所达到的强度、密度或普及程度;动态相对指标是同一现象的报告期水平与基期水平对比得到的比值,反映现象发展的相对程度;计划完成相对指标是实际完成数与计划数对比得到的比值,反映实际完成计划的相对程度。

五、学习资源

1. QYS015-2.1 和 QYS015-2.2 原始数据

2.《统计学》,曾五一、朱建平主编,上海财经大学出版社,2013

3.《21 世纪统计学系列教材:统计学专业课程教学案例选编》,高敏雪、蒋妍主编,中国人民大学出版社,2013

4.《应用统计学:基于 SPSS 运用》,张良主编,上海财经大学出版社,2013

J402　相对数指标在药店药品的品类分析中的应用

一、教学案例设计

教学案例编号	J402	教学案例名称	相对数指标在药店药品的品类分析中的应用		
企业案例编号	Q022	企业案例名称	广州某药店药品的品类分析案例		
教学案例背景			不同的消费群体、不同的季节、不同市场环境下，对药物品类的需求是不相同的，选择适当的品种结构及价格既可以满足顾客的需求，培养顾客的忠诚度，也可以获取较高的利润		
案例问题			1. 什么是品类管理？ 2. 如何分析各类药品的毛利率？		
案例教学目标			知识目标	能力目标	素质目标
			1. 理解数据处理的意义和流程； 2. 掌握应用数据透视表处理数据的方法； 3. 掌握相对数指标的计算及应用； 4. 掌握数据的分组	1. 能根据研究目的进行数据处理； 2. 能利用 Excel 处理数据； 3. 能选择适当的统计图表展示数据； 4. 能灵活运用相对指标	增强统计知识，培养统计思维习惯，养成严谨认真的工作作风
教学建议			案例解读→数据说明→提出案例问题→组织讨论→开展统计整理与分析→上机实训→总结、评价→写出实训报告		
案例反思			1. 本案例仅针对有销售的药品进行分析，对没有销售的药品因缺乏数据没有分析，会造成对药店经营分析不够全面，没有分析动销率等药品经营常用指标。 2. 药店的利润高，但竞争也激烈，除了进行品类管理，也要多收集顾客的意见及需求，要多收集竞争药店的经营信息，根据实际情况调节自己的经营，才能立于不败之地		

二、数据说明

1. QYS021-原始数据来自该店所使用的药店王管理系统，是该店 2015 年 12 月份的销售流水记录，有 9911 笔销售记录。基于品类管理的理念，对这些数据作进一步的统计分析，有利于改善经营管理水平，提高经营效益。

2. 医药零售领域的品类管理，简单地说，就是对某个品类的市场管理，是一个市场营销的过程。具体来说,第一,要做到商品分类清晰,定期分析商品存销比等数据;第二,组织要按品类来分工管理,药品采购部要按照品类来分组;第三,将其延伸至卖场,店内要按品类来分区管理。

3. 本案例采用 Excel 2013 进行数据整理与分析。

三、案例分析

药店经营管理中常用的指标有十多个,例如动销率、存销比、周转率、缺货率、交叉比率、毛利率等,本案例仅分析毛利率在药店品类管理中的应用。经实地了解,广州地区各药店多数是每周直接到药医批发公司进两次货,可以减少货物积压,而且批号较新,有效期较长。库存是一个动态的数据,药店没有经常统计数据并保存,因此本案例对存销比等指标不作分析。

广州某药店 2015 年 12 月销售原始数据表如下。

单号	单据类	商品代码	商品名称	规格	单位	厂家批	本进价	销售一价	销售员12价	经手人	日期	销售数量	销售金额	成本金额	销售毛利	摘要一	摘要二	折价	有效期	毛利率
CH00016897	销售	5235	韵之语早早孕快速检测试纸		盒	0	0.01	20	20	销售员02	2015-12-01	1	20	0.01	19.99	应收20.00		1	2017-09-01	0.9995
CH00016930	销售	5235	韵之语早早孕快速检测试纸		盒	0	0.01	20	20	销售员02	2015-12-01	1	20	0.01	19.99	应收20.00		1	2017-06-01	0.9995
CH00016962	销售	5456	早早孕快速检测测试纸（早之	1	盒	0	0.01	20	19	销售员11	2015-12-01	1	20	0.01	19.99	应收22.00		1	2017-05-01	0.9995
CH00017022	销售	5235	韵之语早早孕快速检测试纸		盒	0	0.01	20	20	销售员01	2015-12-01	1	20	0.01	19.99	应收20.00		1	2017-06-01	0.9995
CH00017037	销售	5235	韵之语早早孕快速检测试纸		盒	0	0.01	20	20	销售员01	2015-12-01	1	20	0.01	19.99	应收20.00		1	2017-06-01	0.9995
CH00017049	销售	5455	伊梦早早孕快速检测试纸	1支	盒	0	0.01	20	19	销售员15	2015-12-01	1	20	0.01	19.99	应收20.00		1	2017-05-01	0.9995
CH00016970	销售	14690	欧罗拉早早孕检测试纸	1个	盒	0	0.01	15	14.5	销售员11	2015-12-01	1	15	0.01	14.99	应收33.00		1	2017-06-01	0.999333
CH00017053	销售	14468	足光粉	3包	盒	0	3.5	10	9	销售员11	2015-12-01	1	10	0.01	9.99	应收44.60		1	2016-09-01	0.999
CH00017046	销售	61864	甲磺酸酚妥拉明分散片（毒达）	40mg*2粒	盒	0	8	88	85	销售员01	2015-12-01	1	88	8	80	应收88.00		9	2016-08-01	0.909091
CH00016947	销售	5242	DP参苓白术散	6g*9袋	盒	0	11	29	27.5	销售员15	2015-12-01	1	29	3.15	25.85	应收146.2		1	2018-02-01	0.891379
CH00016999	销售	5568	舒曜（水润亮清护眼液）	15ml	盒	0	2.3	15	14	销售员01	2015-12-01	1	15	2.3	12.7	应收17.00		125	2016-09-01	0.846667
CH00016903	销售	5676	DP奥美拉唑肠溶胶囊	14粒	瓶	0	5	29.8	28.5	销售员02	2015-12-01	1	29.8	5	24.8	应收73.30		1	2017-06-01	0.832215
CH00017008	销售	5676	DP奥美拉唑肠溶胶囊	14粒	瓶	0	5	29.8	28.5	销售员15	2015-12-01	1	29.8	5	24.8	应收80.30		1	2017-06-01	0.832215
CH00016995	销售	90115	冰蕾润目	10ml	盒	0	2.5	15	14.5	销售员15	2015-12-01	1	15	2.58	12.42	应收165.0		125	2017-08-01	0.828
CH00017032	销售	90115	冰蕾润目	10ml	盒	0	2.5	15	14.5	销售员11	2015-12-01	1	15	2.58	12.42	应收32.00		125	2017-08-01	0.828
CH00017006	销售	90115	冰蕾润目	10ml	盒	0	2.5	15	14.5	销售员15	2015-12-01	1	15	2.59	12.41	应收15.00		125	2017-08-01	0.827333
CH00017064	销售	90115	冰蕾润目	10ml	盒	0	2.5	15	14.5	销售员11	2015-12-01	1	15	2.59	12.41	应收20.00		125	2017-08-01	0.827333
CH00017067	销售	61674	DP复方氨酚烷胺胶囊（双克）	10粒	盒	0	3.5	18	18	销售员01	2015-12-01	1	20	3.5	16.5	应收48.00		1	2017-03-01	0.825
CH00016925	销售	5676	DP奥美拉唑肠溶胶囊	14粒	瓶	0	5	29.8	28.5	销售员02	2015-12-01	1	28.5	5	23.5	应收201.5		1	2017-06-01	0.824561
CH00017043	销售	62011	盐酸洛美沙星乳膏	20克：60	盒	0	4.2	15	14.5	销售员01	2015-12-01	1	15	2.65	12.35	应收15.00		130	2017-06-01	0.823333
CH00016890	销售	5614	DP复方金银花颗粒	10袋	盒	0	4.5	25	23.8	销售员02	2015-12-01	1	25	4.5	20.5	应收25.00		1	2016-08-01	0.82
CH00016900	销售	5614	DP复方金银花颗粒	10袋	盒	0	4.5	25	23.8	销售员10	2015-12-01	1	25	4.5	20.5	应收44.00		1	2016-08-01	0.82
CH00016937	销售	5614	DP复方金银花颗粒	10袋	盒	0	4.5	25	23.8	销售员11	2015-12-01	1	25	4.5	20.5	应收68.00		1	2016-08-01	0.82
CH00016947	销售	5614	DP复方金银花颗粒	10袋	盒	0	4.5	25	23.8	销售员15	2015-12-01	1	25	4.5	20.5	应收146.2		1	2016-08-01	0.82
CH00017034	销售	5614	DP复方金银花颗粒	10袋	盒	0	4.5	25	23.8	销售员15	2015-12-01	1	25	4.5	20.5	应收29.50		1	2016-08-01	0.82
CH00016996	销售	13623	阿苯达唑片	10片	盒	0	1.7	10	9	销售员15	2015-12-01	1	10	1.81	8.19	应收62.00		2	2019-07-01	0.819
CH00017002	销售	12929	氟康唑胶囊	3粒	盒	0	2.79	15	14.5	销售员01	2015-12-01	1	15	2.79	12.21	应收15.00		2	2016-04-16	0.814
CH00016975	销售	62069	DP小儿氨酚黄那敏颗粒	10袋/盒	盒	0	2.9	15	14.3	销售员15	2015-12-01	1	15	2.9	12.1	应收15.00		1	2017-03-01	0.806667
CH00016925	销售	62061	DP安可宁片	24片	盒	0	3.3	18	17	销售员02	2015-12-01	1	17	3.3	13.7	应收201.5		1	2017-09-01	0.805882
CH00016877	销售	5193	氧氟沙星滴眼液	10ml	支	0	3.6	18	17	销售员10	2015-12-01	1	18	3.5	14.5	应收46.00		9	2016-10-01	0.805556
CH00016992	销售	13621	阿奇霉素分散片	6片	盒	0	3.3	18	17.5	销售员01	2015-12-01	1	18	3.55	14.45	应收43.00		121	2017-04-01	0.802778

图 J402-1　2015 年 12 月销售原始数据

注:该表原始数据见附件 QYS021-原始数据。

(一)把整个月销售的药品归类

在主菜单中点击“插入”,再点击左边的“数据透视表”选择表/区域中输入“A1:U9912”,选择放置数据透视表的位置选“新工作表”(如图 J402-2)。

在弹出的新工作表的新窗口中把“商品名称”拖到行标签处,把毛利率拖到“∑数值”处,并在上面按右键,设置“值字段设置”设为“平均值”,把“销售金额”拖到“∑数值”处,把“销售数量”也拖到“∑数值”处可得到 1205 种药品的名称及相应的销售额、销售量及毛利率。如图 J402-3 所示。最后把该表重命名为“表二”。

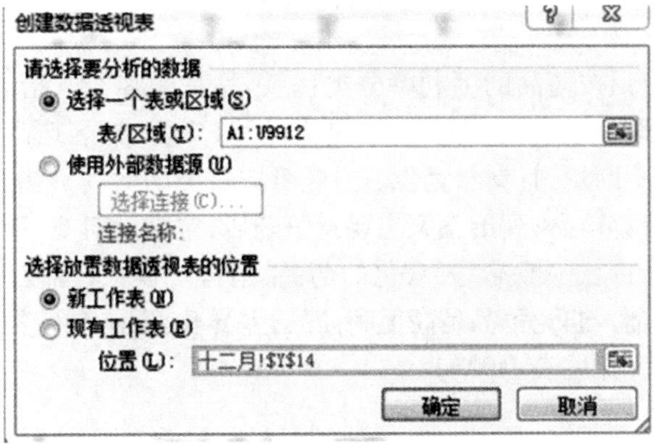

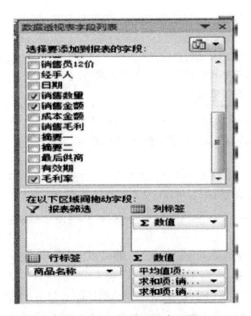

图 J402-2　所有销售记录应用数据透视表

图 J402-3　数据透视表设置

（二）毛利率分类

复制该工作表（表二），粘贴到新表的 B1 单元格，在 A1 单元格输入"编号"，在 A2 单元格输入"1"，A3 单元格输入"2"，然后用自动填充等差数列拖到 1206 行。这个编号方便我们排序后可以按编号恢复原顺序。在 C1 单元格输入"种类"，在 C2 到 C1206 单元格输入同行的药品的类别，"儿科，妇科，妇婴，肝胆用药，感冒咳嗽，护肤护发用品，计生用品，家庭医护，解热镇痛，抗菌消炎，口腔护理，美容养颜，泌尿肾病糖尿病，皮肤病，其他保健食品，其他治疗，外用，维生素矿物质，五官，消化系统，心脑血管"中，每类药可先用

"aa"、"bb"等字符代替,等全部输入后通过查找替换来改为上面的品类文字。把该表重命名为"表三"。

医药零售行业习惯按药品的毛利率分类:竞销品是顾客经常指名购买的药品,顾客长期性服用的药品,医师经常处方的药品,是大品牌、广告、知名产品。它是吸引维持客流的品类,必须保证不断货,且参与竞价。一般可取每类功效类别畅销排行前几项产品,拟定60—100个访价竞销品;列出三家主要竞争药店,定期针对60-100个竞销品品项进行三家主要药店的访价。一般品,大众化的药品,销售规模大,零售价格相对较低,价格差异大,市场比较混乱。非竞争品是高毛利商品,差异化商品,独特性商品。它可提升毛利,同时提升营业额。详见表J402-1。

表 J402-1　药品的品类分类表

品类	毛利率	品类特性	占比(%)		品类角色
			SKU 数	销售额	
竞销品	<10%	顾客经常指名购买,医生经常处方	7–18	10–20	低价主动竞争,吸引客流
次竞销品	10%—20%	一般竞争者都有销售,竞争非常激烈,顾客价格敏感度高	12–20	15–25	竞争性价格,维持客流
一般品	20%—40%	顾客购买频率、竞争程度、价格敏感度稍低,一般竞争者都销售,竞争激烈的商品	35—40	35—40	竞争性价格,维持利润
非竞争品	>40%	独家或仅少数竞争销售或自有品牌	25–35	20–30	非竞争性价格,提升利润

函数:"=IF(A,B,C)",意思是"如果 A,那么 B,否则 C。"

在 G1 单元格输入"品类"。在 G2 单元格输入公式"=IF(F2>0.4,"4~非竞争品",IF(F2>0.2,"3~一般品",IF(F2>0.1,"2~次竞销品","1~竞销品")))",F2 单元格的值为"0.35",可得到品类的值为"3~一般品",把 G3 到 G1206 单元格都填充该公式,这样就可得全部药品的毛利率的品类值了。加序号"3~"是方便排序。

(三)按用途及毛利率对药品进行品类分析

如图 J402-4,在表三中的主菜单单击"插入",再单击左边的"数据透视表"。

如图 J402-5,把"种类"拖到行标签里,把"品类"拖到列标签里,把销售数量拖到"∑数值"处。在 G4 单元格输入"SKU%",G5 单元格输入公式"=F5/$F$26",在 G6 到 G25 单元格填充该公式,可得各类药所占百分比。如图 J402-6 所示。

图 J402-4　　　　　　　　　　　　　图 J402-5

计数项:销售数量	<10%	10%-20%	20%-40%	>40%		
行标签	1～竞销品	2～次竞销品	3～一般品	4～非竞争品	总计	SKU%
儿科	8	3	2	28	41	3.40%
妇科	11	9	2	30	52	4.32%
妇婴		5		5	10	0.83%
肝胆用药	2	3	2	5	12	1.00%
感冒咳嗽	35	49	21	129	234	19.42%
护肤护发用品	1	1	10	8	20	1.66%
计生用品	2	7	8	40	57	4.73%
家庭医护	1	3	15	38	57	4.73%
解热镇痛	15	17	5	46	83	6.89%
抗菌消炎	7	8	10	33	58	4.81%
口腔护理	1	6	4	19	30	2.49%
美容养颜	2	3	1	15	21	1.74%
泌尿肾病糖尿病	11	8	5	20	44	3.65%
皮肤病	2	5	8	25	40	3.32%
其他保健食品	4	4	1	42	51	4.23%
其他治疗	3	5	6	17	31	2.57%
其它保健食品				1	1	0.08%
外用	27	18	15	43	103	8.55%
维生素矿物质	17	9	7	45	78	6.47%
五官	10	12	4	36	62	5.15%
消化系统	16	14	4	33	67	5.56%
心脑血管	18	19	2	14	53	4.40%
总计	193	208	132	672	1205	100.00%
百分比	16.02%	17.26%	10.95%	55.77%	100.00%	

图 J402-6　药品按品类及毛利率分组的数量汇总

从毛利率的角度来看,药品的毛利率呈现哑铃分布,比较常见的药品及价格比较透明的药品不少,毛利率低于20%的有401个品种,可以吸引顾客,认为该店价格实惠。毛利率高于40%的有672个品种,可以获得较大的利润。从药品种类来看,该药店处于人口流动大的地区,流动人口较多,感冒咳嗽及清热去火的药品种类较多,中老年慢性病治疗药品较少,符合当地的客户的实际需求。

利用数据透视表用相同的方法可计算每类的销售额及占总销售额的百分比。同样可以发现感冒药在销售额的比重较大,其次是维生素矿物质类及五官类,高利润的产品在销售额中的比重也较大。如图 J402-7 所示。

求和项:销售额 列标签	<10%	10%-20%	20%-40%	>40%		占总销售额
行标签	1～竞销品	2～次竞销品	3～一般品	4～非竞争品	总计	百分比
儿科	614.1	564	291.7	2001.8	3471.6	1.83%
妇科	494.4	819	194.4	5212.5	6720.3	3.54%
妇婴		486.5		423	909.5	0.48%
肝胆用药	152	33	100	606	891	0.47%
感冒咳嗽	5291.1	7722.5	1804	30366.4	45184	23.78%
护肤护发用品	53.2	55	308.5	624	1040.7	0.55%
计生用品	180	1304	642.5	7062.2	9188.7	4.84%
家庭医护	17.5	281	1142.5	4765.7	6206.7	3.27%
解热镇痛	1367.7	1374.5	1756	5211.6	9709.8	5.11%
抗菌消炎	153	1482	352	4566.8	6553.8	3.45%
口腔护理	30	1198.9	526.5	1057.5	2812.9	1.48%
美容养颜	238	572.4	349	4278.3	5437.7	2.86%
泌尿肾病糖尿病	760.5	1321.3	476.8	2512	5070.6	2.67%
皮肤病	352.5	343	365.8	3568.6	4629.9	2.44%
其他保健食品	1330	174.5	4	11688.6	13197.1	6.95%
其他治疗	154	301	10346.6	3005.5	13807.1	7.27%
其它保健食品				22	22	0.01%
外用	1875.5	1638	807.5	3588.9	7909.9	4.16%
维生素矿物质	1603.8	1124	856.8	14252	17836.6	9.39%
五官	1775.7	1661.5	435	11484.9	15357.1	8.08%
消化系统	1067	1142	217.8	5706.6	8133.4	4.28%
心脑血管	1848.6	2917	27.5	1117.3	5910.4	3.11%
总计	19358.6	26515.1	21004.9	123122.2	190000.8	100.00%
百分比	10.19%	13.96%	11.06%	64.80%	100.00%	

图 J402-7 药品按品类及毛利率分组的金额汇总

客流、销售、利润是药店经营的三项重要指标,三项指标能否保持平衡协调发展,是决定连锁药店经营状态是否健康的重要标志。药店的最佳经营状态就是这三者处在平衡协调发展的状态,某一个指标过高过低都反映了企业处在一种失衡状态,需要及时调整,否则错过调整时机,企业积重难返,必将在激烈的市场竞争中逐步被边缘化,甚至被淘汰。避免企业陷入经营失衡的状态,保持外在指标的平衡,关键在于内在经营思路、具体策略的平衡。

选址、季节、品种、价格的平衡。药店所在地理位置不同,消费群体的结构不同,不同季节的高发病也不同,药店必须根据市场环境决定店内的品种及价格策略。

例如传统社区的门店,老年人较多,要注意丰富心脑血管类、糖尿病类等慢性病药的品类,同时加大中成药、饮片的比例,开设中医门诊、慢性用药档案,加大对客户感情投入,定价以中低价为主。

对于新兴社区门店,大多是中青年人和婴幼少儿,消费水平高,保健意识强,生活节奏快,对中药认知度较低,同时婴幼少儿也不易饮服中药,这就要以品牌药、西药、儿童药为主。

流动人口密集区域店则要加大感冒、腹泻药品、成人用品比例。

病患人群密集区域店,也就是医院周边店,则要突出临床品种、临床替代品种;商超店则应加大个性化保健品、化妆品的占比。

要避免经营失衡,就要以客户需求为导向,在满足客户需求的前提下实现公司利益最大化,不同区域选取不同品种,制定适合的价格策略。优势品种的定价策略应注重市场化和目标化。在针对购买意向不明的顾客时,他们只有购买治疗某一疾病的药品需求,而对产品的价格高低不清楚,我们在推荐产品时一定要注意,所推荐主推产品的价位应该在药店所经营的同类产品价格中处于中下水平,让顾客在药品价格上感觉到店员推荐的合理性,从心里开始接纳店员,从而带动顾客对店员推荐中其他产品的信任。

(四)品类管理评价

1.品类评估

品类评估是为了全面分析零售商目前所处的状况,利用 SWOT 分析自己在市场上的定位、与竞争对手的差距,找出自己的优势劣势,同时通过数据分析全面量化并为下一步的品类评分表提供数据支持。一般包括品类发展趋势、自身销售状况、竞争对手状况、供应商能力综合评判等方面的评估。

2.品类评分表

利用品类评分表制定清晰的评价指标。(见表 J402-2)

表 J402-2　品类评分表

衡量参数	改变前	改变后	变化百分比
销售额			
销售量			
单品数			

3.进行有奖顾客调查,了解顾客对药品的价格、种类的意见

四、小结

1.数据透视表用于药品数据分类确实十分方便,并且可以对分类的药品统计种品数及总销售金额。

2.IF 函数可用于分组,分组条件的定义比较自由,而数据分析中的直方图的分组条件比较固定。

3.复合分组可以透视现象的内部结构,本案例近万条销售记录,通过药品用途及毛利率进行分类,可以清晰地看到各类不同毛利率的不同种类的药品的分布。

五、学习资源

1. QYS021-原始数据

2.《新编统计学》,郭梓仁、李艳霞主编,中南大学出版社,2012

3.《零售营销》,王国才编著,南开大学出版社,2012

J403　结构分析法在连锁便利店商品销售中的应用

一、教学案例设计

教学案例编号	J403	教学案例名称	结构分析法在连锁便利店商品销售中的应用
企业案例编号	Q023	企业案例名称	深圳某连锁便利店商品销售统计实际案例
教学案例背景			便利店,兴起于20世纪20年代的美国,在日本、中国的台湾地区都取得了大规模的发展。便利店的面积并不大,80平方米左右,24小时营业,食品和日用品一应俱全,商品种类2 500种左右,较一般的大型购物中心和超市距离居民区或工作学习地更近,更加便捷人们购物,较好地适应了现代社会快节奏的生活方式。 　　近年来,在一些大城市,不论是跨国连锁的便利店,还是本土的便利连锁店,都得到了迅速的发展,竞争性也日趋激烈。本案例目标企业,用了不到10年的时间,快速发展到拥有600多家便利门店。为了更快更好地发展,在注重门店数量效应的同时,通过销售统计分析,调整商品类型,改变商品摆放位置,提高销售业绩,是当下便利连锁店企业的常用办法,本案例目标企业也不例外
案例问题			1. 什么是毛利率? 2. 运用总量指标与相对指标应注意的问题

案例教学目标	知识目标	能力目标	素质目标
	1. 理解数据处理的意义和流程; 　2. 掌握数据处理的方法; 　3. 掌握用统计图表展示统计数据; 　4. 掌握总量指标和相对指标的计算	1. 能根据研究目的进行数据处理; 　2. 能利用 Excel 处理数据; 　3. 能选择适当的统计图表展示数据的方法; 　4. 能灵活运用总量指标和相对指标	增强统计知识,培养统计思维习惯,养成严谨认真的工作作风。

教学建议	案例解读→数据说明→提出案例问题→组织讨论→开展统计整理与分析→上机实训→总结、评价→写出实训报告
案例反思	1. 本案例是一个有关总量指标与相对指标的实际运用问题,教学过程中,引导学生灵活运用这些指标进行具体分析,提高图表表达能力与综合指标分析技术。 　2. 单品贡献率分析和 ABC 分析(20/80 商品分析)都可指导品类管理工作,后者简便直观,但显粗放,读者可自行比较

二、数据说明

1. QYS022-原始数据系公司自动化管理系统自动收集生成。

2. SKU(Stock Keeping Unit),系商品库存控制的最小可用单位,在连锁企业,一个SKU 就是一个销售单品,对应着一个商品编码。单品与传统意义上"品种"的概念是不同的,用单品这一概念可以区分不同商品的不同属性,从而为商品采购、销售、物流管理、财务管理以及 POS 系统等自动化管理系统的开发提供极大的便利。通过 SKU 的相关指标,可以进行单品贡献分析。

3. 本案例采用 Excel 2013 进行数据整理与分析。

4. 数据的分类汇总是通过数据透视表实现的。具体步骤如下:

(1)打开 QYS023-原始数据表,选中任一数据单元格,选择"插入"-"数据透视图"的下拉列表中的"数据透视表和数据透视图"命令,"表/区域"自动填写"´Q01-门店日销售汇总´!＄A＄1:＄M＄731";

(2)"选择放置数据透视表的位置",选择"新工作表";

(3)点击确定,随即弹出"数据透视图字段",在"选择要添加到报表的字段"列表中选择"大类""零售额""成本额""毛利额"复选框,单击即实现门店的分类汇总。复制门店的分类汇总数据,得到"0505 直营店 2015 年度商品销售大类统计表"(表 J403-1)。

三、案例分析

(一)0505 直营店 2015 年度商品零售总额结构分析

表 J403-1　0505 直营店 2015 年度商品销售大类统计表

行号	大类	零售			毛利			毛利率(%)
		零售额(元)	比重(%)	累计比重(%)	毛利额(元)	比重(%)	累计比重(%)	
1	[01]香烟	966 899.95	34.62	34.62	164 139.29	24.53	24.53	16.98
2	[07]熟食	223 028.26	7.98	42.60	99 102.27	14.81	39.35	44.43
3	[08]冷冻冷藏	196 395.96	7.03	49.63	60 149.60	8.99	48.34	30.63
4	[09]休闲小食	143 362.41	5.13	54.77	39 318.02	5.88	54.22	23.95
5	[17]水	95 971.46	3.44	58.20	36 559.98	5.46	59.68	38.09
6	[23]奶饮品	121 971.05	4.37	62.57	33 150.26	4.95	64.63	27.18
7	[18]茶饮品	78 016.62	2.79	65.36	23 854.87	3.57	68.20	30.58
8	[21]进口食品	69 149.81	2.48	67.84	20 820.25	3.11	71.31	30.11
9	[20]功能饮品	79 059.62	2.83	70.67	19 550.57	2.92	74.23	24.73
10	[19]果汁	62 536.20	2.24	72.91	16 783.53	2.51	76.74	26.84
11	[06]面包	51 839.72	1.86	74.76	15 853.26	2.37	79.11	30.58
12	[10]饼干膨化	60 376.71	2.16	76.92	15 771.23	2.36	81.47	26.12

续表 J403-1

行号	大类	零售			毛利			毛利率（%）
		零售额（元）	比重（%）	累计比重（%）	毛利额（元）	比重（%）	累计比重（%）	
13	[16]碳酸饮料	65 557.33	2.35	79.27	15 640.82	2.34	83.81	23.86
14	[03]收银台前柜	48 853.63	1.75	81.02	14 310.46	2.14	85.94	29.29
15	[24]啤酒	56 631.95	2.03	83.05	13 694.26	2.05	87.99	24.18
16	[22]其他饮品	46 110.76	1.65	84.70	11 792.31	1.76	89.75	25.57
17	[05]方便食品	39 229.71	1.40	86.10	10 073.83	1.51	91.26	25.68
18	[12]粮油副食	30 590.39	1.10	87.20	8 659.32	1.29	92.55	28.31
19	[11]酒	32 415.33	1.16	88.36	7 786.79	1.16	93.72	24.02
20	[29]家庭杂品	16 250.58	0.58	88.94	6 548.57	0.98	94.70	40.30
21	[32]生活用纸	19 833.50	0.71	89.65	6 536.99	0.98	95.67	32.96
22	[27]卫生用纸	18 020.65	0.65	90.30	4 682.59	0.70	96.37	25.98
23	[25]个人护理	15 744.20	0.56	90.86	4 424.53	0.66	97.03	28.10
24	[04]巧克力	16 439.00	0.59	91.45	3 775.62	0.56	97.60	22.97
25	[14]药及保健品	10 375.22	0.37	91.82	3 272.17	0.49	98.09	31.54
26	[31]文体用品	8 488.30	0.30	92.12	2 778.25	0.42	98.50	32.73
27	[13]冲调品及奶粉	9 947.10	0.36	92.48	2 720.71	0.41	98.91	27.35
28	[40]特殊处理商品	6 608.93	0.24	92.72	2 083.42	0.31	99.22	31.52
29	[28]针织品及鞋类	4 861.75	0.17	92.89	1 558.22	0.23	99.45	32.05
30	[02]糖果	4 335.66	0.16	93.05	1 490.86	0.22	99.68	34.39
31	[26]家庭护理	5 997.98	0.21	93.26	1 371.10	0.20	99.88	22.86
32	[15]节日商品	2 711.35	0.10	93.36	460.54	0.07	99.95	16.99
33	[34]便利服务项目	185 335.00	6.64	99.99	304.01	0.05	100.00	0.16
34	[30]餐厨用品	174.00	0.01	100.00	51.69	0.01	100.00	29.71
35	[39]物料	25.20	0.00	100.00	-24.97	0.00	100.00	-99.09
36	总计	2 793 145.29	100.00	—	669 045.22	100.00	—	23.95

由表 J403-1 可得,0505 直营店 2015 年度商品零售额结构图,如图 J403-1 所示。从表 J403-1、图 J403-1 可以看出,35 种大类商品的全年零售总额 2 793 145.29 元。

其中,香烟 966 899.95 元,比重约为 35%,零售额最大,比重最高,其次是熟食(223 028.26 元,约 8%)。零售额占比不足 1% 的商品有家庭杂品、生活用纸等 15 个大类。

考虑到烟的供应商和国家控制的特殊性,以及消费者消费行为的差异,其发展空间不是很大,因此对于烟的销售管理,保持稳定的货源是重中之重。此外,就是重视熟食的

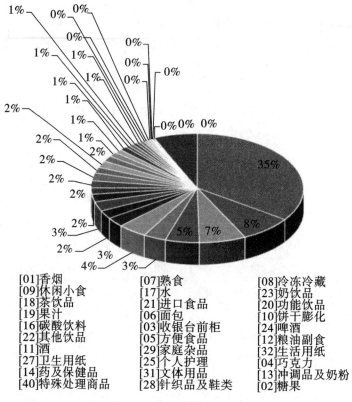

[01]香烟 　　　　[07]熟食 　　　　[08]冷冻冷藏
[09]休闲小食 　　[17]水 　　　　　[23]奶饮品
[18]茶饮品 　　　[21]进口食品 　　[20]功能饮品
[19]果汁 　　　　[06]面包 　　　　[10]饼干膨化
[16]碳酸饮料 　　[03]收银台前柜 　[24]啤酒
[22]其他饮品 　　[05]方便食品 　　[12]粮油副食
[11]酒 　　　　　[29]家庭杂品 　　[32]生活用纸
[27]卫生用纸 　　[25]个人护理 　　[04]巧克力
[14]药及保健品 　[31]文体用品 　　[13]冲调品及奶粉
[40]特殊处理商品 [28]针织品及鞋类 [02]糖果

图 J403-1　零售额结构图

销售管理,不断加强顾客口味调查,适时变化熟食品种,将对全年零售总额产生积极影响。

(二)0505 直营店 2015 年度商品零售额与毛利额对比分析

实践中,这类企业十分重视服务的便捷性,因此销售商品品类多,各大类商品的零售额与毛利额差异较大。从表 J403-1 可以看出,零售额与毛利额较大的商品主要是香烟、熟食等大类商品。毛利额万元以上的商品,集中在香烟、熟食、冷冻冷藏……方便食品,共 17 大类商品,它们的零售额累积比重约为 88%,毛利累积比重约为 91%,如图 J403-2 所示。

因此,从销售和毛利的角度考虑,突出做好这 17 大类商品的销售,全年的销售额和毛利额就都有了保证。

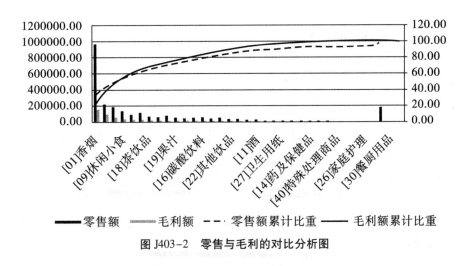

■━━零售额　▒▒▒毛利额　━ ━ 零售额累计比重　━━━毛利额累计比重

图 J403-2　零售与毛利的对比分析图

（三）0505 直营店 2015 年度销售单品贡献率分析

品类管理是企业经营管理的一个不可或缺的维度。各大类商品的单品数量相差较大，这里引入 SKU（单品数）指标，分析单品贡献率，得到"0505 直营店 2015 年度各大类商品的单品贡献率分析表"（表 J403-2）。

表 J403-2　0505 直营店 2015 年度各大类商品的单品贡献率分析表

行号	大类	SKU	零售额比重（%）	毛利额比重（%）	SKU比重（%）	单品零售额贡献率	单品毛利额贡献率
1	[17]水	23	3.44	5.46	0.99	3.49	5.55
2	[07]熟食	77	7.98	14.81	3.30	2.42	4.49
3	[01]香烟	129	34.62	24.53	5.53	6.26	4.44
4	[18]茶饮品	36	2.79	3.57	1.54	1.81	2.31
5	[24]啤酒	24	2.03	2.05	1.03	1.97	1.99
6	[20]功能饮品	37	2.83	2.92	1.59	1.79	1.84
7	[23]奶饮品	70	4.37	4.95	3.00	1.46	1.65
8	[16]碳酸饮料	35	2.35	2.34	1.50	1.57	1.56
9	[08]冷冻冷藏	148	7.03	8.99	6.34	1.11	1.42
10	[32]生活用纸	17	0.71	0.98	0.73	0.97	1.34
11	[22]其他饮品	35	1.65	1.76	1.50	1.10	1.18
12	[19]果汁	53	2.24	2.51	2.27	0.99	1.10
13	[06]面包	58	1.86	2.37	2.49	0.75	0.95
14	[05]方便食品	53	1.40	1.51	2.27	0.62	0.66

续表 J403-2

行号	大类	SKU	零售额比重（%）	毛利额比重（%）	SKU比重（%）	单品零售额贡献率	单品毛利额贡献率
15	[40]特殊处理商品	12	0.24	0.31	0.51	0.46	0.61
16	[34]便利服务项目	2	6.64	0.05	0.09	77.43	0.53
17	[27]卫生用纸	31	0.65	0.70	1.33	0.49	0.53
18	[03]收银台前柜	106	1.75	2.14	4.54	0.39	0.47
19	[21]进口食品	159	2.48	3.11	6.81	0.36	0.46
20	[31]文体用品	27	0.30	0.42	1.16	0.26	0.36
21	[29]家庭杂品	65	0.98	2.78	0.21	0.35	0.35
22	[09]休闲小食	415	5.13	5.88	17.78	0.29	0.33
23	[04]巧克力	40	0.59	0.56	1.71	0.34	0.33
24	[11]酒	83	1.16	1.16	3.56	0.33	0.33
25	[15]节日商品	5	0.10	0.07	0.21	0.45	0.32
26	[12]粮油副食	108	1.10	1.29	4.63	0.24	0.28
27	[13]冲调品及奶粉	34	0.36	0.41	1.46	0.24	0.28
28	[14]药及保健品	44	0.37	0.49	1.89	0.20	0.26
29	[28]针织品及鞋类	23	0.17	0.23	0.99	0.18	0.24
30	[10]饼干膨化	234	2.16	2.36	10.03	0.22	0.24
31	[25]个人护理	74	0.56	0.66	3.17	0.18	0.21
32	[02]糖果	34	0.16	0.22	1.46	0.11	0.15
33	[26]家庭护理	36	0.21	0.20	1.54	0.14	0.13
34	[30]餐厨用品	4	0.01	0.01	0.17	0.04	0.05
35	[39]物料	3	0.00	(0.00)	0.13	0.01	(0.03)
36	总计	2334	100.00	100.00	100.00	—	—

注：(1)括号内数据取负数

$$(2)\ 某大类商品的单品零售额贡献率 = \frac{\dfrac{该大类商品的零售额合计}{各大类商品的零售额总计}}{\dfrac{该大类商品的单品数}{各大类商品的单品总数}} = \frac{该大类商品的零售额比重}{该大类商品的SKU比重}$$

$$(3)\ 某大类商品的单品毛利额贡献率 = \frac{\dfrac{该大类商品的毛利额合计}{各大类商品的毛利额总计}}{\dfrac{该大类商品的单品数}{各大类商品的单品总数}} = \frac{该大类商品的毛利额比重}{该大类商品的SKU比重}$$

　　从各类商品的单品零售额贡献率来看,熟食、香烟、茶饮品、啤酒、功能饮品、奶饮品、碳酸饮料、冷冻冷藏、其他饮品、便利服务项目的单品贡献率大于1,这些大类商品单品份额的较小增加,可带来较大的零售额份额较大的增加,可通过增加单品数量的方式优化商品大类。

从各类商品的单品毛利额贡献率来看，水、熟食、香烟、茶饮品、啤酒、功能饮品、奶饮品、碳酸饮料、冷冻冷藏、生活用纸、其他饮品、果汁的单品贡献率大于1，这些大类商品单品份额的较小增加，可带来较大的毛利额份额较大的增加，可通过增加单品数量的方式优化商品大类。

其他各类商品，由于其零售额（毛利额）的单品贡献率都小于1，这些大类商品单品份额的较大增加，却带来较大的零售额（毛利额）份额较小的增加，可通过减少单品数量的方式优化商品大类。

值得指出的是，要实现销售额和毛利额稳中有增，应更具体地重点做好哪些种类，或小类，或具体单品的销售？就留给读者思考。

四、小结

1. 总量指标是用绝对量来说明事物的"面"上的总量，表现为事物的实际数量；相对指标是由总量指标对比而来，表明事物的联系变化等，反映事物间的差异。通常是两者结合使用，全面分析事物的发展变化情况。这里使用到销售额、毛利额、SKU 等总量指标，同时使用到比重、毛利率、单品零售额贡献率等相对指标，能较深刻分析该门店全年商品的销售情况。

2. 从当地目前便利店的毛利率只有 18% 至 20% 来看，0505 直营店的毛利率接近24%，说明该店经营模式和管理较先进。

3. 进一步思考：

（1）提高零售额实战对策很多，比如运用 ABC 分析法。ABC 分析的具体做法是：首先将商品依畅销度排行，计算出每一项商品销售额比及累积构成比，以累积构成比为衡量标准，即 80% 的销售额约由 20% 的商品创造，此类商品为 A 类商品；15% 的销售额约由 40% 的商品创造，此类商品为 B 类商品；5% 的销售额约由 40% 的商品创造，此类商品为 C 类商品。突出 A 类商品管理，确保有较好的陈列、加大订货量、确保库存量，同时调整 C 类商品的陈列和库存。

（2）该企业商品分类是否可优化？怎样优化？

五、学习资源

1. QYS023-原始数据

2.《新编统计学》，郭梓仁、李艳霞主编，中南大学出版社，2012

3. http://www.51report.com/html/about/sitemap/，中国产业洞察网（连锁）

J404 企业经济效益评价与分析

一、教学案例设计

教学案例编号	J404	教学案例名称	企业经济效益评价与分析
企业案例编号	Q005	企业案例名称	河南省某啤酒股份有限公司啤酒生产统计实际案例
教学案例背景			河南省某啤酒股份有限公司是一家专门从事啤酒生产的企业。该公司在 2014 和 2015 两年的生产情况可见案例 QYS005-2.2 中的表 1 和表 2 数据,作为公司的统计工作者应当对这些数据进行一系列分析研究,发现问题,找出解决问题的办法,为领导决策服务。本案例就是试图从企业生产成果并结合财务数据进行相关指标计算及效益分析
案例问题			根据 QYS005 资料,对公司经济效益进行评价与分析

案例教学目标	知识目标	能力目标	素质目标
	掌握各个经济效益指标的含义和用途,明确计算方法、要求等	能够根据要求独立计算各经济效益指标,并作简要分析	养成独立思考,善于从事物的发展变化中发现问题并提出对策建议的良好职业道德

教学建议	在学习并掌握了企业经济效益分析的基本原理后,由老师带领学生认真阅读统计实际案例 Q005,重点思考 QYS005-2.2 中表 1 和表 2 中啤酒产值、各项费用资料,在此基础上尝试进行经济效益指标计算,并简要分析啤酒生产的效益情况。
案例反思	本案例是一个有关企业经济效益分析的问题,教师在教学过程中要引导学生学会分析事物的发展变化,掌握经济效益指标的计算方法,并结合企业生产产生的实际数据进行计算,对结果进行比较分析和判断。

二、数据说明

1. QYS005-2.2 原始数据系公司自动化管理系统自动收集生成。

2. 河南省某啤酒股份有限公司啤酒生产统计实际案例中的啤酒产值是产量与价格的乘积,即月山、三姑泉、戈力三大系列啤酒的各月产量与对应月份的价格乘积之和,年产值就是各月产值之和,按照统计部门规定一月份不报数据,所以年数据均为 2 到 12 月份的数据和。

3. 本案例有关的表格设计、指标数值计算等均在 Excel2007 以上版本完成的。

4. 具体步骤是:先将原始数据表 QYS005-2.2 数据输入到 Excel 界面的 A1:D33 的单元格区域,2015 年和 2014 年产值分别输入到 C34 和 D34 单元格,编辑完成 J406-1、2 两张表。然后根据各个效益指标的计算方法分别进行计算,得到各效益指标值。比如,计算全员劳动生产率指标值,任意选择一空单元格 C35,写入"="号,在"="后面写入 C34/C33,回车确定即得到 2015 年的全员劳动生产率为 197.53 千元/人,同理,可计算得到 2014 年的全员劳动生产率为 229.02 千元/人;又比如计算总资产贡献率,根据计算方法,先任选一空单元格 C36,写入"="号,在"="后面写入(C31+C20+C23)/C9 * 100,回车确定即得到 2015 年的总资产贡献率为-3.95%,同理,可计算得到 2014 年的总资产贡献率为-3.52%。其余指标均可按类似方法计算得到,结果如表 J404-3 所示,在此不再赘述。

对于表 J404-4 有关数据的计算,可以先在 Excel 界面的 A1:J10 的单元格区域内设计一张如表 J404-4 的表格,然后在表格内的相应位置输入各效益指标的名称、计量单位、标准值、权数和实际值,然后选择 F3 单元格,写入"="号,在"="后面写入 E3/C3,回车确定即得到全员劳动生产率个体指数为 0.54,把光标放回到 F3 移到右下角变成黑十字后往下拖曳到 F9 单元格止,即得到其他各效益指标的个体指数;再选择 G3 单元格,写入"="号,在"="后面写入 H3 * D3,回车确定即得到 2015 年全员劳动生产率的加权值为 5.41,把光标放回到 G3 移到右下角变成黑十字后往下拖曳到 G10 单元格止,即得到 2015 年其他各效益指标的加权值和 2015 年经济效益指数值。同理,可得到 2014 年的相应数值,在此不再赘述。

各主要经济效益指标所用数据的解释说明。

总资产贡献率,反映企业全部资产的获利能力,是评价企业盈利能力的核心指标,是企业经营业绩和管理水平的集中体现;指标的分子在本案例中采用了表 J404-2 的利润总额、税金总额和利息支出三者之和,分母采用了表 J404-2 的资产总额。

资产保值增值率,反映企业净资产的变动状况,是企业发展能力的集中体现;指标在本案例中没有获得所有者权益数据,在此采用该指标的标准值 115% 代替。

资产负债率,反映企业偿债能力和财务风险的大小,也反映企业利用债权人提供的资金从事经营活动的能力;指标的分子和分母均采用了本案例中表 J404-2 的负债总额和资产总额数据来计算。

流动资金周转率,是指一定时期内流动资金所完成的周转次数,反映流动资金的周转速度;指标分子销售收入采用了本案例中表 J404-2 的主营业务收入代替,因为该公司的销售收入主要就是啤酒销售收入,分母则采用了本案例中表 J404-2 的流动资产合计数。

成本费用利润率,反映企业投入的生产成本及费用的经营效益,也反映降低成本费用所取得的经济效益;指标的分子采用了本案例中表 J404-2 的利润总额,分母是用表 J404-2 的主营业务成本+销售费用+管理费用+财务费用,其中产品销售成本用主营业务成本代替。

全员劳动生产率,反映企业劳动投入的经济效益;指标的分子采用了本案例中表 J404-1 的年总产值,分母为本案例中表 J404-2 的平均用工人数。

产品销售率,反映工业产品价值已实现的销售程度,是分析企业产品产销衔接和适应市场需求的能力;指标的分子采用了本案例中表 J404-1 的产值与表 J404-2 的产成品价值之差代替销售产值,分母采用表 J404-1 的产值合计数。

另外,综合经济效益指数计算的具体步骤是:

第一步,计算各指标的个体指数,用效益指标实际值与标准值对比;

第二步,计算加权分值,用个体指数与权数相乘;

第三步,将加权分值合计即得到 2015 年和 2014 年总分值。

三、案例分析

本案例是一个有关企业经济效益分析的问题。企业是以盈利为目的而从事生产经营活动、向社会提供商品或服务的经济组织。企业经营追求的核心目标是利润,因为利润是企业经营的血液,如果没有利润,企业就无法紧跟社会的发展而长期改进生产技术、扩大生产规模、为社会做贡献等,进而终究被淘汰。因此,企业要获得盈利就要谈到经济效益。经济效益是衡量一切经济活动的最终的综合指标。它一般是通过经济活动中劳动消耗同适合社会需要的劳动成果的比较,表明经营效果的盈亏。反映企业经济效益的指标包括总资产贡献率、资产保值增值率、资产负债率、流动资金周转率、成本费用利润率、全员劳动生产率和产品销售率等;这组指标重点评价工业企业的盈利能力,同时对企业的偿债能力、运营能力和发展能力也有所兼顾。

根据该公司生产案例 Q005 可获得河南省某啤酒股份有限公司近年来经济活动中的劳动消耗、劳动成果和财务资料如下:

表 J404-1　河南省某啤酒股份有限公司近年产值资料

月份		2 月	3 月	4 月	5 月	6 月
2014	产值(千元)	16 037	23 217	26 337	27 501	31 422
2015	产值(千元)	13 679	23 954	21 529	24 920	23 587

续表 J404-1

7 月	8 月	9 月	10 月	11 月	12 月	合计
28 165	23 044	10 357	7 264	1 885	6 994	202 223
20 541	19 729	18 114	5 466	1 129	3 942	176 590

表 J404-2　河南省某啤酒股份有限公司近年财务数据　　　　单位:千元

指标名称	代码	数据	
甲	乙	2015 年	2014 年
一、年初存货	101	118 170	124 388
二、资产负债	—	—	—
流动资产合计	201	144 137	127 925
其中:应收账款	202		1
存货	205	120 012	118 170

续表 J404-2　　　　　　　　　　　　　　　　　　　　单位:千元

指标名称	代码	数据	
其中:产成品	206	4 097	1 467
资产总计	213	443 863	430 475
负债合计	217	440 978	443 842
三、损益及分配	—	—	—
营业收入	301	203 139	255 109
其中:主营业务收入	302	188 765	255 109
营业成本	307	134 744	186 775
其中:主营业务成本	308	125 647	186 775
营业税金及附加	309	24 799	27 870
其中:主营业务税金及附加	310	24 734	27 870
销售费用	312	37 474	36 870
管理费用	313	22 843	17 610
其中:税金	314	2 344	3 970
财务费用	317	16 430	18 815
其中:利息收入	318	59	65
利息支出	319	16 395	17 013
资产减值损失	320		
公允价值变动收益(损失以"-"号记)	321	0	
投资收益(损失以"-"号记)	322		0
营业利润	323	-33 152	-32 831
营业外收入	325	135	141
其中:补贴收入	324		
营业外支出	326	3 254	3 462
利润总额	327	-36 271	-36 152
四、应交增值税	402	14 862	16 852
五、平均用工人数(人)	606	894	883

根据表 J404-1 和表 J404-2 数据可以计算下列经济效益指标:

$$全员劳动生产率 = \frac{总产值}{年平均用工人数}$$

$$总资产贡献率 = \frac{利润总额 + 税金总额 + 利息支出}{资产总额} \times 100\%$$

$$资产负债率 = \frac{报告期末负债总额}{报告期末资产总额} \times 100\%$$

$$流动资金周转率 = \frac{销售收入}{流动资金平均余额}$$

$$成本费用利润率 = \frac{利润总额}{成本费用总额} \times 100\%$$

$$资产保值增值率 = \frac{报告期末所有者权益}{上年同期末所有者权益} \times 100\%$$

$$产品销售率 = \frac{销售产值}{总产值} \times 100\%$$

根据表 J404-1、2 数据,在 Excel 中可以完成以上各指标的计算,计算结果用下表 J404-3 列示。

表 J404-3　河南省某啤酒股份有限公司近年经济效益指标及数据

指标名称	计量单位	2015 年	2014 年
全员劳动生产率	千元/人	197.53	229.02
总资产贡献率	%	−3.95	−3.52
资产负债率(%)	%	99.35	103.11
流动资金周转率	次	1.31	1.99
成本费用率(%)	%	−0.17	−0.14
资产保值增值率		115	115
产品销售率	%	97.68	99.27

根据 J404-3 有关数据以及其他数据资料可做进一步的计算,过程和结果可见表 J404-3。

表 J404-4　河南省某啤酒股份有限公司近年经济效益评价计算表

指标名称	计量单位	标准值	权数(%)	2015 年			2014 年		
				实际	个体指数	加权分值	实际	个体指数	加权分值
全员劳动生产率	千元/人	365	10	197.53	0.54	5.41	229.02	0.63	6.27
总资产贡献率	%	10	20	−3.95	−0.40	−7.90	−3.52	−0.35	−7.04
资产负债率	%	50	12	0.99	0.02	0.24	1.03	0.02	0.25
流动资金周转率	次/年	1.65	15	1.31	0.79	11.91	1.99	1.21	18.09
成本费用利润率	%	8.5	14	−0.17	−0.02	−0.28	−0.14	−0.02	−0.23
资产保值增值率	%	115	16	115	1.00	16.00	115	1.00	16.00
产品销售率	%	95	13	97.68	1.03	13.37	99.27	1.04	13.58
经济效益指数	%	–	100	–	–	38.75	–	–	46.93

注:标准值数据是依据国家对工业企业经济效益指标选定的参考值。权数数据是依据国家对工业企业经济效益各指标的重要程度选定的参考值。

从计算结果来看，2015 年河南省某啤酒股份有限公司综合经济效益指数为 38.75%，七项经济效益指标中，除产品销售率略高于全国平均水平外，其余均远没有达到全国平均水平，也低于 2014 年的公司水平。特别是资产负债率、总资产贡献率、成本费用利润率、全员劳动生产率等指标与全国平均水平有很大差距，公司总体经济效益整体下滑严重，生产经营形势不容乐观，突出表现在偿债能力不足、财务风险加大、获利能力差、流动资金周转速度减缓等方面，公司应采取强有力措施，扭转这种被动局面，提高综合经济效益。

四、小结

由于本套经济效益指标中除资产负债率是按逆指标处理的之处，其余六项指标均为正指标，故为公司综合经济效益指数等于 100% 时，表明本公司综合经济效益水平达到全国平均水平，大于 100% 时，表明超过了全国平均水平，小于 100% 时，表明低于全国一般水平。另外，在运用综合指数法进行企业经济效益综合评价时应注意：

（1）若企业亏损，利润额为负数，总资产贡献率可能为负数，成本费用利润率一定为负数。这时，应按正常方法计算个体指数，并乘以权数，计入总评价得分。

（2）资本保值增值率有可能为负，可分三种情况处理：第一种是报告期和基期企业净资产均为负数，可按逆指标处理；第二种是基期为正数，报告期为负数，该项指标的个体指数按 0 分处理；第三种情况是净资产基期为负数，报告期为正数，这时，资本保值增值率＝报告期末所有者权益／企业需要的最低所有者权益。这样，资本保值增值率就不再为负数，可正常计算个体指数。

五、学习资源

1. QYS005-2.2 原始数据

2.《数据分析》，谢家发主编，郑州大学出版社，2014

3.《21 世纪统计学系列教材：统计学专业课程教学案例选编》，高敏雪、蒋妍主编，中国人民大学出版社，2013

J405　存货盘点情况的对比分析

一、教学案例设计

教学案例编号	J405	教学案例名称	存货盘点情况的对比分析
企业案例编号	Q003	企业案例名称	郑州某模具(机械)有限公司生产统计实际案例
教学案例背景		存货盘点是库存管理的一个重要内容,是指对仓库保管的物资进行数量和质量的检查,以清点库存物资的实际数量,以便对仓库货品的收发结存等活动进行有效控制,保证仓库货品完好无损、账物相符,确保生产正常进行,规范公司物料的盘点作业。郑州某模具(机械)有限公司,由于历史遗留原因,在搬迁前才组织了公司存货的盘点,通过盘点发现了在存货管理上的混乱、不规范以及账目与实际出入较大等问题	
案例问题		根据QYS003-2.1中的库存原始数据,对公司存货情况进行统计,并分析存货管理存在的问题	
案例教学目标	知识目标	能力目标	素质目标
	什么是存货盘点?主要盘查哪些内容?有什么意义?如何对存货盘点情况进行简单分析	能够通过存货盘点,对企业库存情况进行了解;通过存货情况分析,能发现企业存货上存在的问题等	养成主动思考、认真分析问题、解决问题的严谨的工作态度和作风
教学建议		对存货盘点的内容和意义有一定的了解,再根据QYS003中所提供的资料,对郑州某模具(机械)有限公司搬迁前的库存存货盘点情况进行分析,查看其存货账目亏损情况,以及存货管理上存在的问题。同时,这也是一个不进行规范统计管理的例子,通过该案例,认识到规范统计、规范管理的重要性	
案例反思		通过本案例的教学,要让学生弄清为什么郑州某模具(机械)有限公司会存在严重存货不符情况,这对企业管理究竟会带来什么问题以及后期的存货管理上需要如何进行改进和加强,这些都是本教学的重点和难点所在,要足够重视	

二、数据说明

1. QYS003-2.1原始数据系公司自动化管理系统自动收集生成的。

2. 郑州某模具(机械)有限公司提供的是2012年12月底的存货盘点信息,根据盘点种类,分为砂箱盘点表、外购模具盘点表、在产品盘点表三部分的盘点数据。每大类在具体盘点时,又根据小的种类,列出每种种类名称、规格、2012年12月31日账面数量、单价、金额、盘点日数量、基准日至盘点日出入库数量、2012 年 12 月 31 日实际数量、盘亏数量、盘亏金额。另外注意这里的单价是计算的平均单价，是根据账面的总金额除以总数量计算出来的。

3. 本案例采用 Excel 2007 以上版本完成数据整理与分析。主要使用：①单元格引用和填充功能进行有关指标的计算和对比；②绘图功能，把整理、分析的结果呈现出来。

三、案例分析

首先从盘点种类的账面相符情况上来看，针对砂箱，共盘点 24 种型号的产品共计 622 件。通过实盘产品数量与账面产品核对，账实相符的产品达到 7 种，种类相符率为 29.17%；另有 17 种产品账实不符，不相符率高达 70.83%。外购模具，只有一个种类，并且盘点数量与账面数量不符，种类的账面相符率为 0。在产品，共盘点 90 种型号的产品，共计 1895 件。通过实盘产品数量与账面产品数量核对，账实相符的产品达到 48 种，相符率为 53.33%；另有 42 种产品账实不符，不相符率达 46.67%。

表 J405-1　盘点种类的账面相符情况

分类	盘点种类（种）	盘点件数（件）	账面相符种类（种）	账面相符率（%）
砂箱	24	622	7	29.17
外购模具	1	115 000	0	0.00
在产品	90	1 895	48	53.33

通过上面的分析，可以看出郑州某模具(机械)有限公司 2012 年 12 月底的库存盘点存在严重问题，从盘点物品的种类上看，账面相符率较低，说明很多种类的物品在盘点时，账面与实际不符。

之后从物品数量及金额上来看，将砂箱、外购模具、在产品三大种类的物品进行盘点汇总，汇总后的信息如下表 J405-2 所示。

表 J405-2　账面与实际的数量及金额盘点情况

分类	账面信息		盘点信息		盘点差异	
	数量	金额	数量	金额	数量	金额
砂箱	773	1 958 425.30	622	1 568 570.00	−151	−389 855.30
外购模具	171 149	684 594.60	115 000	459 999.07	−56 149	−224 595.53
在产品	3 929	6 688 315.99	1 895	2 938 411.99	−2 034	−3 749 904.00
合计	175 851	9 331 335.89	117 517	4 966 981.06	−58 334	−4 364 354.83

为了更好地衡量库存情况，通过实际金额占账面金额的比重来判断账面相符的程度，通过对比，可见砂箱的金额账面相符率为 80.09%，外购模具的金额账面相符率为 67.19%，在产品的金额账面相符率为 43.93%。通过图 J405-1 的对比，可以看出，在产

品的账面相符率较低,盘点亏损严重。

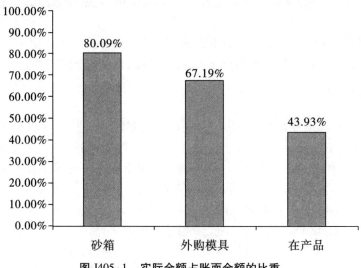

图 J405-1　实际金额占账面金额的比重

通过以上的分析,可以看出该公司在库存方面存在严重问题,很多种类的物品账面与实际不符,特别是账面金额与实际金额存在较大出入,相符率最高只80%左右,最低在43.93%,整个公司总体金额相符率为53.23%。这是公司长期以来疏于管理,没有健全的统计流程和制度所造成的。

四、小结

通过该企业的存货盘点情况分析,了解存货盘点要盘点哪些内容,如何从种类、金额等方面来分析账面与实际的出入情况。通过存货盘点,让我们认识到规范统计、规范管理的重要性。

五、学习资源

1. QYS003-2.1 原始数据
2.《调查数据分析》,谢家发主编,郑州大学出版社,2011
3.《统计学原理》,王志电主编,中国统计出版社,2015
4.《应用统计学:基于 SPSS 运用》,张良主编,上海财经大学出版社,2013
5.《调查分析基本技能》,丁岚主编,中国财政经济出版社,2009

第五部分

转化为数据描述分析统计教学案例

J501 平均指标计算与应用

一、教学案例设计

教学案例编号	J501	教学案例名称	平均指标计算与应用		
企业案例编号	Q015	企业案例名称	浙江省温州市某童装厂生产统计实际案例		
教学案例背景			浙江省温州市某童装厂成立于2001年,是一家设计、生产、销售为一体的国内牛仔童装工厂,坐落于"温州童装第一村",拥有职工100余人,各类服装生产设备100余台,月产量8万件以上。成立十多年来,工厂销售指标每年均以15%以上的速度增长。在市场竞争日趋激烈的情况下,工厂决策层并没有满足现状,而又确定了内销和外销并举的新举措。 　　据了解,工厂采取计件制管理,企业2015年起,产品的销售渠道有所扩大,这就要求2016年的产量必须有较大的增长。工厂还采取新的奖惩办法,促进工人在保证产品质量的同时,提高产量。财务部门根据去年工人计件产量来确定2016年的计划产量。QYS014-2.1就是2015年125名工人所生产的儿童服装产量资料。如何根据这些数据来制订下一年度生产计划,成为本案例要解决的问题		
案例问题			根据Q015资料,计算平均指标和变异指标,为制订计划提供依据		
案例教学目标			知识目标	能力目标	素质目标
			平均指标和变异指标的概念、种类、计算方法及实际应用	能借助SPSS统计软件,计算平均指标和变异指标	学会善于观察,从数据中找出问题,并解决问题
教学建议			在教学过程中,除了掌握各种平均指标的含义和计算方法外,要重点理解每一个平均指标的性质;理解平均指标与变异指标的区别;学会正确使用变异指标		
案例反思			本案例的主要任务是利用SPSS统计软件计算平均指标和变异指标。要重点关注算术平均数、众数和中位数的关系		

二、数据说明

1. 表 QYS014-2.1 原始数据是由浙江省温州市某童装厂提供的 2015 年 125 名工人所生产的儿童服装产量统计资料。

2. 本案例采用 SPSS 统计分析软件对数据进行编码、录入、计算、分析。

三、案例分析

(一)平均指标,常用的平均指标包括算术平均数、中位数和众数

算术平均数又称均值,是一组数据大小相互抵消后的结果,是一组数据的代表值,展示数据的集中趋势。算术平均数削弱了数据中的偶然性和特殊性,揭示了蕴含在偶然性和特殊性中的必然性,是统计数据集中趋势的一个重要特征值或度量值。

算术平均数具有良好的数学性质,因此应用非常广泛,其计算方法更是简单:就是把所有观察值相加再除以观察值的个数。在实际工作中,由于数据不同,算术平均数有简单算术平均数和加权算术平均数两种计算形式。

中位数是一组数据按一定顺序排列后,处于中间位置上的变量值,可见,中位数将一组数据分成了两部分,一半数据大于中位数,另一半数据小于中位数。无论一组数据的最小值有多么的小,最大值有多么的大,都不影响中位数的大小。因此,中位数是一种位置平均数,不受一组数据极端数值的影响。

众数是指总体中出现次数最多的数据值,它能够鲜明地反映数据分布的集中趋势。众数也是一种位置平均数,不受极端数值的影响,在实际工作中应用较为普遍。但众数的存在具有一定的条件,即只有当总体分布具有明显集中趋势时计算众数既方便又明确;当总体分布无明显集中趋势,即一组数据出现的频数几乎相等时,就不存在众数;当一组数据中有两个或几个数据值都具有较大频数时,就存在两个或几个众数。

(二)算术平均数、中位数、众数之间的关系与数据分布的状况有关

平均指标是把各数据值之间的差异抽象化,从而展现出总体的一般水平和分布中心的状况。然而,这些平均数在反映数据集中趋势的同时又掩盖了数据的差异性或分散性。因此,我们还需要进一步分析数据的分散程度。数据的分散程度是数据分布的另一个重要特征,统计学中把一组数据远离其中心的程度称为离散程度或离中趋势。当一组数据的集中趋势较强时,离中趋势就会相对较弱,反之,当一组数据的离中趋势较强时集中趋势相对较弱。

(三)利用 SPSS 软件计算平均指标和变异指标的步骤

(1)建立数据文件,如图 J501-1 所示。

图 J501-1　数据编辑器

（2）点击"分析"，选择"描述统计"—"频率"，进入"频率"对话框；把"童装产量"变量选进"变量"框中；点击"统计量"命令，进入"频率：统计"对话框，选中需要描述的统计量，点击"继续"按钮，如图 J501-2 所示。

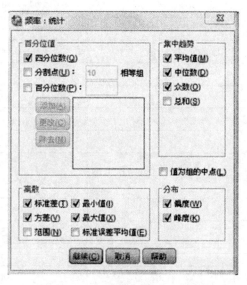

图 J501-2　"频率：统计"对话框

再在"频率"对话框中点击"图表"，在"频率：图表"对话框中选中直方图，点击"继续"。如图 J501-3 所示。

图 J501-3 "频率:图表"对话框

(3)点击"确定"命令,即可得到分布特征描述的输出结果,如表 J501-1 和图 J501-4 所示。

表 J501-1 统计量

个案数	有效	125
	缺失	0
平均值		4 677.592 0
中位数		4 728.000 0
众数		4 932.00
标准差		252.253 97
方差		63 632.066
偏度		-.934
偏度标准误差		.217
峰度		1.039
峰度标准误差		.430
最小值		3 790.00
最大值		5 230.00
百分位数	25	4 536.000 0
	50	4 728.000 0
	75	4 863.500 0

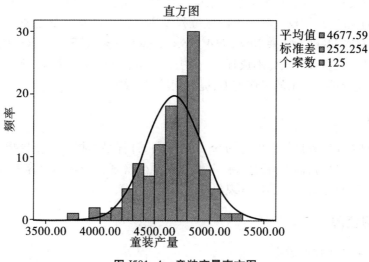

图 J501-4　童装产量直方图

（4）绘制箱线图，点击"分析"，选择"描述统计"—"探索"，进入"探索"对话框；选择
"童装产量"变量，选择到"因变量列表"复选框中；输出选择"图"，点击"确定"按钮，即可
获得箱线图，如图 J501-5 所示。

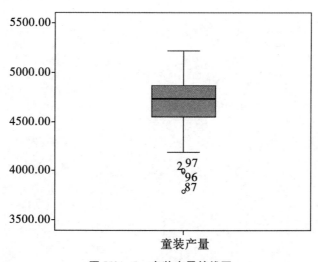

图 J501-5　童装产量箱线图

（四）分析决策

从资料得到该工厂工人的平均童装生产量为 4 677.59 件，童装产量的中位数为
4 728 件，童装产量的众数为 4 932 件，标准差为 252.25 件。产量呈左偏分布，表明大多
数工人的产量多于平均产量。从箱线图中可以看到，有四位工人的产量非常低，造成了
平均产量降低和标准差扩大。所以在制订生产计划时要充分考虑到工人产量的分布情

况。根据背景资料,销售的年平均增长率保持在15%左右,再加上工厂采取新奖惩法,还有经过一段的生产,产量较低的工人的熟练程度也在逐步提高。因此,2016年童装产量计划应在中位数的基础上加乘20%,即4 728×(1+20%)=5 673件。这样既可以避免因生产定额过高使大多数工人完不成任务、失去信心而离开本厂,又可以避免因生产定额过低,不利于充分挖掘员工的工作潜力,提高工厂的业绩水平。

四、小结

本案例的主要任务是如何借助SPSS统计软件,计算平均指标和变异指标,重点应该是如何正确运用平均指标来解决实际问题,需要从经济现象的具体内容来深入了解。尤其是总体的不同分布对不同的经济现象有着不同的解译。

五、学习资源

1. QYS014-2.1原始数据

2.《统计学》,曾五一、朱建平主编,上海财经大学出版社,2013

3.《21世纪统计学系列教材:统计学专业课程教学案例选编》,高敏雪、蒋妍主编,中国人民大学出版社,2013

4.《应用统计学:基于SPSS运用》,张良主编,上海财经大学出版社,2013

J502　变异指标在企业生产方案决策中的分析应用

一、教学案例设计

教学案例编号	J502	教学案例名称	变异指标在企业生产方案决策中的分析应用		
企业案例编号	Q017	企业案例名称	浙江某打火机有限公司生产统计实际案例		
教学案例背景		2015 年年底,该公司引进一款最新产品,生产工艺与以往的产品相比要复杂得多,但为了最大限度地降低生产成本,提高市场竞争力,公司采用三种不同的生产流水作业线进行生产、组装,测试其产量高低,以选择最佳的生产方案			
案例问题		根据 Q017 资料,选择最佳的生产方案			
案例教学目标		知识目标		能力目标	素质目标
		通过本案例,掌握变异指标的含义、作用及计算方法		熟练运用变异指标	学会善于观察,从数据中判断现象的均衡性、稳定性
教学建议		在教学过程中,注意准确使用变异指标,当总体平均水平有差异或计量单位不同时,必须使用变异系数这一变异指标来衡量现象变化的均衡性、稳定性。			
案例反思		本案例的主要任务是利用 SPSS 统计软件计算平均指标和变异指标。要重点关注如何选择合适的变异指标来判断现象变化的均衡性、稳定性			

二、数据说明

1. QYS016 原始数据系浙江大虎打火机有限公司提供。
2. 本案例采用 SPSS 统计分析软件进行计算和分析。

三、案例分析

QYS016 中数据是 30 名工人在相同的时间内用不同的生产流水作业线上生产的产品数量,如何判断哪一种生产方案为最佳方案是这个案例的焦点。首先,从生产的角度看,工人在单位时间内生产的产品数量越多,即产量越高,也意味着速度越快,而工人的产量高,即产量的均值也高。其次,从产量的稳定性上看,既要保证产品生产的速度,又要保证工人生产熟练程度的一致性,即保证产量的稳定性。

总体均值可以反映总体各变量值的一般水平,但其大小要受到极端值的影响,而标志变异指标可以衡量总体均值的代表性大小,变异指标的数值越大,总体均值的代表性越小,反之越大。变异指标还可以衡量现象变动的均衡性和稳定性,变异指标的数值越小,则说明现象变动越均衡、越稳定。统计上的变异指标主要有极差、四分位差、方差、标准差和标准差系数等。但在不同均值的总体之间要比较其均衡性或稳定性,则需要通过标准差系数的大小来衡量或判断。标准差系数=标准差/平均数(以百分数表示)。

根据 QYS016-原始数据所提供的统计数据,如何来选择最佳的生产方案呢? 我们借助 SPSS 统计软件进行计算,具体步骤如下:

第一步,编码、录入,建立 SPSS 数据文件,如图 J502-1 所示。

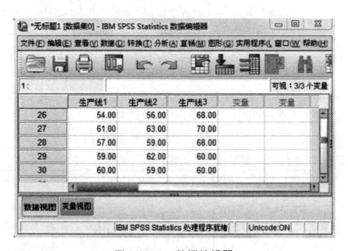

图 J502-1　数据编辑器

第二步,计算统计量。

(1)点击"分析",选择"描述统计",点击"频率",进入"频率"对话框,将"生产线 1""生产线 2""生产线 3"分别移入"变量"框中,如图 J502-2 所示。

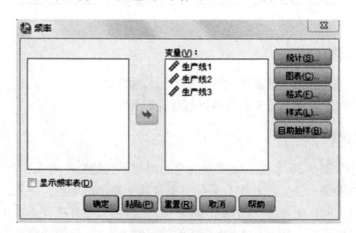

图 J502-2　频率对话框

（2）点击"统计"，选中相应的统计量，如图 J502-3 所示。

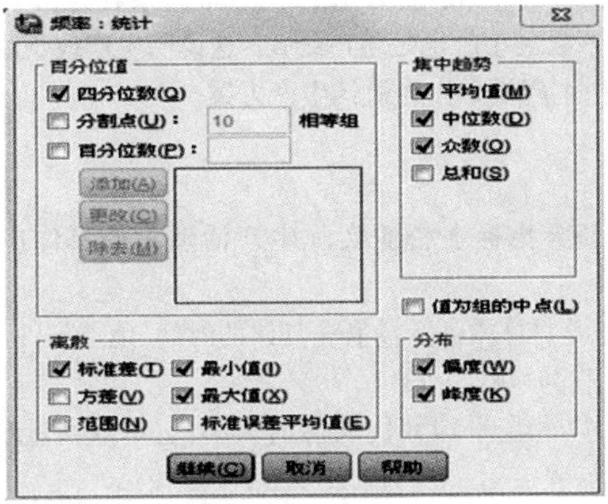

图 J502-4　"频率:统计"对话框

（3）点击"继续"，单击"确定"，显示所要计算的统计量的值，如下表所示。

表 J502-1　不同生产条件下统计量计算结果

		生产线1	生产线2	生产线3
个案数	有效	30	30	30
	缺失	0	0	0
平均值		58.700 0	60.333 3	64.500 0
中位数		58.500 0	60.000 0	64.500 0
众数		58.00a	60.00	67.00
标准差		3.659 19	5.208 30	3.702 28
偏度		0.135	0.136	−0.273
偏度标准误差		0.427	0.427	0.427
峰度		−0.152	0.201	−0.911
峰度标准误差		0.833	0.833	0.833
最小值		52.00	49.00	57.00
最大值		67.00	71.00	70.00
百分位数	25	56.000 0	57.750 0	61.750 0
	50	58.500 0	60.000 0	64.500 0
	75	61.000 0	63.000 0	68.000 0

a. 存在多个众数。显示了最小的值。

上述计算结果表明，生产线 1 的平均产量为 58.7 个，标准差为 3.66 个，标准差系数为 6.24% ;生产线 2 的平均产量为 60.33 个,标准差为 5.21 个,标准差系数为 8.64% ;生产线 3 的平均产量为 64.5 个,标准差为 3.7 个,标准差系数为 5.74% 。所以产量最高的是生产线 3,而标准差系数最小的也是生产线 3。这说明生产线 3 所生产的产品产量既高且又稳定。企业应该把生产线 3 作为最佳生产方案。

四、小结

本案例主要介绍变异指标在企业实际生产活动中的具体应用,这里应注意以下几点:

(1)算术平均数是说明总体各变量值在具体的时间、地点条件下所达到的一般水平,但其大小要受到极端值的影响。

(2)变异指标既可以衡量平均数代表性的大小,也可以衡量现象变动的均衡性、稳定性。

(3)当总体之间平均水平不同或计量单位不同时,必须用标准系数的大小来衡量总体平均数代表性的大小或现象变动的均衡性与稳定性。

五、学习资源

1. QYS016 原始数据

2.《统计学》,曾五一、朱建平主编,上海财经大学出版社,2013

3.《21 世纪统计学系列教材:统计学专业课程教学案例选编》,高敏雪、蒋妍主编,中国人民大学出版社,2013

4.《应用统计学:基于 SPSS 运用》,张良主编,上海财经大学出版社,2013

J503　描述统计分析法在粮食储备中的应用

一、教学案例设计

教学案例编号	J503	教学案例名称	描述统计分析在粮食储备中的应用		
企业案例编号	Q008	企业案例名称	中央储备粮某直属库粮食出库统计实际案例		
教学案例背景			中央储备粮某直属库是一个中型企业，经营的是人人、餐餐都离不开的粮食，几乎每天都有大批的粮食需要出库、入库和移库，业务非常繁忙，统计工作量也相当大。其中粮食出库又分为轮出、调出和销售，这就需要准确、及时、全面统计各库粮食轮出、调出、销售数量，本案例就是针对这一问题而设计的		
案例问题			根据 QYS008 资料，进行出库汇总并进行结构分析		
案例教学目标			知识目标	能力目标	素质目标
			掌握统计汇总及结构相对指标的含义和用途，明确方法、要求等	能够根据要求独立对数据进行汇总和计算结构相对指标，并作简要分析	养成独立思考的良好习惯，善于从分类比较中找到差异和规律的严谨工作态度和作风
教学建议			在学习并掌握了统计汇总和结构相对指标的基本原理后，由老师带领学生认真阅读统计实际案例 Q008，重点思考 QYS008 出库检斤查询纪录中的库内粮食轮出、调出和销售的明细记录，在此基础上尝试进行统计汇总，计算结构相对指标，并简要分析粮食轮出、调出和销售情况		
案例反思			本案例的粮食轮出、调出和销售数据涉及 2009、2010、2011 和 2012 四年的明细记录，数据体量庞大，教师在教学过程中一定要耐心引导学生运用 Excel 中排序和数据透视表的强大功能来完成数据审核、筛选、整理和汇总工作		

二、数据说明

1. QYS008 原始数据系直属库自动化管理系统自动收集生成的。

2. 中央储备粮某直属库粮食出库统计实际案例中储备粮轮换包括轮出和轮入。粮食存放在粮库以备灾年不时之需，但如果一直不用储备粮就会形成陈化粮，粮食存放 3 年后会形成陈化粮，这种粮食无法让人食用，为了保证储备粮的品质，要定期（一般两年）按比例用新粮替换旧粮的过程就是储备粮轮换，这样既保证了粮食的新鲜，又保证了粮食的安全。不过轮换出来的粮食还可以当饲料喂养牲口，不存在粮食浪费的问题。该直属库在粮食管理中运用了 ERP 系统，它是指建立在信息技术基础上，以系统化的管理思想,为企业决策层及员工提供决策运行手段的管理平台。其根本宗旨是对企业所拥有的人、财、物、信息、时间和空间等综合资源进行综合平衡和优化管理,使企业的物流、资金流和信息流进行全面一体化管理,协调企业各管理部门,围绕市场导向开展业务活动,提高企业的核心竞争力,从而取得最好的经济效益。所以,ERP 首先是一个软件,同时是一个管理工具。它是 IT 技术与管理思想的融合体,也就是先进的管理思想借助电脑,来达成企业的管理目标。

3. 本案例有关的表格设计、数据计算和图形绘制均在 Excel 2007 以上版本完成。

4. 在各个数据指标计算,均可在 Excel 界面上完成,比如计算直属库 2010、2011 和 2012 三年各库总毛重和总皮重时,可以先将表 J503-1 数据输入到 Excel 界面的 A1:G18 的单元格区域,然后选择 H3 单元格,写入"＝"号,在"＝"后面写入"B3+D3+F3",回车确定即得到 1 号仓库粮食总毛重为 17 141 280,把光标放回到 H3,移到右下角变成黑十字后往下拖曳到 H18 单元格止,即得到其他各库的粮食总毛重;再选择 I3 单元格,写入"＝"号,在"＝"后面写入 C3+E3+G3,回车确定即得到 1 号仓库粮食总皮重为 3 972 740,把光标放回到 I3,移到右下角变成黑十字后往下拖曳到 I18 单元格止,即得到其他各库的粮食总皮重;最后将光标放在 B3 按住左键往下拉至 B19,点击求和符号"∑",即得 2010 年各库的粮食总毛重,将光标放回到 B19,移到右下角变成黑十字后往右拖曳到 I19 单元格止,即得到其他各年所有仓库的粮食总毛重和总皮重以及几年的所有仓库的粮食总毛重和总皮重。限于篇幅,其他表格的数据可以按同样方法进行类似计算,在此不再赘述。

另外,本案例使用了饼形图或称圆形图,是用圆形及圆内扇形的面积来表示数值大小的图形,经常用于表示总体中各个互斥的组成部分之间的比例关系。它用圆的总面积(100%)表示事物的全部,用各扇形的面积表示各个组成部分的比率,所有组成部分的面积之和为 100%。饼形图和其他图形一样均可通过 Excel 的绘图功能来绘制。具体步骤如下:

第一步:在新建的工作表的 A1:B4 单元格区域,录入表 J503-4 中的相关比重数据。

第二步:选取单元格区域 A1:B4 中的数据,单击"图表向导"图标,或单击工具栏中的"插入→图表",将弹出"图表向导-4 步骤之 1-图表类型"对话框界面,在此选用饼形图。

第三步:单击"下一步"按钮,将弹出"图表向导-4 步骤之 2-图表源数据"对话框,数据区域将自动显示"＝Sheet1! ＄A＄1:＄B＄4",选择系列产生在"列",中间显示的"图形"符合比较三个出库方式的比重要求。

第四步:单击"下一步"按钮,将弹出"图表向导-4 步骤之 3-图表选项"对话框,在该对话框中还可设置坐标轴、网格线、图例、数据标志、数据表等。

第五步:单击"下一步"按钮,将弹出"图表向导-4 步骤之 4-图表位置"对话框,在该对话框中既可将图表放在新的工作表中,给出新工作表的名称,也可将新建图表作为当前工作表的对象插入(默认),本例采用后者。

第六步:设置完成,单击"完成"按钮,即可获得所需图形。

三、案例分析

本案例是教学生学会如何根据中央储备粮某直属库粮食出库统计实际案例中

QYS008 出库检斤查询纪录的库内粮食轮出、调出和销售的明细记录,进行统计汇总并作简要分析。出库检斤查询纪录表中登记了从 2008 年到 2012 年粮食出库的详细记录,包括从不同仓库轮出、调出和销售的粮食数量。现在要求统计出不同仓库按不同年份、不同出库方式出库的毛重、皮重和净重以及总毛重、总皮重和总净重,并计算各出库方式的构成情况等。

从 QYS008 出库检斤查询纪录中不难看出,库内粮食轮出、调出和销售的交易明细 5000 余笔,每笔交易记录的信息多达 12 项之多,信息量非常庞大,要完成以上任务,只有运用 Excel 等软件的相关功能才能实现。具体步骤是:

第一步,对出库检斤查询纪录的每笔交易结果记录进行逐一审核,把未登记毛重的同行信息删除,因为没有毛重,皮重和净重也就不存在,为确保数据的可比性必须删除。删除方法是对整个 Excel 表按"毛重"升序排序,然后删去缺少毛重的所有行信息,再按"业务日期"升序排列,恢复原来顺序,再删去 2008 年的数据信息。

第二步,运用 Excel 中的数据透视表功能完成分类汇总工作。打开数据透视表,在表/区域窗口内输入经审核后的源数据区域,在现有工作表位置窗口内输入生成表格的左上角单元格位置并确定进入数据透视表字段列表。

第三步,将"出库仓号"拖曳至行标签窗口,"业务年份""出库方式"依次拖曳至列标签窗口,"毛重""皮重""净重"拖曳至 Σ 数值窗口,经整理后结果如下表 J503-1、J503-2、J503-3、J503-4 所示,可对应查阅 QYS008 中的"第二张表"相关数据。

表 J503-1　直属库 2010-2012 年粮食轮出数量　　　　单位:kg

出库仓号	2010 年		2011 年		2012 年		小计	
	毛重	皮重	毛重	皮重	毛重	皮重	毛重	皮重
1			17 031 000	3 946 980	110 280	25 760	17 141 280	3 972 740
2					16 113 500	3 773 420	16 113 500	3 773 420
3								
4			16 249 780	3 748 580			16 249 780	3 748 580
5								
6			16 126 600	3 693 420			16 126 600	3 693 420
7								
8			7 683 520	1 811 960			7 683 520	1 811 960
10					8 419 320	1 963 940	8 419 320	1 963 940
13					482 380	113 420	482 380	113 420
18					1 565 060	416 600	1 565 060	416 600
19					7 618 060	1 837 840	7 618 060	1 837 840
北 1	28 500	6 300	2 809 060	657 340	20 278 620	4 792 680	23 116 180	5 456 320
北 2			155 320	49 440			155 320	49 440
北 3			521 900	136 180	5 512 020	1 269 320	6 033 920	1 405 500
北 4								
总计	28 500	6 300	60 577 180	14 043 900	60 099 240	14 192 980	120 704 920	28 243 180

从表 J503-1 数据可以看出,该直属库 2009 年没有轮出,2010 年只有北 1 号库轮出 28 500 kg(毛重),2011 年和 2012 年 1 号仓、北 1 号仓、北 3 号仓均有轮出,另外 3、5、7 号仓和北 4 号仓已连续四年没有轮出。

表 J503-2　直属库 2009-2012 年粮食调出数量　　　　　　　单位:kg

出库仓号	2009 年		2010 年		2011 年		小计	
	毛重	皮重	毛重	皮重	毛重	皮重	毛重	皮重
1								
2								
3								
4			1 923 000	412 420			1 923 000	412 420
5								
6								
7								
8								
10								
13								
18								
19								
北 1			31 121 710	7 040 660	291 880	74 660	31 413 590	7 115 320
北 2								
北 3								
北 4	49 680	8 000					49 680	8 000
总计	49 680	8 000	33 044 710	7 453 080	291 880	74 660	33 386 270	7 535 740

从表 J503-2 数据可以看出,该直属库 2012 年没有调出,2009 年只有北 4 号库调出 49 680 kg(毛重);2010 年和 2011 年北 1 号仓均有调出,其中 2010 年调出最多,达 31 121 710 kg(毛重),2011 年调出较少的原因是轮出 2 809 060 kg(毛重)。另外 4 号仓也有调出。

表 J503-3　直属库 2009-2012 年粮食销售数量　　　　　单位：kg

出库仓号	2009 年		2011 年		2012 年		小计	
	毛重	皮重	毛重	皮重	毛重	皮重	毛重	皮重
1								
2					79 640	19 020	79 640	19 020
3			17 801 960	4 158 660			17 801 960	4 158 660
4								
5			17 702 000	4 917 620			17 702 000	4 917 620
6								
7	14 020 440	3 302 160					14 020 440	3 302 160
8			8 647 360	2 027 680			8 647 360	2 027 680
10					53 160	12 980	53 160	12 980
13					57 040	12 480	57 040	12 480
18					83 860	19 660	83 860	19 660
19					57 440	13 880	57 440	13 880
北 1	1 881 480	444 500	20 668 080	5 158 860	190 340	44 760	22 739 900	5 648 120
北 2			22 067 620	6 171 020			22 067 620	6 171 020
北 3			20 829 980	6 008 700			20 829 980	6 008 700
北 4								
总计	15 901 920	3 746 660	107 717 000	28 442 540	521 480	122 780	124 140 400	32 311 980

从表 J503-3 数据可以看出，该直属库 2010 年没有销售；2009 年只有 7 号库销售 14 020 440 kg（毛重）；北 1 号库 2009、2011 和 2012 年三年均有销售，共销售 22 739 900 kg（毛重）；2011 年 3、5、8 号库北 1、2、3 号仓均有销售，一共销售 107 717 000 kg（毛重）；2012 年 2、10、13、18、19 号库和北 1 号库均有销售，数量不是很大。

以上是从出库方式上分析不同年份、不同仓库出库数量的情况，再从连续四年总的轮出、调出和销售进行分析，结果如表 J503-4 所示。

表 J503-4　直属库 2009-2012 年粮食出库数量及构成　　　　　单位:kg

仓号 \ 方式数量	出库方式					
	轮出			调出		
	毛重	皮重	净重	毛重	皮重	净重
1	17 141 280	3 972 740	13 168 540			
2	16 113 500	3 773 420	12 340 080			
3						
4	16 249 780	3 748 580	12 501 200	1 923 000	412 420	1 510 580
5						
6	16 126 600	3 693 420	12 433 180			
7						
8	7 683 520	1 811 960	5 871 560			
10	8 419 320	1 963 940	6 455 380			
13	482 380	113 420	368 960			
18	1 565 060	416 600	1 148 460			
19	7 618 060	1 837 840	5 780 220			
北 1	23 116 180	5 456 320	17 659 860	31 413 590	7 115 320	24 298 270
北 2	155 320	49 440	105 880			
北 3	6 033 920	1 405 500	4 628 420			
北 4				49 680	8 000	41 680
总计	120 704 920	28 243 180	92 461 740	33 386 270	7 535 740	25 850 530
比重(%)	43.38	41.48	44.00	12.00	11.07	12.30

续表 J503-4

销售			总计		
毛重	皮重	净重	毛重	皮重	净重
			17 141 280	3 972 740	13 168 540
79 640	19 020	60 620	16 193 140	3 792 440	12 400 700
17 801 960	4 158 660	13 643 300	17 801 960	4 158 660	13 643 300
			18 172 780	4 161 000	14 011 780
17 702 000	4 917 620	12 784 380	17 702 000	4 917 620	12 784 380
			16 126 600	3 693 420	12 433 180
14 020 440	3 302 160	10 718 280	14 020 440	3 302 160	10 718 280
8 647 360	2 027 680	6 619 680	16 330 880	3 839 640	12 491 240
53 160	12 980	40 180	8 472 480	1 976 920	6 495 560
57 040	12 480	44 560	539 420	125 900	413 520
83 860	19 660	64 200	1 648 920	436 260	1 212 660
57 440	13 880	43 560	7 675 500	1 851 720	5 823 780
22 739 900	5 648 120	17 091 780	77 269 670	18 219 760	59 049 910
22 067 620	6 171 020	15 896 600	22 222 940	6 220 460	16 002 480
20 829 980	6 008 700	14 821 280	26 863 900	7 414 200	19 449 700
			49 680	8 000	41 680
124 140 400	32 311 980	91 828 420	278 231 590	68 090 900	210 140 690
44.62	47.45	43.70	100.00	100.00	100.00

从表 J503-4 的数据看,这四年该直属库总出库粮食毛重278 231 590 kg,皮重68 090 900 kg,净重210 140 690 kg。其中,总轮出粮食毛重120 704 920 kg,占总出库毛重的43.38%;皮重28 243 180 kg,占总出库皮重的41.48%;净重92 461 740 kg,占总出库净重的44%。总调出粮食毛重33 386 270 kg,占总出库毛重的12%,皮重7 535 740 kg,占总出库皮重的11.07%,净重25 850 530 kg,占总出库净重的12.3%。总共销售粮食毛重124 140 400 kg,占总出库毛重的44.62%,皮重32 311 980 kg,占总出库皮重的47.45%,净重278 231 590 kg,占总出库净重的43.7%,结果如图 J503-1、J503-2、J503-3 所示。

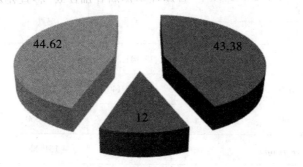

图 J 503-1　库存粮食出库方式毛重结构图

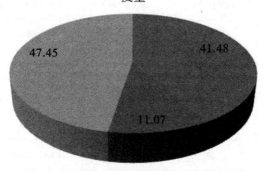

图 J 503-2　库存粮食出库方式皮重结构图

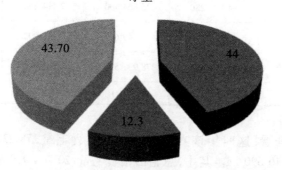

图 J503-2　库存粮食出库方式净重结构图

四、小结

数据汇总是数据整理的重点和核心，是统计工作的基础环节，它是在分组的基础上，计算各组和总体的单位数，并把总体单位各个方面的标志值分别进行综合和加总，还可计算各种比值，最终得到总体指标的过程。随着电子计算机技术的发展，手工汇总逐渐被电子计算机汇总替代，它不仅高效、快捷、准确，而且还有强大的逻辑运算和资料储存的功能。Excel 中的数据透视表在资料汇总上具有独特的用途，它有机地综合了数据排序、筛选、分类汇总等数据分析的优点，可方便地调整分类汇总的方式，灵活地以多种不同方式展示数据的特征。在 5 000 行×12 列这样庞大的数据量用数据透视表功能进行汇总，既快捷又准确，十分方便。

五、学习资源

1. QYS008 原始数据
2.《数据分析》，谢家发主编，郑州大学出版社，2014
3.《21 世纪统计学系列教材：统计学专业课程教学案例选编》，高敏雪、蒋妍主编，中国人民大学出版社，2013

J504 描述统计分析法在企业员工工资分析中的应用

一、教学案例设计

教学案例编号	J504	教学案例名称	描述统计分析法在企业员工工资分析中的应用
企业案例编号	Q002	企业案例名称	河南安阳市某汽车贸易有限责任公司汽车销售及库存统计实际案例
教学案例背景			员工工资情况是企业进行人力资源统计的一个重要方面,员工收入水平的高低和差异,不仅体现了企业的待遇状况,也反映了职工收入的差距。另外收入分布状况也能反映出职工收入分布是否合理,为企业制定工资标准、奖励机制提供参考和依据。为了了解河南安阳市某汽车贸易有限责任公司的员工工资分布是否合理,特别是销售人员的工资待遇是否符合市场,公司财务提供了本公司 2015 年 4 月的工资发放表,以供研究公司员工工资情况,看工资待遇是否合理
案例问题			根据 QYS002-2.2 中的工资原始数据,计算不同部门人员的平均待遇,以及销售部门的工资分布情况,并做出比较,看该公司针对销售人员是否提供了有吸引力的待遇
案例教学目标	知识目标	能力目标	素质目标
	掌握平均工资的计算、不同人员工资的比较以及工资分布的结构情况	能够根据资料,有针对性地对工资状况进行简要分析	善于从统计资料中发现,做到分析有针对性,剖析问题全面透彻
教学建议			在学习并掌握了平均工资及工资分布结构的知识之后,来看河南安阳市某汽车贸易有限责任公司提供的本公司 2015 年 4 月工资发放表的信息,了解公司人员部门情况,特别是重点思考销售部门人员的待遇分布情况是否合理,并做出简要分析
案例反思			平均工资是一般工资水平的体现,可以衡量不同人群工资水平的高低,工资分布结构能体现具体的工资分布状况,也能看出分布是否合理、是否提供了有利的奖励机制。结合本案例,重点分析销售人员工资待遇是否合理,是否能为销售人员提供有竞争力的工资水平,以保证员工的稳定性

二、数据说明

1. QYS002-2.2-原始数据系公司自动化管理系统自动收集生成。

2. 为了更好地反映河南安阳市某汽车贸易有限责任公司员工工资水平的情况,不考虑出勤情况及扣除保险等信息,以工资表中的第一列工资为基本数据进行分析。当然由于公司提供的资料有限,特别是销售人员这块工资提成方法等不是很清楚,只能依照所发工资表中的信息来分析,难免分析不够全面。

3. 本案例采用 Excel 2007 以上版本完成数据整理与分析。主要使用:单元格引用和填充功能,进行有关指标的计算和对比;绘图功能,把整理、分析的结果呈现出来。

三、案例分析

本案例主要是让学生掌握平均工资的计算方法,以及不同人员之间工资的对比分析。平均工资是一般工资水平的体现,能够简单衡量工资水平的高低。平均工资的基本计算公式为:平均工资 = 职工工资总额／职工总人数 。

根据公司提供的工资表信息,我们把公司每个部门的人数、发放工资总额提取出来,并计算出每个部门的平均工资,及全部职工的平均工资,具体计算结果如表 J504-1 所示。

表 J504-1　部门发放工资情况

部门	人数(人)	工资总额(元)	平均工资(元)
销售部	36	81 859	2 273.86
金融部	4	11 659	2 914.75
市场部	4	11 400	2 850.00
客服部	5	13 671	2 734.20
财务部	7	15 407	2 201.00
其他部门	5	12 642	2 528.40
合计	61	146 638	2 403.90

通过各个部门平均工资水平的对比,可见,平均工资水平最高的是金融部,为 2 914.75 元,其次是市场部,为 2 850 元,而销售部门的平均工资水平仅仅高于财务部,远低于公司的平均工资水平。一个销售类的企业,一般销售部门的工资水平要有一定的竞争力,而通过基本的工资分析并不能体现这点。

当然,查看工资详单,看出每个部门的领导工资要远高于一般职工,为了更真实地反映普通职工的工资状况,我们对所给资料进行调整,具体调整情况为:销售部剔除 3 个最高工资,同时剔除 2 个最低工资(因这两个最低工资为异常值),其他部门均剔除一名最高工资人员。调整之后得到普通职工的平均工资水平如表 J504-2 所示:

表 J504-2　各部门普通职工的平均工资状况

部门	普通职工人数(人)	工资总额(元)	普通职工的平均工资(元)	工资的标准差(元)
销售部	31	66 314	2 139.16	775.36
金融部	3	8 159	2 719.67	412.5
市场部	3	7 900	2 633.33	230.94

续表 J504-2

部门	普通职工人数 （人）	工资总额 （元）	普通职工的平均 工资（元）	工资的标准差 （元）
客服部	4	10 171	2 542.75	139.03
财务部	6	11 907	1 984.5	540.05
其他部门	4	6 500	1 625	95.74
合计	51	110 951	2 175.51	686.37

　　普通职工的工资水平和所有职工的工资水平体现了基本相同的信息,销售部的工资水平低于总的工资水平,特别是与金融部、市场部、客服部三个部门相比,还有较大的差距,说明该公司对销售人员不能提供有竞争力的工资水平,这也是该公司销售人员流动较大的原因。如果想吸引优秀的销售人员,须在待遇方面有所提高。同时通过各部门一般员工的工资标准差,也可看出销售部的收入差距最大,相对于其他部门收入来说不够稳定。

　　为了更深入地了解销售人员的工资待遇,我们这里把普通销售人员的工资进行简单分组,得到其工资分布状况,如表 J504-3、图 J504-1 所示。

表 J504-3　销售部普通员工工资分布状况

工资	人数（人）
1 500 元以下	8
1 500-2 500 元	12
2 500-3 000 元	7
3 000 元以上	4
合计	31

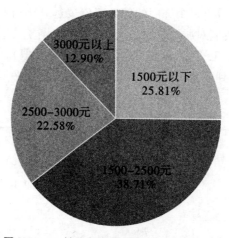

图 J504-1　销售部普通员工工资分布结构图

通过表 J504-3 及图 J504-1 可以看出,其中有 8 人的工资在 1 500 元以下,通过工资原始数据,发现这 8 名员工的工资低于 1 400 元,均低于其他所有部门人员的最低工资,说明这 8 个员工的待遇是公司最低的。同时有 12 名员工的工资在 1 500~2 500 元之间,说明销售部超过 60% 的员工的工资待遇与金融部、市场部、客服部相比是偏低的。这一比例有点偏高,也进一步印证了该公司销售部门的待遇不高的实际情况。

除了部门之间的工资水平的对比,这里还对部门领导的工资和普通员工的工资进行了简单对比,如表 J504-4、图 J504-2 所示。

表 J504-4 各部门普通职工的平均工资与部门领导的平均工资比较

部门	普通职工的平均工资(元)	部门领导的平均工资(元)	倍数
销售部	2 139.16	4 831.67	2.26
金融部	2 719.67	3 500.00	1.29
市场部	2 633.33	3 500.00	1.33
客服部	2 542.75	3 500.00	1.38
财务部	1 984.50	3 500.00	1.76
其他部门	1 625.00	6 142.00	3.78

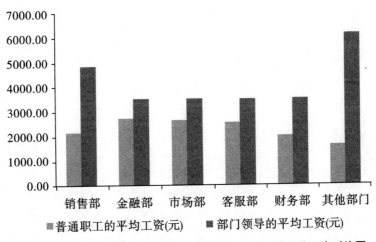

图 J504-2 各部门普通职工的平均工资与部门领导的平均工资对比图

由表 J504-4 和图 J504-2 可以看出,金融部、市场部、客服部、财务部四个部门的普通职工和领导的工资差距不是太明显,在一定合理的范围内,销售部门的相对也能接受,但是其他部门的领导工资是普通职工的 3.78 倍,差距有点大,领导的工资待遇是否过高?

总之,通过上面的计算和分析,了解了整个公司的工资结构状况,从部门间对比来看,该公司的销售人员没有享受到更为可观、有吸引力的工资待遇,吸引不住优秀的销售人员,这也和销售部门人员流动较大的情况相符。通过普通员工和部门领导之间的工资待遇对比,可知其他部门的领导待遇有点过高,是普通员工的 3.78 倍,待遇差距有点大。

四、小结

平均工资是体现工资一般水平的一个重要指标,其计算也是平均指标计算的一个主要内容,要学会借助平均工资来进行相关待遇方面及工资分布状况方面的分析,看其工资水平是否合理,工资差距是否合理等。

五、学习资源

1. QYS002-2.2-原始数据

2.《统计学实训与案例》,蔡火娣、梁丹婴主编,经济科学出版社,2013

3.《统计学专业课程教学案例选编》,高敏雪、蒋妍主编,中国人民大学出版社,2013

4.《调查数据分析》,谢家发主编,郑州大学出版社,2011

5.《市场调查与预测》,翟玉芬主编,郑州大学出版社,2010

6.《统计学原理》,王志电主编,中国统计出版社,2015

J505 网络预约车调查情况分析

一、教学案例设计

教学案例编号	J505	教学案例名称	网络预约车调查情况分析		
企业案例编号	Q001	企业案例名称	河南某调查公司开展统计调查工作的统计实际案例		
教学案例背景		以滴滴快车为代表的网络预约租车平台的出现改变了人们的出行习惯,让公众出行有了更多的选择,大大提高公众出行的便利性,但是也给统计工作带来了新的挑战。通过"滴滴快车"使用现状情况的调查,还需要对调查资料进行分析以获取人们对"滴滴快车"的了解及使用情况			
案例问题		根据 QYS001 的原始数据,了解调查数据如何进行录入和显示;掌握调查数据如何进行汇总分析和对比分析			
案例教学目标		知识目标	能力目标		素质目标
		1. 掌握调查数据的录入及编码; 2. 掌握调查数据的基本汇总及对比分析	能够根据调查数据对调查问题进行基本的分析		能够根据需要选择合适的分析方法和分析角度
教学建议		熟悉调查项目的方案及问卷,并了解数据录入和编码的方法,之后会对录入数据有一定认识,结合调查方案的调查目的来进行有针对性的分析,对调查结果进行总体把握			
案例反思		网络预约车是最近出现的一种新的出行方式,对新事物、新问题如何运用统计方法来分析现象发展变化的规律和特点,是统计教学的重点之一,需要引导学生学会观察新事物、新情况,探索调查数据分析主要分析哪些内容、如何进行分析、分析中常用的方法和操作有哪些等是本案例的初衷			

二、数据说明

1. QYS001-原始数据系公司自动化管理系统自动收集生成的。

2. 课题中原工作组一行于 2015 年 11 月实地走访河南某调查公司并跟踪该公司正在进行的"滴滴快车"使用现状的调研项目。通过其最终获取的调查数据来进行分析,本次调查供获取 807 个有效样本,录入的为编码后的数据,请参照数据"QYS001 数据 1:滴滴快车调查数据"中的变量视图了解每个变量的编码含义,以更好地了解数据,进行有针对性的分析。

3.本案例采用 Excel 2007 以上版本完成数据整理与分析。主要使用:数据透视表功能,对调查的有关信息进行透视汇总;绘图功能,把整理、分析的结果呈现出来;单元格引用和填充功能,进行有关内容的计算。

三、案例分析

(一)样本分析

考虑网络预约租车平台在不同城市的渗透率不同,对交通运输行业的影响程度也不尽相同,本次调查选择省会城市郑州和省辖市焦作两个城市。通过调查共获取有效样本807 个,其中郑州 500 个,焦作 307 个。

从调查对象的年龄来看,16—25 岁 170 人,占 21.07%;26—35 岁 208 人,占 25.77%;36—45 岁 188 人,占 23.30%;46—60 岁 241 人,占 29.86%,可见此次调查严格依照 2010 年全国人口普查资料中我省城镇居民年龄段分布比例分配调查样本数量。从性别上看,调查男性 365 人,占 45.23%;女性 442 人,占 54.77%,男女性别基本相当。

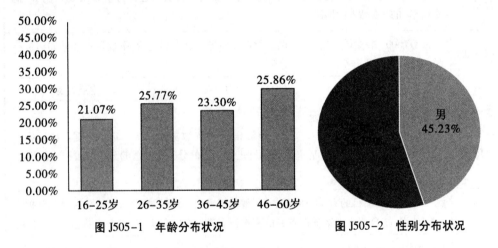

图 J505-1　年龄分布状况　　　　图 J505-2　性别分布状况

从下表 J505-1 可以看出,调查对象的职业涵盖面较广,但总的来说,公务员、党政机关、事业单位工作人员、科教文卫等专业技术人员调查到的比例较低,其他人员的比例相对较高,这和这几类人员的数量以及外出情况较少相符。

表 J505-1　职业分布状况

职业	人数(人)	百分比
公务员	7	0.87%
党政机关、事业单位工作人员	23	2.85%
企业管理人员	47	5.82%
企业职员(不包括销售人员)	94	11.65%
企业销售人员	94	11.65%

续表 J505-1

职业	人数(人)	百分比
科教文卫等专业技术人员	16	1.98%
个体私营业主	146	18.09%
自由职业者	162	20.07%
在校学生	49	6.07%
退休/下岗人员	83	10.29%
无业	68	8.43%
其他(请注明)	18	2.23%
合计	807	100.00%

(二)调查情况分析

本次调查主要就三种不同的租车方式来了解居民的使用及消费情况,通过对居民乘坐正规出租车、网络预约租车、黑出租(摩的)的乘坐情况、使用次数、消费金额来看居民出行的选择。通过调查,获得了不同出行方式使用及消费情况的实际数据,如表J505-2所示。

表 J505-2 不同出行方式使用及消费情况

出行方式	指标	郑州	焦作
正规出租车	最近半年使用率(%)	73.6	85.7
	平均每月使用次数(次)	3.1	4.2
	最近半年消费金额(元)	224.4	211.9
网络预约租车平台	最近半年使用率(%)	17.2	10.1
	平均每月使用次数(次)	0.3	0.2
	最近半年消费金额(元)	32.2	17.8
黑出租、摩的等交通工具	最近半年使用率(%)	26.4	24.8
	平均每月使用次数(次)	0.8	0.7
	最近半年消费金额(元)	36.8	18.3

由表 J505-2 可以看出,居民的出行方式主要还是以正规出租车为主,由于交通情况的影响,黑出租、摩的等交通工具也有一定的市场,网络预约租车的方式相比在使用率、使用次数以及使用金额上都低于前面两种方式,但是其使用率上,郑州的达到了 17.2%,焦作达到了 10.1%,也逐渐占有了一定的市场。

通过表 J505-2 中最近半年人均消费金额,由于正规出租车的消费政府是可以监控到的,这里可以通过人均出租车消费金额为参照系推算其他交通工具消费占比情况,通过计算可以看出其他交通工具消费占比情况如表 J505-3 所示。这样为掌握网络预约租车及黑出租、摩的等交通工具对国民经济的贡献率提供一定的依据。

表 J505-3　以人均出租车消费金额推算其他交通工具消费占比情况

其他租车形式	郑州	焦作
网络预约租车平台	14.3%	8.4%
黑出租、摩的等交通工具	16.4%	8.6%

为了更好地了解网络预约租车的情况,从不同年龄段来进行分析其使用情况及消费金额上的差别。首先从使用率上来看,不同年龄段之间存在较大的差别,16-25 岁的使用率为 22.35% ;26-35 岁的为 19.23% ;36-45 岁的为 14.36% ;46-60 岁的为 4.98% ,可见随着年龄的增长,其使用率在降低,进行网络预约租车的主要是年轻人,这与年轻人对智能手机的使用以及对新事物的接受度高有很大关联。从平均每月使用次数(次)上来看,在年龄上的差异不大,都在 2 次每月的频率上,这也反映了网络预约租车群体总的使用习惯基本相同。

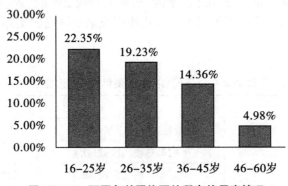

图 J505-3　不同年龄网络预约租车使用率情况

(三)结论与建议

(1)通过抽样调查(拦截访问或电话访问)可以从消费支出角度获取居民出行中不同交通工具选择及消费支出金额,更好地了解居民不同出行方式的选择和使用情况。

(2)通过调查对网络预约租车情况有了更深的认识,了解到目前网络预约租车人群主要以年轻人为主,随着租车平台的推广和使用,其使用率还会不断提高,并逐渐成为人们出行的重要交通工具。

(3)能够以正规出租车一个时期的消费总金额为参照推算出网络预约租车平台和黑出租、摩的等交通工具消费总支出占比情况。目前正规出租车行业已经纳入国民经济核算体系,以抽样调查获取的调查对象在一个时间周期内乘坐正规出租车总支出,网络预约租车平台消费总支出,黑出租、摩的等交通工具总支出为依据,推算出一个地区、一个城市网络预约租车平台、黑出租、摩的等行业对国民经济的贡献。

四、小结

通过对本案例的学习,了解调查数据分析的一般方法及调查数据分析的一般结构,为撰写规范的调查报告打好基础。

五、学习资源

1. QYS001-原始数据
2.《统计学实训与案例》,蔡火娣、梁丹婴主编,经济科学出版社,2013
3.《统计学专业课程教学案例选编》,高敏雪、蒋妍主编,中国人民大学出版社,2013
4.《调查数据分析》,谢家发主编,郑州大学出版社,2011
5.《调查报告写作》,谢启南主编,中国财政经济出版社,2008

J506　公司员工工资统计分析

一、教学案例设计

教学案例编号	J506	教学案例名称	公司员工工资统计分析		
企业案例编号	Q004	企业案例名称	某煤业有限责任公司员工工资及煤炭生产统计实际案例		
教学案例背景			某煤业有限责任公司是专业从事煤炭开采、加工、销售的股份制民营企业。该公司2015年的煤炭生产情况以及员工工资可见案例Q004中的表QYS004－16.1～QYS004－16.14数据，作为企业的统计工作者应当对这些数据进行一系列分析研究，发现数据之间的关联性，找出解决问题的有效办法，为领导决策服好务。本案例就是试图从公司员工的工资明细中如何进行审核、筛选、分类、编码、汇总、计算、分析、推算，以揭示公司内部员工收入水平、工资结构、人员构成、劳动效率及效益等		
案例问题			根据Q004资料，进行员工工资审核、筛选、分类、编码、汇总、计算、分析、推算等		
案例教学目标		知识目标	能力目标		素质目标
案例教学目标		掌握统计审核、筛选、分类、编码、汇总计算、分析推算的含义，明确方法、要求等	能够根据要求独立进行公司员工工资的统计整理和分析计算，并作简要分析		养成独立思考的习惯和严谨的治学态度，善于从事物的变化中发现差异以及两类事物之间的相关性
教学建议			在学习并掌握了统计整理的基本原理后，由老师带领学生认真阅读统计实际案例Q004，重点思考表QYS004－16.1～QYS004－16.12中公司员工2015年分月的工资明细资料，在此基础上尝试统计汇总员工年平均工资以及抽样推算公司员工的收入水平、劳动生产率等，并简要分析公司员工待遇水平、产量以及人员结构、效益等情况		
案例反思			本案例涉及统计工作的各环节，教师在教学过程中要引导学生初步掌握统计工作各环节的操作规程以及方法和技巧，并结合企业生产实际发生的数据进行整理、分析，并对结果进行简要分析和解释说明		

二、数据说明

1. QYS004-16.1 至 QYS004-16.16 原始数据系公司自动化管理系统自动收集生成的。

2. 本次深入某煤业有限责任公司调研，共收集了公司每个部门各员工的分月工资明细资料，分月的煤炭生产产量、掘进长度等资料。

员工工资的应发数由岗位工资、其他工资、效益工资及各项津补贴等构成,其中其他工资还包括出勤工资、加班工资等项。员工工资的实发数是指在应发工资额的基础上扣除养老、失业、保险及公积金等项后的余额。

原煤产量是指报告期内矿井(露天)开采出来的未经任何加工的毛煤经过简单加工,拣出大块矸(大于50mm)之后,经验收合格,质量达到规定标准的煤炭产量,包括矿井产量(回采产量、掘进产量、矿井其他产量)露天产量(采煤阶段产量、剥离阶段产量、露天其他产量)。其他产量,多是不由生产费用开支而获得的原煤,如基建工程煤,更新改造工程煤,大修出煤、矸石中拣出的煤以及组织退休工人和家庭以非独立核算形式开采的窑煤等。

3.本案例有关数据、指标计算均要求在Excel 2007以上版本完成。

4.在各个数据的审核、筛选、排序、编码、分类、汇总、计算等,均可在Excel界面上完成,比如对员工工资的审核、筛选、排序及编码,可以先将每个部门每个员工的工资明细项目中的数据逐一过录到一张空白的电子表格上,在这里只把每个员工的应发工资数和效益工资数两项加以整理,结果如QYS004-16.14所示。用计算审核法检查每个员工各项工作明细合计是否等于应发工资数,再扣除应扣项目是否等于实发数。由于公司生产一线工人流动比较明显,人员也多,需要将同名的员工采取名字后面加个字母来区分开,以免视为按一人计算,没有干满一年的员工要和干满一年的区分开等,可以先按姓氏笔画排序,然后进行筛选,结果如QYS004-16.15所示。

编码采用信息组码编码法进行编码,首先,开头第一位数用来表示公司员工的类别,即分为管理人员和一线工人,管理人员用"1"表示,一线工人用"2"表示,中间两位数代表不同部门,分别用"01、02、03……"等表示,最后三位代表员工的序号。比如编码"202003"就表示一线工人,在采一队上班,顺序号为003。结果见QYS004-16.15第一张表。

根据QYS004-16.15第一张表,可运用数据透视表的功能进行分类和汇总,得到每个员工分月的工资和年均工资额数据,具体操作方法是:第一步,插入数据透视表,打开数据透视表;第二步,将经审核后的原始表数据所在单元格区域写入对话框中,同时选择放置结果的左上角单元格位置,回车进入数据透视表字段列表;第三步,在这里把姓名放入行标签,月份放入列标签,应发工资额放入数值,并在字段值设置窗口选项中选择平均值,结果见QYS004-16.15第二张表。为更客观地反映公司员工的收入水平情况,在QYS004-16.15第二张表的基础上再把未干满一年的员工剔除掉,剔除方法可用排序功能进行完成,最后得到结果如QYS004-16.16第一张表。

根据QYS004-16.16第一张表,运用数据分析工具中的描述统计、直方图以及抽样等功能,即可得到员工总的平均工资、员工工资水平分布以及样本的员工平均工资及其分布等相关数据资料,结果见QYS004-16.16第一张表。

根据QYS004-16.15第一张表数据运用数据透视表的功能还可得到各类员工分月的应发工资额和效益工资额、各类人员分月用工人数以及月平均工资和用工人数,结果见QYS004-16.16第二张表。

三、案例分析

本案例有关统计调查数据从整理到分析阶段全过程的操作。该公司员工的月平均工资经整理分组得到如下结果,如表 J506-1 所示。

表 J506-1　公司员工月平均工资分布

按月平均工资(元)分组	人数(人)	比重(%)	向上累计		向下累计	
			人数(人)	比重(%)	人数(人)	比重(%)
1 000 元以下	16	1.35	16	1.35	1 185	100.00
1 000—2 000	270	22.78	286	24.14	1 169	98.65
2 000—3 000	465	39.24	751	63.38	899	75.86
3 000—4 000	252	21.27	1 003	84.64	434	36.62
4 000—5 000	108	9.11	1 111	93.76	182	15.36
5 000—6 000	48	4.05	1 159	97.81	74	6.24
6 000—7 000	10	0.84	1 169	98.65	26	2.19
7 000—8 000	12	1.01	1 181	99.66	16	1.35
8 000—9 000	2	0.17	1 183	99.83	4	0.34
9 000 元以上	2	0.17	1 185	100.00	2	0.17
合计	1 185	100.00	—	—	—	—

从表 J506-1 可以看出,公司员工的月平均工资在 2 000—3 000 元之间的人数最多,占到公司人数的 39.24%,公司员工月平均工资在 3000 元以下人数占到公司全体员工的 63.38%,超过 3 000 元的人数逐渐递减,形成明显的右偏分布特征。这从下图则看得更清楚,如图 J506-1 所示。

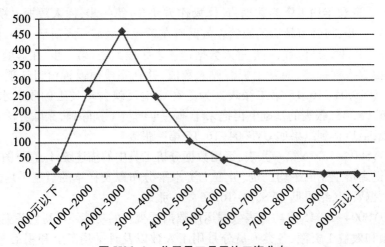

图 J506-1　公司员工月平均工资分布

公司员工的工资由多项组成,但效益工资在工资额中所占比重最大,如表 J506-2 所示。

表 J506-2　公司员工月平均工资构成

月份	平均应发工资(元/人)			其中:平均效益工资(元/人)			效益工资占应发工资(%)		
	管理人员	一线工人	总平均	管理人员	一线工人	总平均	管理人员	一线工人	综合
1	2 196.12	2 823.79	2 732.38	748.38	1 156.24	1 096.84	34.08	40.95	40.14
2	2 027.9	2 900.91	2 767.97	487.6	1 097.11	1 004.29	24.04	37.82	36.28
3	2 010.97	2 647.43	2 552.35	498.72	1 160.51	1 061.64	24.80	43.84	41.59
4	2 209.49	2 819.33	2 727.72	490.99	1 171.07	1 068.91	22.22	41.54	39.19
5	2 024.05	2 793.35	2 677.93	647.16	1 174.77	1 095.61	31.97	42.06	40.91
6	2 325.53	2 944.65	2 852.39	895.45	1 129.45	1 094.58	38.51	38.36	38.37
7	2 132.25	2 670.55	2 597.1	806.77	1 138.32	1 093.08	37.84	42.62	42.09
8	2 155.79	2 846.17	2 749.52	746.32	1 128.04	1 074.52	34.62	39.63	39.08
9	2 353.41	3 000.26	2 910.22	764.4	1 251.87	1 184.02	32.48	41.73	40.68
10	2 740.27	2 932.16	2 904.47	957	1 204.27	1 168.59	34.92	41.07	40.23
11	2 469.81	2 863.6	2 808.02	1 018.93	1 127.79	1 112.43	41.26	39.38	39.62
12	2 667.52	2 908.54	2 874.86	1 025.23	1 267.46	1 233.6	38.43	43.58	42.91
总计	2 277.46	2 847.2	2 764.8	757.54	1 168.19	1 108.8	33.26	41.03	40.10

从表 J506-2 不难看出,整个公司员工的月平均工资中效益工资占到了 40%以上,说明公司的经济效益直接与员工的收入水平密切相关。但从分类上来看,公司管理人员的效益工资所占比例是在 33%左右,而一线生产人员的效益工资所占比例是在 41%左右,说明公司一线工人充分体现多劳多得的原则。

若用相关分析方法也能说明这一点。用分月的月平均应发工资额与效益工资之间作相关分析,我们会发现应发工资额与效益工资之间存在显著正相关关系,相关系数为0.61。

再看劳动生产率情况,先将 QYS004-16.13 原煤产量资料与 QYS004-16.16 第二张表用工人数数据进行整理,得到如表 J506-3 数据。

表 J506-3　公司劳动生产率

月份	用工人数(人)			一线工人占公司员工的比重(%)	原煤产量(吨)	全员劳动生产率(吨/人)	工人劳动生产率(吨/人)
	管理人员	一线工人	总计				
1	232	1 361	1 593	85.44	39 388	24.73	28.94
2	240	1 336	1 576	84.77	31 928	20.26	23.90
3	235	1 338	1 573	85.06	35 042	22.28	26.19
4	236	1 335	1 571	84.98	32 462	20.66	24.32

续表 J506-3

月份	用工人数（人）			一线工人占公司员工的比重(%)	原煤产量（吨）	全员劳动生产率（吨/人）	工人劳动生产率（吨/人）
	管理人员	一线工人	总计				
5	239	1 354	1 593	85.00	30 325	19.04	22.40
6	238	1 359	1 597	85.10	39 763	24.90	29.26
7	228	1 443	1 671	86.36	42 043	25.16	29.14
8	237	1 456	1 693	86.00	40 061	23.66	27.51
9	239	1 478	1 717	86.08	40 892	23.82	27.67
10	241	1 429	1 670	85.57	31 896	19.10	22.32
11	237	1 442	1 679	85.88	43 908	26.15	30.45
12	239	1 471	1 710	86.02	43 573	25.48	29.62
综合	237	1 400	1 637	85.54	451 281	275.69	322.31

表 J506-3 数据说明，公司十分重视劳动力资源的调配，一线工人的比例始终稳定在85%以上。各月劳动生产率，从全员劳动生产率看多数月份每人每月均在 23 吨左右，只有 11、12 两个月超过了 25 吨，说明这期间原煤销量大；从工人劳动生产率来看，多数月份每人每月均在 27 吨左右，只有 11、12 两个月超过或接近 30 吨。

公司员工人数较多，进行上述整理和分析工作量是很大的，如果我们用抽样方法只调查其中一小部分员工的工资，是否也能得到相同结论呢？

现在就以 QYS004-16.16 第一张表员工名录作为抽样框，再运用数据分析工具中的"抽样"功能，从抽样框中随机抽取 100 名员工，并记录下他们的月平均工资数据，结果如下表 J506-4 所示。

表 J506-4　100 名样本员工的月平均工资资料

4 077.77	3 235.27	6 303.64	1 795.4	5 485.47	2 028.29	1 222.46	3 384.54	2 640.68	2 141.93
4 825.46	1 921.43	2 640.68	3 272.54	7 424.08	3 618.93	2 756.68	2 030.18	1 236.13	2 208.71
5 506.06	2 030.18	1 236.13	1 962.13	2 665.58	2 155.82	1 560.96	3 052.58	1 492.43	4 026.02
2 597.77	3 635.29	1 492.43	2 056.94	1 309.3	2 238.58	1 624.18	3 808.77	2 872.63	2 356.88
2 667.43	3 808.77	2 872.63	3 663.85	1 513.51	4 089.14	2 731.21	2 243.1	1 642.16	2 409.99
1 325.74	2 243.1	2 987.18	2 188.54	2 908.6	2 374.21	1 531.1	2 321.6	1 727.08	5 000.38
1 531.1	4 095.77	1 727.08	2 269.71	1 667.08	3 303.99	1 605.79	4 335.17	3 186.84	2 551.54
2 911.83	4 335.17	1 814.29	4 157.63	1 764.54	5 203.14	3 015.7	2 427.63	1 893.6	2 615.71
1 674.71	2 427.63	3 314.55	1 853.96	3 224.49	2 573.52	1 769.13	5 230.47	1 994.24	1 144.91
1 769.13	5 230.47	1 695.79	2 453.21	1 911.32	3 719.93	1 861.29	6 303.64	3 540.63	2 523.1

按照对公司总体的整理方法也对该样本进行分组，得到如下（表 J506-5）频数分

布表。

表 J506-5 样本频数分布

按月平均工资(元)分组	人数(人)	比重(%)
1 000 元以下	0	0.00
1 000-2 000	32	32.00
2 000-3 000	35	35.00
3 000-4 000	16	16.00
4 000-5 000	8	8.00
5 000-6 000	6	6.00
6 000-7 000	2	2.00
7 000-8 000	1	1.00
8 000-9 000	0	0.00
9 000 元以上	0	0.00
合计	100	100.00

从以上频数分布特征看与总体的频数分布非常接近,结合下图观察则更直观明了。

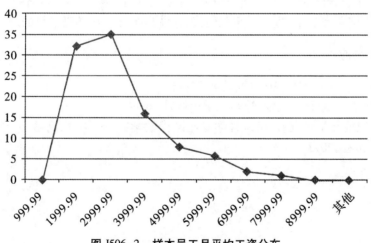

图 J506-2 样本员工月平均工资分布

再用数据分析中"描述统计"功能,对该样本的员工月平均工资进行计算,得到结果如表 J506-6。

表 J506-6　描述统计分析

指标	数值	指标	数值
平均	2 788.1	区域	6 279.17
标准误差	126.825 2	最小值	1 144.91
中位数	2 440.42	最大值	7 424.08
众数	1 531.1	求和	278 809.7
标准差	1 268.252	观测数	100
方差	1 608 463	最大(1)	7 424.08
峰度	1.579 848	最小(1)	1 144.91
偏度	1.284 232	置信度(95.0%)	251.648 7

从表 J 506-6 中，知道样本均值为 2 788.1 元/人，在 95% 的概率保证下，估计公司全体员工的月平均工资在 2 788.1±251.65 元之间。这个估计范围完全包括了公司全体员工月平均工资 2 865.02 元，这充分说明该样本用来推断总体平均数是完全有效和可信的。

四、小结

通过本案例的学习，掌握统计整理到统计分析各环节的操作，使分散的、零碎的调查资料变成系统化、条理化的综合资料，再在此基础上进行一系列的分析研究，发现其中规律和特征，找出问题和症结，提出对策和建议，这就是统计工作的真正目的。

五、学习资源

1. QYS004-16.1 至 QYS004-16.16 原始数据

2.《数据分析》，谢家发主编，郑州大学出版社，2014

3.《21 世纪统计学系列教材：统计学专业课程教学案例选编》，高敏雪、蒋妍主编，中国人民大学出版社，2013

第六部分

转化为数据抽样推断分析统计教学案例

J601　区间估计在产品质量标准检验中的应用

一、教学案例设计

教学案例 编号	J601	教学案例名称	区间估计在产品质量标准检验中的应用
企业案例 编号	Q018	企业案例名称	苏宁易购某实体店产品质量统计实际案例
教学 案例 背景			2016 年 3 月 15 日下午,宁波市某区消费者协会办事人员一行三人,来到苏宁易购某实体店进行实地了解。原因是这样的,前些日子有消费者投诉,苏宁易购某实体店所销售的江苏某科技有限公司生产的家用空气净化器存在质量问题,消费者使用后没有感觉空气质量明显改善,与厂家的产品说明书不符。苏宁易购某实体店生活家电部经理得知此消息后非常重视,积极配合区消协的同志开展调查工作,并立即告知供货商,要求对产品进行质量抽查。3 月 21 日,在供货商的支持下,区消费者协会联系到了浙江省杭州市质量技术监督局作为第三方,对该公司生产的室内空气净化器进行抽检。共随机抽取了 40 台该厂生产的不同型号的空气净化器。 　　国家标准委批准已于 2016 年 3 月 1 日正式实施《空气净化器》国家新标准。新标准明确了空气净化器的基本技术指标(核心参数)是"洁净空气量"(简称 CADR 值)和"累计净化量"(简称 CCM 值),即空气净化器产品的"净化能力"和"净化能力的持续性";将空气净化器的噪声限值由低到高划分为 4 档;提升了空气净化器针对不同污染物净化能力的能效水平值,分为合格和高效两个等级。按照新国标的标准,"洁净空气量"为 300 m³/h,"累计净化量"(简称 CCM 值)P(M 颗粒物≥3 000)、F(M 甲醛≥300),即为合格产品。 　　2016 年 4 月 19 日,经浙江省杭州市质量技术监督局按照国家质量监督检验检疫总局、国家标准化管理委员会批准的空气净化器国标 GB/T18801–2015 检验结果如表 QYS017 原始数据所示

案例问题	根据 Q017 案例中的数据资料,利用 SPSS 统计软件进行区间估计,推断江苏某科技有限公司生产的家用空气净化器是否存在质量问题,从而给消费者一个答复		
案例教学目标	知识目标	能力目标	素质目标
	明确统计抽样中的基本概念,抽样推断的方法	能根据资料运用 SPSS 统计软件进行区间估计	正确认识统计调查结果,学会用辩证的方法来判断事物的质
教学建议	在教学过程中,首先要求学生熟练掌握统计抽样的基本理论,学会计算抽样误差,掌握区间估计的方法		
案例反思	本案例的主要任务是利用样本数据推断总体数据,从而判断总体数据是否真实。这就需要学生掌握统计抽样的基本理论和方法		

二、数据说明

1. QYS017 原始数据由苏宁易购宁波市鄞州区某实体店提供。

2. 企业生产案例 Q018 中,抽检台数为 40 台,属于大样本,无论总体指标属何种分布,其样本指标服从正态分布。

3. GB/T18801-2015《空气净化器》国家标准,2016 年 3 月,为最新国标的标准。"洁净空气量"(简称 CADR 值)为 300 m^3/h,"累计净化量"(简称 CCM 值)P(M 颗粒物 ≥3000)、F(M 甲醛≥300),即为合格产品。

4. 本案例采用 SPSS 统计分析软件进行计算分析。

三、案例分析

(一)建立数据文件

对 QYS017-原始数据进行编码、录入 SPSS 中,建立数据文件。如图 J601-1 所示。

图 J601-1 数据编辑器

(二)区间估计

(1)打开数据文件,点击"分析",选中"描述统计"→"探索",进入"探索"对话框。如图 J601-2 所示。

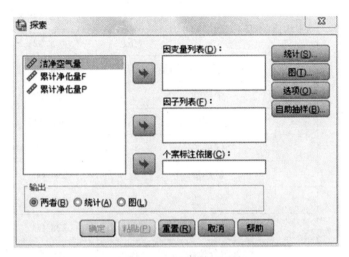

图 J601-2 "探索"对话框

(2)分别将"洁净空气量""累计净化量 F""累计净化量 P"移入"因变量列表"中,点击"统计",在"探索:统计"对话框中选中"描述"。如图 J601-3 所示。

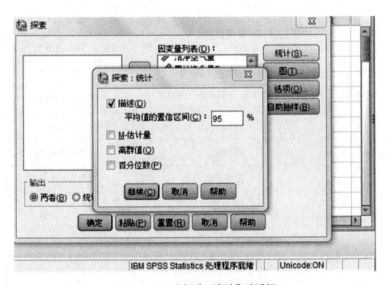

图 J601-3 "探索.统计"对话框

(3)单击"继续",回到"探索"对话框,点击"确定",即可得出"洁净空气量""累计净化量"P、"累计净化量"(简称 CCM 值)F 的统计量和置信区间。如下表所示。

表 J601-1 样本统计量

			统计	标准误差
洁净空气量	平均值		388.750 0	8.044 33
	平均值的 95% 置信区间	下限	372.478 8	
		上限	405.021 2	
	5% 剪除后平均值		386.972 2	
	中位数		383.000 0	
	方差		2 588.449	
	标准差		50.876 80	
	最小值		294.00	
	最大值		522.00	
	全距		228.00	
	四分位距		69.50	
	偏度		.498	.374
	峰度		.114	.733
累计净化量 F	平均值		705.925 0	34.004 74
	平均值的 95% 置信区间	下限	637.143 9	
		上限	774.706 1	
	5% 剪除后平均值		704.222 2	
	中位数		676.000 0	
	方差		46 252.892	
	标准差		215.064 85	
	最小值		298.00	
	最大值		1 176.00	
	全距		878.00	
	四分位距		310.25	
	偏度		.223	.374
	峰度		-.258	.733

续表 J601-1

			统计	标准误差
累计净化量 P	平均值		6 401.350 0	344.457 35
	平均值的95% 置信区间	下限	5 704.619 3	
		上限	7 098.080 7	
	5% 剪除后平均值		6 348.611 1	
	中位数		6 339.000 0	
	方差		4 746 034.541	
	标准差		2 178.539 54	
	最小值		2 967.00	
	最大值		11 239.00	
	全距		8 272.00	
	四分位距		3 477.75	
	偏度		.353	.374
	峰度		−.666	.733

（三）分析说明

上述计算结果表明:在95%的概率保证下,江苏某科技有限公司生产的家用空气净化器的"洁净空气量"的平均值在 372.48 m^3/h 至 405.02 m^3/h 之间;"累计净化量"P(M 颗粒物)在 5 704.62 至 7 098.08 之间;"累计净化量"F(M 甲醛)在 637.14 至 774.71 之间。仅从这三个参数的均值来看,该公司生产的家用空气净化器,经浙江省杭州市质量技术监督局检验,符合国家标准。再从产品的合格状况看,40 台家用空气净化器中,编号为 34 号的家用空气净化器其"洁净空气量"的值为 294 m^3/h,小于国家标准 300 m^3/h,为不合格产品;编号为 40 号的家用空气净化器其"累计净化量"F(M 甲醛)的值为 298.00 M 甲醛≤300,为不合格产品;另外,编号为 15 和 37 的家用空气净化器其"累计净化量"P(M 颗粒物)的值分别为 2 967.00 和 2 978.00 均小于 3 000.0 也属于不合格产品。样本的合格率仅为90% 。

四、小结

本案例有三点值得注意:一是如何抽取样本单位;二是如何进行区间估计;三是如何处理消费者的投诉。

抽样方式包括简单随机抽样、分类抽样、等距抽样、整群抽样和阶段抽样,抽样方法分为重复抽样和不重复抽样,本案例采取不重复简单随机抽样。全及总体似为均匀分布的总体。再对仓库中该厂生产的全部产品一一编号,然后随机抽出由 40 个号码组成的一组样本。

利用 SPSS 统计软件进行区间估计相对比较简单,区间估计的目的在于检验总体的均值是否符合标准。本案例中重点看其下限。

作为生产厂家,为消费者生产合格产品,这应该是个常识,消费者完全有理由退还产品,并要求必要的经济补偿;作为商家,要严把产品质量关,既要为消费者提供优质服务,又要为消费者提供优质的产品。

五、学习资源

1. QYS017 原始数据

2.《统计学》,曾五一、朱建平主编,上海财经大学出版社,2013

3.《21 世纪统计学系列教材:统计学专业课程教学案例选编》,高敏雪、蒋妍主编,中国人民大学出版社,2013

4.《应用统计学:基于 SPSS 运用》,张良主编,上海财经大学出版社,2013

5. GB/T18801-2015《空气净化器》国家标准,2016 年 3 月

J602　抽样推断在市场调查中的应用

一、教学案例设计

教学案例编号	J602	教学案例名称	抽样推断在市场调查中的应用
企业案例编号	Q013	企业案例名称	宁波某购物俱乐部有限公司统计实际案例
教学案例背景			某购物俱乐部有限公司门店 160 多家,遍布省内的宁波、杭州、绍兴、台州、丽水、嘉兴、舟山等地市。公司至今拥有了 130 多万付费会员,近 9 千名员工,每天有 30 多万顾客进出门店或在互联网上购买商品,超过 1 500 多家核心的供应商和服务商,有 30 多亿元的流动和固定资产。公司始终坚持"用较少的钱,过更好的生活"的公司使命,立足社区老百姓日常生活所需,坚持"便宜、便利"的价值理念,为会员顾客带来"新鲜、实惠、每一天"的顾客体验。 　　为了更准确地掌握超市周边居民的基本情况及消费水平,公司于 2016 年 4 月 10 组织了一次顾客基本情况的问卷调查。公司对调查资料做了手工汇总,如 Q013 所示

案例问题	利用 SPSS 对 Q013 样本资料,分析消费者的购买行为的基本特征,并对消费者的购买金额进行统计推断		

案例教学目标	知识目标	能力目标	素质目标
	明确统计抽样相关概念、特点和应用,了解统计抽样的组织形式和方法,理解抽样误差的含义及计算,掌握区间估计的方法	能借助 SPSS 统计软件进行区间估计	需要具备统计抽样的组织能力,能根据不同的调查对象和调查内容选择合适的抽样方法,并能控制抽样误差

教学建议	在教学过程中,一是要求学生明确样本数据的类型,以便于数据编码和录入。二是明确有关统计抽样的特点和基本概念,如:随机原则、总体参数、统计量、重复抽样、不重复抽样、抽样误差、抽样平均误差、抽样极限误差、概率度、参数估计、点估计、区间估计、置信区间、样本容量等。三是熟练掌握 SPSS 有关抽样估计的操作步骤。最后生成相应的统计表和统计图,并根据所生成的统计图表作简要的统计分析

案例反思	本案例的主要任务有两个:一是分析消费者在某超市购买商品的行为特征,即分析消费者的年龄、婚姻状况、支付方式、出行方式的差异对其购买金额的影响;二是对消费者的购买金额进行区间估计

二、数据说明

1. QYS012 原始数据系宁波某购物俱乐部有限公司市场部提供。

2. 本案例采用 SPSS 统计分析软件进行编码、录入、计算和分析。

三、案例分析

参数估计就是指利用实际调查数据计算得到的样本指标值来估计相应的总体指标的数值，即总体平均数 $\overline{X}$、总体成数 P 的推断估计。总体参数估计有点估计和区间估计两种，以下分别加以介绍。

所谓点估计也称定值估计，直接把抽样指标视为总体指标的估计值，如以样本平均数的实际值作为相应总体平均数的估计值，以样本成数的实际值作为相应总体成数的估计值等。例如在某校学生体重的调查中，获知抽取的 400 名学生的平均体重为 58 千克，则该校 8 000 名学生的平均体重也是 58 千克。这种推断就是对总体平均数作了点估计。

点估计的优点是原理直观、计算简便，在实际工作中经常采用。例如，推销部门对某种产品估计出全年销售额数值，并分出每月销售额，便可传递给生产部门作为制订生产计划的依据，而生产部门又可将每月产量计划传递给采购部门作为制订原材料采购计划的依据等。点估计也有不足之处，它没有考虑到抽样估计误差，更没有指明误差在一定范围内的概率保证程度。因此，当抽样误差较小或抽样误差即使较大也不妨碍对问题的认识和判断时，才可以使用这种方法。

而区间估计的基本特点是，根据给定的概率保证程度 $F(z)$ 的要求，利用实际样本资料，给出总体指标估计值的上限和下限，即指出可能覆盖总体指标的区间范围。也就是说，区间估计要解决两个问题：①根据样本指标和误差范围估计出一个可能包括总体指标的区间，即确定出估计区间的上限和下限。②确定出估计区间覆盖总体未知参数的概率保证程度。

总体参数区间估计必须同时具备统计量、抽样误差范围和概率保证程度三要素。区间估计的内容包括总体平均数和总体成数的估计，以及在此基础上对总量指标的估计。

一般来说，对总体平均数进行区间估计的公式为：$\overline{X} \pm \Delta_X$

即 $\overline{X}$ 置信区间为：$\overline{x} - z\mu_x \leqslant \overline{X} \leqslant \overline{x} + z\mu_x$。同理，对总体成数进行区间估计的公式为：$p \pm \Delta_p$，即 P 的置信区间为 $p - z\mu_p \leqslant p \leqslant p + z\mu_p$。

将 QYS012 原始数据所提供的资料，利用 SPSS 统计软件对顾客消费金额进行区间估计，具体步骤如下：

（1）将 QYS012 原始数据中的购买金额按支付方式进行分类编码并录入，如图 J602-1。

购买金额.sav [数据集0] - IBM SPSS Statistics 数据编辑器

	购买金额	现金支付	手机支付	银联卡支付	超市卡支付
1	208.00	109.00	208.00	62.00	199.00
2	586.00	66.00	586.00	389.00	68.00
3	109.00	160.00	64.00	520.00	120.00
4	66.00	172.00	286.00	181.00	89.00
5	64.00	109.00	285.00	165.00	283.00
6	199.00	152.00	80.00	365.00	261.00
7	286.00	152.00	88.00	279.00	158.00
8	285.00	106.00	52.00	302.00	249.00
9	80.00	198.00	286.00	465.00	189.00
10	68.00	186.00	320.00	104.00	120.00
11	120.00	123.00	202.00	287.00	159.00
12	89.00	162.00	330.00	168.00	232.00

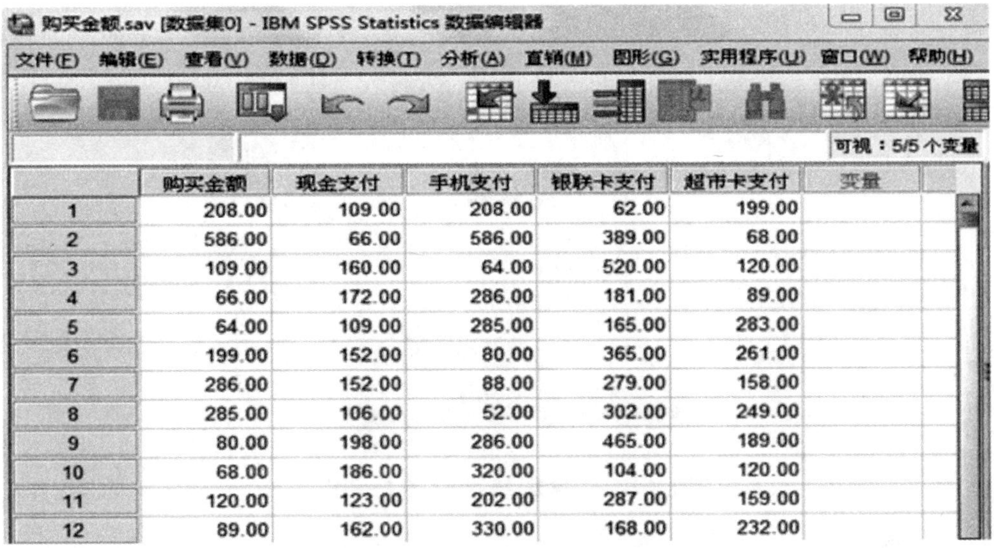

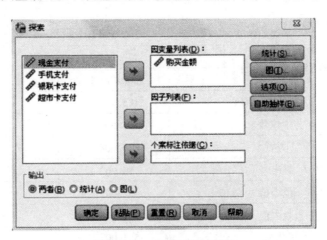

图 J602-1　购买金额数据编辑器

(2)打开购买金额数据文件,单击“分析”,选择“描述统计”—“探索”,进入“探索”对话框,选中“购买金额”至“因变量列表”对话框中,如图 J602-2 所示。

图 J602-2　探索对话框示图

(3)单击“统计量”按钮,进入“探索:统计量”对话框中,该对话框中“描述性”一栏默认被选中,其置信区间为 95%,用户可根据自己的实际情况需要进行设置(如将置信区间设置为 90% 等),如图 J602-3 所示。

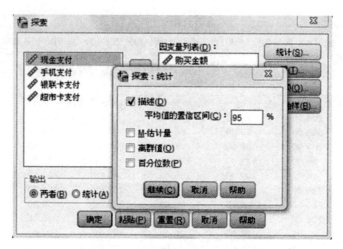

图 J602-3 探索:统计量对话框示图

(4)单击"继续"按钮,回到"探索"对话框中,在"输出"框内选中"统计",点击"确定",即可得到购买金额区间估计的结果,如表 J602-1。

表 J602-1 顾客购买金额置信区间

			统计	标准误差
购买金额	平均值		190.500 0	6.255 24
	平均值的 95% 置信区间	下限	178.164 9	
		上限	202.835 1	
	5% 剪除后平均值		185.122 2	
	中位数		181.500 0	
	方差		7 825.608	
	标准差		88.462 47	
	最小值		32.00	
	最大值		586.00	
	全距		554.00	
	四分位距		113.50	
	偏度		1.096	.172
	峰度		2.229	.342

(5)重复上述步骤,分别选中"现金支付""手机支付""银联卡支付"和"超市卡支付"至"因变量列表"对话框中,分别点击"确定",分别可得出用现金支付的顾客、用手机支付的顾客、用银联卡支付的顾客和用超市卡支付的顾客的购买金额估计区间,如表 J602-2、表 J602-3、表 J602-4 和表 J602-5 所示。

表 J602-2　现金支付方式下消费金额置信区间

			统计	标准误差
现金支付	平均值		130.873 0	5.012 55
	平均值的 95% 置信区间	下限	120.853 1	
		上限	140.893 0	
	5% 剪除后平均值		131.334 2	
	中位数		130.000 0	
	方差		1 582.919	
	标准差		39.785 92	
	最小值		32.00	
	最大值		230.00	
	全距		198.00	
	四分位距		52.00	
	偏度		−0.091	.302
	峰度		0.007	.595

表 J602-3　手机支付方式下消费金额置信区间

			统计	标准误差
手机支付	平均值		208.777 8	24.786 92
	平均值的 95% 置信区间	下限	157.827 5	
		上限	259.728 0	
	5% 剪除后平均值		199.253 1	
	中位数		186.000 0	
	方差		16 588.564	
	标准差		128.796 60	
	最小值		52.00	
	最大值		586.00	
	全距		534.00	
	四分位距		198.00	
	偏度		0.971	0.448
	峰度		1.194	.872

表 J 602-4　银联卡支付方式下消费金额置信区间

			统计	标准误差
银联卡支付	平均值		227.288 5	13.700 34
	平均值的 95% 置信区间	下限	199.783 9	
		上限	254.793 0	
	5% 剪除后平均值		222.675 2	
	中位数		189.500 0	
	方差		9 760.366	
	标准差		98.794 57	
	最小值		58.00	
	最大值		520.00	
	全距		462.00	
	四分位距		116.25	
	偏度		0.812	0.330
	峰度		0.619	0.650

表 J 602-5　超市卡支付方式下消费金额置信区间

			统计	标准误差
超市卡支付	平均值		213.775 9	7.685 32
	平均值的 95% 置信区间	下限	198.386 3	
		上限	229.165 5	
	5% 剪除后平均值		214.249 0	
	中位数		220.000 0	
	方差		3 425.721	
	标准差		58.529 66	
	最小值		68.00	
	最大值		343.00	
	全距		275.00	
	四分位距		85.00	
	偏度		−0.299	0.314
	峰度		−0.007	0.618

（6）分析说明：在 95% 的概率保证下，消费者在某超市一次购物消费金额在 178.16 元至 202.84 元之间。其中：用现金支付的消费者的消费金额在 120.85 元至 140.89 元之间；用手机支付的消费者的消费金额在 157.83 元至 259.73 元之间；用银联卡支付的消费者的消费金额在 199.78 元至 254.78 元之间；用超市卡支付的消费者的消费金额在 198.39 元至 229.17 元之间。

四、小结

本案例主要根据样本资料进行分析与推断，需要掌握的知识也相对较多，除了掌握必要的统计知识外，如统计分组、问卷设计、调查方法、抽样技术、区间估计等，还需要掌握有关经济学、市场营销学、消费心理学等知识。

五、学习资源

1. QYS012 原始数据

2.《统计学》，曾五一、朱建平主编，上海财经大学出版社，2013

3.《21 世纪统计学系列教材：统计学专业课程教学案例选编》，高敏雪、蒋妍主编，中国人民大学出版社，2013

4.《应用统计学：基于 SPSS 运用》，张良主编，上海财经大学出版社，2013

第七部分
转化为数据相关回归分析统计教学案例

J701　相关与回归分析在商铺的粉丝量与销售额之间的分析与应用

一、教学案例设计

教学案例编号	J701	教学案例名称	相关与回归分析在商铺的粉丝量与销售额之间的分析与应用
企业案例编号	Q019	企业案例名称	阿里巴巴集团某商铺销售统计实际案例
教学案例背景			阿里巴巴集团某商铺经营多项业务,包括:淘宝网、天猫、聚划算、全球速卖通、阿里巴巴集团某商铺国际交易市场、1688、阿里妈妈、蚂蚁金服、菜鸟网络等。阿里巴巴集团某商铺拥有大量市场资料,尤其是统计数据,为履行对中小企业的承诺,正努力成为第一家为全部用户免费提供市场数据的企业,希望通过分析数据,让用户掌握市场先机,继而调整策略,扩展业务。QYS018 是一家天猫某渔具商铺的粉丝与销售额统计数据。本案例试图从相关分析与回归分析的角度来探索天猫粉丝量与销售额之间的关系
案例问题			根据 Q019 资料,利用 SPSS 统计软件,对数据进行相关分析与回归分析
案例教学目标	知识目标	能力目标	素质目标
	掌握相关与回归分析的基本理论	能利用 SPSS 统计软件计算相关系数和回归方程,并作必要的检验与分析	学会善于观察统计数据的关联性
教学建议			在教学过程中,要求学生学会相关关系的判断,了解相关分析与回归的关系,明确回归分析的最终目的,掌握回归方程的意义及其检验
案例反思			本案例的主要任务是利用 SPSS 统计软件计算相关系数和回归方程,有两点特别要注意,一是自变量与因变量的确定,二是对回归方程的检验

二、数据说明

1. QYS018 原始数据系阿里巴巴集团某商铺天猫客服部提供。统计数据仅为 2016 年 5 月 6 日 5:00 点至 7 日 2:00 点按小时排列的资料。

2. QYS018 原始数据表中粉丝量和销售额均为累计数。粉丝量与客流量不同,粉丝量是指已关注的客流量。

3. 本案例采用 SPSS 统计分析软件进行计算分析。

三、案例分析

现实世界中的各种现象互相联系、互相制约、互相依存,某些现象发生变化时,另一现象也随之发生变化。如商品价格的变化会刺激或抑制商品销售量的变化,劳动力素质的高低会影响企业的效益,直接材料、直接人工的价格变化对产品销售成本有直接的影响,居民收入的高低会影响对该企业产品的需求量等。研究这些现象之间的依存关系,找出它们之间的变化规律,为决策提供依据。

相关分析的主要内容包括:确定现象之间有无关系,确定相关关系的表现形式,测定相关关系的密切程度。回归分析是指对具有相关关系的两个或多个变量之间的数量变化进行数量测定,配合一定的数学方程(模型),以便由自变量的数值对因变量的可能值进行估计或预测的一种统计分析方法。

根据表 J701-1 资料,介绍如何利用 SPSS 统计软件进行相关分析与回归分析,具体步骤如下。

表 J701-1　天猫某渔具商铺粉丝量与销售额统计数据

日期(2016.5.6-2016.5.7)	时间	粉丝量(人)	销售额(元)
5.6	5:00	93 213	3 093
5.6	6:00	98 345	3 829
5.6	7:00	102 899	4 276
5.6	8:00	107 386	4 910
5.6	9:00	113 629	5 883
5.6	10:00	118 376	6 729
5.6	11:00	124 267	7 540
5.6	12:00	129 987	8 438
5.6	13:00	136 728	9 292
5.6	14:00	142 552	11 380
5.6	15:00	148 219	13 201
5.6	16:00	157 334	14 098

续表 J701-1

日期(2016.5.6-2016.5.7)	时间	粉丝量(人)	销售额(元)
5.6	17:00	164 321	15 345
5.6	18:00	172 462	16 086
5.6	19:00	178 278	16 839
5.6	20:00	182 448	17 322
5.6	21:00	185 783	17 932
5.6	22:00	189 231	18 620
5.6	23:00	193 009	18 988
5.7	0:00	196 364	19 328
5.7	1:00	199 837	19 526
5.7	2:00	212 936	19 865

(一)建立 SPSS 数据文件

如图 J701-1 所示。

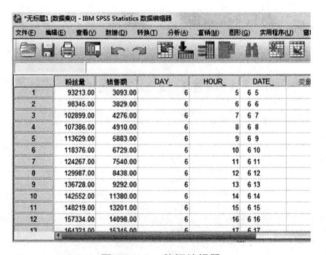

图 J701-1　数据编辑器

(二)绘制相关图,以判断相关形式

(1)打开数据文件,单击"图形",选择"旧对话框",选择并单击"散点图/点图"进入"散点图/点图"对话框,选中"简单散点图"。如图 J701-2. 所示。

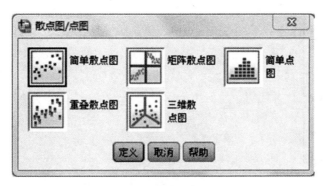

图 J701-2　散点图/点图对话框

（2）点击"定义"弹出"简单散点"对话框,将"粉丝量""销售额"两个变量分别选进"X 轴"和"Y 轴"中。如图 J701-3 所示。

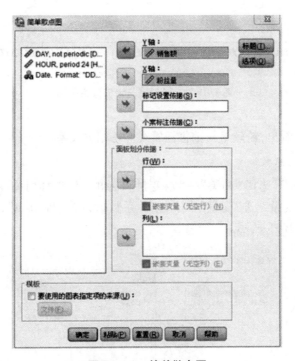

图 J701-3　简单散点图

（3）点击"确定",即可得到输出结果。如图 J701-4 所示。

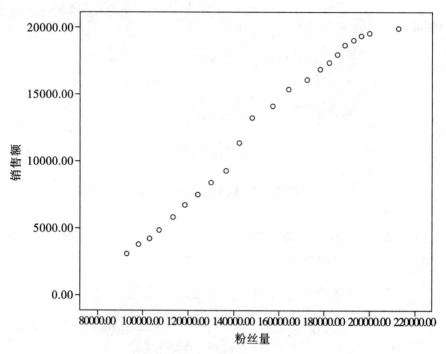

图 J701-4　粉丝量与销售额相关图

从相关图可以看出,粉丝量与销售额属线性正相关关系。

(三)计算相关系数

(1)单击"分析",选择"相关"—"双变量",弹出"双变量相关性"对话框,将"粉丝量""销售额"两个变量选进"变量"框中,相关系数默认为"Pearson",显著性检验默认为"双尾",如表图 J701-5 所示。

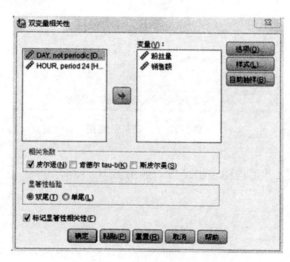

图 J701-5　双变量相关对话框

（2）单击"确定"，即可得到输出结果。粉丝量与销售额的相关系数分析结果见表J701-2所示。

表 J701-2 相关系数表

		粉丝量	销售额
粉丝量	皮尔逊相关性	1	.993**
	显著性（双尾）		.000
	个案数	22	22
销售额	皮尔逊相关性	.993**	1
	显著性（双尾）	.000	
	个案数	22	22

从表中可以看出，粉丝量与销售额之间相关系数为0.99，表明两者的相关关系为高度线性正相关。

（四）建立回归方程并进行回归分析

（1）单击"分析"，选择"回归"—"线性"，弹出"线性回归"对话框。

（2）分别将"粉丝量"和"销售额"两变量选到"自变量"和"因变量"框中，如图J701-6所示。

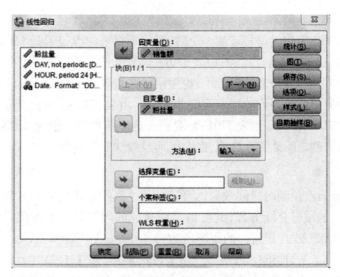

图 J701-6 线性回归对话框

（3）点击"确定"按钮即可，输出结果如表J701-3、表J701-4和表J701-5所示。

表 J701-3　模型摘要

模型	R	R 方	调整后 R 方	标准估算的误差
1	.993a	.985	.985	735.77753

预测变量:(常量),粉丝量

表 J701-4　方差分析结果输出

模型		平方和	自由度	均方	F	显著性
1	回归	732 911 152.929	1	732 911 152.929	1 353.812	.000b
	残差	10 827 371.434	20	541 368.572		
	总计	743 738 524.364	21			

a. 因变量:销售额 b. 预测变量:(常量),粉丝量

表 J701-5　回归系数输出

模型		未标准化系数		标准化系数	t	显著性
		B	标准误差	Beta		
1	(常量)	−11 668.688	672.354		−17.355	.000
	粉丝量	.158	.004	.993	36.794	.000

a. 因变量:销售额

由表 J701-5 得到粉丝量与销售额的回归方程为:

$$y_c = -11\ 668.688 + 0.158x$$

回归方程表明:当粉丝量每增加一个时,销售额将平均增加 0.158 元。

(4)对所建立的方程进行检验:由表 J701-3 看出,相关系数 $R=0.993$,判定系数 $R^2 = 0.985$,估计标准误差 $s_y = 735.78$(元),说明用回归直线 $y_c = -11\ 668.688 + 0.158x$ 来拟合,粉丝量与销售额各观测值的拟合程度非常好。由表 J701-4 方差分析表看到,F 的显著性检验值为 $0.000<0.05$,由表 J701-5 看到,t 的显著性检验值为 $0.000<0.05$,可以断定,粉丝量与销售额之间确实存在线性关系,而且线性效果显著。

(五)回归预测

回归预测分为点预测与区间预测,点预测,就是利用所求的回归方程,只需把自变量的值代入所建立的回归直线方程,就可以得到对应的因变量的预测值。如本案例中,当粉丝量达到 300000 人时,销售额的预测值为:

$$y_c = -11\ 668.688 + 0.158 \times 300\ 000 = 35\ 731.312(元)$$

区间预测与区间估计类似,也需要有三个条件,即:点估计值、概率度和估计标准误差。

在一定的置信水平下的预测区间近似地为:

$$(y_c - ZS_y, y_c + ZS_y)$$

区间估计 SPSS 操作步骤:

(1)在数据文件的"粉丝量"变量最后一个 Case 中输入 300 000,单击"分析",选择"回归"—"线性",仍回到"线性回归"对话框;单击"保存"按钮,进入到"线性回归:保

存"对话框,确定选项"未标准化""单值",如图 J701-7 所示;

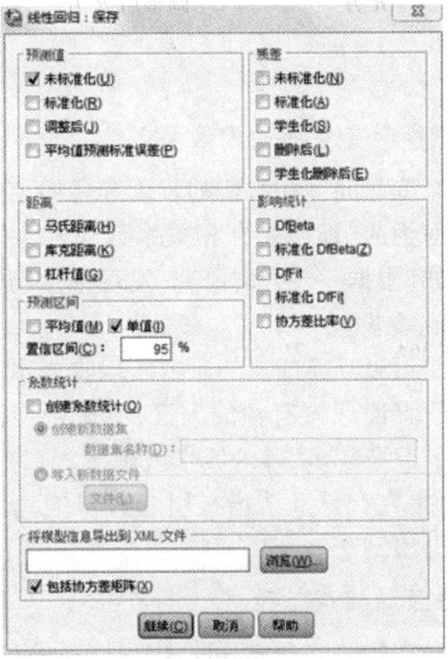

图 J701-7　"线性回归:保存"对话框

(2)单击"继续",回归"线性回归"对话框,点击"确定",即当粉丝量达到 300 000 人时,销售额的置信区间(置信水平为 95%),如图 J701-8 所示。

	粉丝量	销售额	DATE_	PRE_1	LICI_1	UICI_1
4	107386.00	4910.00	6 8	5308.23489	3688.43049	6928.03929
5	113629.00	5883.00	6 9	6295.20646	4688.35083	7902.06208
6	118376.00	6729.00	6 10	7045.67162	5447.42055	8643.92268
7	124267.00	7540.00	6 11	7976.99462	6387.90185	9566.08738
8	129987.00	8438.00	6 12	8881.28379	7299.44701	10463.12058
9	136728.00	9292.00	6 13	9946.98543	8371.59970	11522.37116
10	142552.00	11380.00	6 14	10867.71623	9296.05410	12439.37836
11	148219.00	13201.00	6 15	11763.62650	10193.92893	13333.32408
12	157334.00	14098.00	6 16	13204.63977	11634.65643	14774.62311
13	164321.00	15345.00	6 17	14309.23216	12736.15462	15882.30970
14	172462.00	16086.00	6 18	15596.26331	14016.45394	17176.07269
15	178278.00	16839.00	6 19	16515.72937	14929.07204	18102.38671
16	182448.00	17322.00	6 20	17174.97516	15582.37552	18767.57479
17	185783.00	17932.00	6 21	17702.21569	16104.24832	19300.17906
18	189231.00	18620.00	6 22	18247.31668	16643.23691	19851.39644
19	193009.00	18988.00	6 23	18844.59019	17233.15690	20456.02349
20	196364.00	19328.00	7 0	19374.99058	17756.46113	20993.52003
21	199837.00	19526.00	7 1	19924.04588	18297.61759	21550.47416
22	212936.00	19865.00	7 2	21994.89971	20333.76161	23656.03782
23	300000.00			35759.06633	33705.20279	37812.92987
24						

图 J701-8　粉丝量与销售额的点估计值和区间估计值

在95%的置信水平下,该店铺粉丝量达到300 000人时,店铺销售额的点估计值为35 759.07元;区间估计值为33 705.20元至37 812.93元之间。

四、小结

(一)相关系数不能解释两变量间的因果关系

相关系数只是表明两个变量间互相影响的程度和方向,它并不能说明两变量间是否有因果关系,以及何为因、何为果,即使是在相关系数非常大时,也并不意味着两变量间具有显著的因果关系。例如,根据一些人的研究,发现抽烟与学习成绩有负相关关系,不能由此推断是抽烟导致了成绩差。

因与果在很多情况下是可以互换的。如研究发现收入水平与股票的持有额正相关,并且可以用收入水平作为解释股票持有额的因素,但是否存在这样的情况,你赚的钱越多,买的股票也越多,而买的股票越多,赚的钱也就越多,何为因? 何为果? 众所周知,经济增长与人口增长相关,可是究竟是经济增长引起人口增长,还是人口增长引起经济增长呢? 不能从相关系数中得出结论。

(二)警惕虚假相关导致的错误结论

有时两变量之间并不存在相关关系,却可能出现较高的相关系数。

如存在另一个共同影响两变量的因素。在时间序列资料中往往就会出现这种情况,有人曾对教师薪金的提高和酒价的上涨作了相关分析,计算得到一个较大的相关系数,这是否表明教师薪金提高导致酒的消费量增加,从而导致酒价上涨呢? 经分析,事实是经济繁荣导致教师薪金和酒价的上涨,而教师薪金增长和酒价之间并没有什么直接关系。

原因的混杂也可能导致错误的结论。如有人做过计算,发现在美国经济学学位越高的人,收入越低,笼统地计算学位与收入之间的相关系数会得到负值。但分别对大学、政府机构、企业各类别计算学位与收入之间的相关系数得到的是正值,即对同一行业而言,学位高,收入也高。

另外,注意不要在相关关系据以成立的数据范围以外,推论这种相关关系仍然保持。雨下得多,农作物长得好,在缺水地区,干旱季节雨是一种福音,但雨量太大,却可能损坏庄稼。又如,广告投入多,销售额上涨,利润增加,但盲目加大广告投入,未必使销售额再增长,利润还可能减少。正相关达到某个极限,就可能变成负相关。这个道理似乎人人都明白,但在分析问题时却容易忽视。

当我们得到一个实际的回归方程后,还不能马上就进行回归分析与预测等应用,在应用前还需要运用统计方法对回归方程进行评价与检验。进行评价与检验主要基于以下理由:第一,在利用样本数据估计回归模型时,首先是假设变量y与x之间存在着线性关系,但这种假设是否存在需要进行检验;第二,估计的回归方程是否真的描述了变量y与x之间的统计规律性,y的变化能否通过模型中的解释变量x去解释需要进行检验等。一般进行的评价与检验主要有F检验和t检验。

五、学习资源

1. QYS018 原始数据

2.《统计学》,曾五一、朱建平主编,上海财经大学出版社,2013

3.《21 世纪统计学系列教材:统计学专业课程教学案例选编》,高敏雪、蒋妍主编,中国人民大学出版社,2013

4.《应用统计学:基于 SPSS 运用》,张良主编,上海财经大学出版社,2013

J702 医院门诊量时间序列的实际应用

一、教学案例设计

教学案例编号	J702	教学案例名称	医院门诊量时间序列的实际应用
企业案例编号	Q024	企业案例名称	广东某医院门诊量统计实际案例
教学案例背景			门诊工作是医院工作的第一线。服务面广,接诊量大,病人流动性强。门诊病人大多数是常见病、多发病,因此搞好门诊工作,积累好门诊资料,可以反映出门诊质量的高低,服务态度的好坏,直接关系到病人的健康。 通过对门诊资料的统计分析可以科学地预测门诊人数并做好人员安排及各科室人员的合理配置
案例问题			①什么是季节变动趋势测定? ②什么是长期趋势测定?
案例教学目标	知识目标	能力目标	素质目标
	①理解数据处理的意义和流程; ②掌握数据处理的方法; ③掌握季节变动趋势测定; ④掌握长期趋势测定	①能根据研究目的进行数据处理; ②能利用 Excel 处理数据; ③能选择适当的统计图表展示数据; ④能灵活运用总量指标和相对指标	增强统计知识,培养统计思维习惯,养成严谨认真的工作作风
教学建议			案例解读→数据说明→提出案例问题→组织讨论→开展统计整理与分析→上机实训→总结、评价→写出实训报告
案例反思			①本案例的季节变动分析中,除了二、五、六月趋势较明显,其他月份的门诊人数变化不是很明显。也许与靠近海洋,气候比较稳定,人口较年轻有关 ②相关分析的例子是筛选出来的,其他很多从常识看来相关的现象在计算相关系数时相关程度却较低,说明门诊数据受各种随机因素的影响大

二、数据说明

1. QYS023-2.1 原始数据系医院提供 2006~2015 年的诊疗数据。

2. 门诊与急诊人次数。门诊人次数指病人来医院挂号后由医生诊断或处理的诊疗人次数,包括初诊,复诊,在门诊进行的孕期、产后检查、局部(单项)健康检查,验光等。不包括全身健康检查及部分医技科室的检查、治疗、处置工作量,如检验、透视、注射、理疗、针灸等。急诊人次数:急诊人次数指医生在急诊室或急诊时间内诊疗的急症病人次数。

3. 本案例采用 Excel 2013 进行数据整理与分析。

三、案例分析

(一) 季节变动分析的意义

对季节变动分析的主要意义在于认识规律,分析过去,预测未来。具体来说:一是通过分析和测定过去的季节变动规律,为当前的决策提供依据;二是为了对未来现象季节变动进行预测,揭示客观事物季节变动的方向和程度,以便正确地指导服务与生产,组织资源,安排市场供应,以满足社会经济发展的需要;三是通过测定季节变动,可消除季节变动对数列的影响,从而更好地分析其他因素。

(二) 测定季节变动的方法

测定季节变动方法很多,按是否考虑长期趋势的影响,可分为两种:一是按月(季)平均法;二是移动平均趋势剔除法。

1. 按月(季)平均法

按月(季)平均法,是指时间数列不含长期趋势,即不受长期趋势因素的影响,而仅受季节变动因素的影响,从而对呈现的周期性季节变动规律进行预测的方法。此方法分析的一般步骤是:

(1)搜集历年各月(季)的资料,一般要有至少 3 年以上的时间数列资料,才能比较明显地呈现出季节变动的规律。

(2)计算数年内同月(或季)的平均数。

(3)计算总的月(或季)的平均数。

(4)计算各月(或季)的季节比率。即:

$$月的季节比率 = \frac{月平均数}{总的月平均数}$$

$$季的季节比率 = \frac{季平均数}{总的季平均数}$$

(5)预测。根据季节比率和已知某年一个月或几个月的实际值,就可以采用比率法预测该年其他各月或各季的数值。

2011 年至 2015 年医院各月门诊总数如下见表 J702-1,图 J702-1。

表 J702-1　2011～2015 年医院各月门诊总次数

	2011 年	2012 年	2013 年	2014 年	2015 年
1 月	39 961	35 434	43 493	46 843	55 481
2 月	35 988	53 310	26 562	30 344	30 887
3 月	56 537	65 717	50 847	58 133	51 519
4 月	52 106	57 174	50 094	52 849	54 746
5 月	62 057	67 218	49 526	50 397	56 966
6 月	57 879	57 739	51 192	55 410	66 438
7 月	60 097	54 903	53 975	55 634	58 591
8 月	57 358	52 207	48 822	47 222	54 468
9 月	49 690	51 650	49 931	44 729	51 087
10 月	51 350	43 632	49 098	52 470	54 843
11 月	52 072	40 758	48 850	52 714	58 648
12 月	52 288	42 265	50 887	51 739	56 772

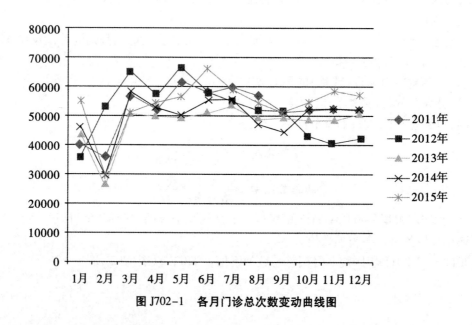

图 J702-1　各月门诊总次数变动曲线图

根据表 J702-1 资料进行计算。具体步骤如下：

首先，计算各年的门诊合计数，B14 单元格输入"＝sum（B2：B13）"并按"Enter"确认，例如 2011 年门诊总次数为 627383 次。接着把鼠标移至 B14 单元格右下角的顶点位置上,此时鼠标的光标由原来大的空心十字图案变为小的实心的十字,按着左键不放并拖至 I14 单元格。

然后,计算各年同月门诊合计数和同月平均数,例如,2011—2015 年一月份的门诊合计数为 221212 次;同月平均数为 44242 次。

在 G2 单元格输入"=sum(B2:F2)"并按 Enter 键,鼠标移至 G2 单元格右下角,按住鼠标拖放至 G13 单位格,实现填充公式。在 H2 单元格输入"=G2/5",鼠标移到 H2 单元格右下角,拖放到 H13 单元格,这样就把 H2 单元格的公式一直填充到 H13 单元格。

再次,计算出五年总的月平均门诊次数,即 3071597÷(5×12)=51193.3 次(或将五年的分月平均数相加除以 12)。

在 I2 单元格输入"=H2/average($B$2:$F$13)",再把鼠标移至 I2 单元格的右下角,拖放至 I13 单元格,把公式填充至 I13 单元格。

最后,将五年同月平均数与总的月平均数对比,即得各月的季节比率。如一月份季节比率=44242.4/51193.3×100%=86.42%,其他各月依次类推。

计算结果见表 J702-2。

表 J702-2　季节比率计算表

	2011 年	2012 年	2013 年	2014 年	2015 年	合计	同月平均数	季节比率(%)
1 月	39 961	35 434	43 493	46 843	55 481	221 212	44 242.4	0.864 2
2 月	35 988	53 310	26 562	30 344	30 887	177 091	35 418.2	0.691 9
3 月	56 537	65 717	50 847	58 133	51 519	282 753	56 550.6	1.104 6
4 月	52 106	57 174	50 094	52 849	54 746	266 969	53 393.8	1.043 0
5 月	62 057	67 218	49 526	50 397	56 966	286 164	57 232.8	1.118 0
6 月	57 879	57 739	51 192	55 410	66 438	288 658	57 731.6	1.127 7
7 月	60 097	54 903	53 975	55 634	58 591	283 200	56 640	1.106 4
8 月	57 358	52 207	48 822	47 222	54 468	260 077	52 015.4	1.016 1
9 月	49 690	51 650	49 931	44 729	51 087	247 087	49 417.4	0.965 3
10 月	51 350	43 632	49 098	52 470	54 843	251 393	50 278.6	0.982 1
11 月	52 072	40 758	48 850	52 714	58 648	253 042	50 608.4	0.988 6
12 月	52 288	42 265	50 887	51 739	56 772	253 951	50 790.2	0.992 1
合计	627 383	622 007	573 277	598 484	650 446	3 071 597	51 193.3	12

季节比率大于或小于 100%，都说明有季节变动。若>100%的幅度比较大，表示旺季；若<100%的幅度比较大，表示淡季；若=100%说明没有季节变动。

2.移动平均趋势剔除法

事物发展过程中存在着长期趋势、循环变动、季节变动、不规则变动，因此，在计算季节比率时，就应将长期趋势、循环变动、不规则变动等因素的影响从时间数列的各项实际值中剔除掉，才能得出准确的季节比率，从而使预测结果更切合实际。消除这些因素的方法很多，实践中常用移动平均法剔除长期趋势的影响，再计算季节比率，其步骤如下。

(1)计算 12 个月的移动平均数(如是季节资料，则计算四个季度的移动平均数)。由于 12 或 4 是偶数，所以要再计算相邻两个移动平均数的平均数，即移正平均，使平均数移置在对应的各月，这便是长期趋势值和循环变动值($T \cdot C$)。

(2)将观察值除以对应的趋势值、循环变动值，得季节变动和不规则变动相对数。即：

$$\frac{Y}{T \cdot C} = S \cdot I$$

(3)将几年同月加总求月平均数，这就消除了随机的不规则变动的影响。

(4)将 12 个月的平均数加总算出总的月平均数

$$\bar{s} = \frac{S_1 + S_2 + \cdots + S_{11} + S_{12}}{12},$$

然后计算各个月的季节比率：

$$季节比率 = \frac{同月平均数}{总的月平均数} \times 100\% = \frac{S_i}{\bar{S}} \times 100\%$$

各月季节比率之和应为 1200%，如果大于或小于 1200%，应计算调整系数进行调整，使其总和等于 1200%。

(5)预测。所谓按 12 个月计算的移动平均数，就是将时间数列的各月资料，按照时间先后的顺序，逐月推移计算每 12 个月的序时平均数。按照时间顺序连续 12 个月的序时平均数，已经包含了一年四季的全部季节变动，因而把旺季和淡季互相扯平了，即将季节变动的影响消除掉了。同时，由于进行了移动平均那些上下波动的不规则变动基本上也平均化了。所以，12 个月移动平均数所包含的内容主要是长期趋势和循环变动，即($T \cdot C$)。这样，将 12 个月序时平均数去除时间数列中相应的各项实际数($Y = T \cdot C \cdot S \cdot I$)就得到季节变动和不规则变动，即 $T \cdot C \cdot S \cdot I / (T \cdot C) = S \cdot I$。详见表 J702-3。

表 J702-3　移动平均趋势剔除法季节比率计算表

年	月	门诊次(1)	12 个月移动平均(2)	移动修正(3)	剔除趋势值(4)	同月平均数(5)	季节比率(6)
2011	1	39 961	#N/A				
	2	35 988	#N/A				
	3	56 537	#N/A				
	4	52 106	#N/A				
	5	62 057	#N/A				
	6	57 879	#N/A				
	7	60 097	#N/A				
	8	57 358	#N/A				
	9	49 690	#N/A				
	10	51 350	#N/A				
	11	52 072	#N/A				
	12	52 288	52 281.92	#N/A			
2012	1	35 434	51 904.67	52 093.29	0.680 2	0.899 0	0.893 3
	2	53 310	53 348.17	52 626.42	1.013 0	0.692 4	0.688 0
	3	65 717	54 113.17	53 730.67	1.223 1	1.116 1	1.109 0
	4	57 174	54 535.5	54 324.33	1.052 5	1.062 0	1.055 3
	5	67 218	54 965.58	54 750.54	1.227 7	1.104 2	1.097 2
	6	57 739	54 953.92	54 959.75	1.050 6	1.140 9	1.133 6
	7	54 903	54 521.08	54 737.5	1.003 0	1.104 1	1.097 1
	8	52 207	54 091.83	54 306.46	0.961 3	1.002 6	0.996 2
	9	51 650	54 255.17	54 173.5	0.953 4	0.977 8	0.971 6
	10	43 632	53 612	53 933.58	0.809 0	0.991 8	0.985 5
	11	40 758	52 669.17	53 140.58	0.767 0	0.992 5	0.986 2
	12	42 265	51 833.92	52 251.54	0.808 9	0.992 9	0.986 6

续表 J702-3

年	月	门诊次(1)	12个月移动平均(2)	移动修正(3)	剔除趋势值(4)	同月平均数(5)	季节比率(6)
2013	1	43 493	52 505.5	52 169.71	0.833 7		
	2	26 562	50 276.5	51 391	0.516 9		
	3	50 847	49 037.33	49 656.92	1.024 0		
	4	50 094	48 447.33	48 742.33	1.027 7		
	5	49 526	46 973	47 710.17	1.038 1		
	6	51 192	46 427.42	46 700.21	1.096 2		
	7	53 975	46 350.08	46 388.75	1.163 5		
	8	48 822	46 068	46 209.04	1.056 5		
	9	49 931	45 924.75	45 996.38	1.085 5		
	10	49 098	46 380.25	46 152.5	1.063 8		
	11	48 850	47 054.58	46 717.42	1.045 6		
	12	50 887	47 773.08	47 413.83	1.073 3		
2014	1	46 843	48 052.25	47 912.67	0.977 7		
	2	30 344	48 367.42	48 209.83	0.629 4		
	3	58 133	48 974.58	48 671	1.194 4		
	4	52 849	49 204.17	49 089.38	1.076 6		
	5	50 397	49 276.75	49 240.46	1.023 5		
	6	55 410	49 628.25	49 452.5	1.120 5		
	7	55 634	49 766.5	49 697.38	1.119 5		
	8	47 222	49 633.17	49 699.83	0.950 1		
	9	44 729	49 199.67	49 416.42	0.905 1		
	10	52 470	49 480.67	49 340.17	1.063 4		
	11	52 714	49 802.67	49 641.67	1.061 9		
	12	51 739	49 873.67	49 838.17	1.038 1		

续表 J702-3

年	月	门诊次(1)	12个月移动平均(2)	移动修正(3)	剔除趋势值(4)	同月平均数(5)	季节比率(6)
2015	1	55 481	50 593.5	50 233.58	1.104 5		
	2	30 887	50 638.75	50 616.13	0.610 2		
	3	51 519	50 087.58	50 363.17	1.022 9		
	4	54 746	50 245.67	50 166.63	1.091 3		
	5	56 966	50 793.08	50 519.38	1.127 6		
	6	66 438	51 712.08	51 252.58	1.296 3		
	7	58 591	51 958.5	51 835.29	1.130 3		
	8	54 468	52 562.33	52 260.42	1.042 2		
	9	51 087	53 092.17	52 827.25	0.967 1		
	10	54 843	53 289.92	53 191.04	1.031 1		
	11	58 648	53 784.25	53 537.17	1.095 5		
	12	56 772	54 203.83	53 994.13	1.051 4		

　　根据表 J702-3 资料,首先计算 12 个月的移动平均数(2),点击菜单栏的"数据"选"数据分析"工具图标,在弹出的窗口中选择"移动平均",输入区域框中输入"C2:C61",在间隔的空白框中输入"12",进行 12 项移动平均。输出区域的空白框中输入"D2",再按"确定",可得到移动平均值。

　　由于是偶数项移动,所以必须再两项移动,即移正平均,得到长期趋势值和循环变动值(3);方法如上所述,选"数据分析""移动平均","输入区域"中输入"D13:D61","间隔"空白框中输入"2","输出区域"空白框中输入"E12"

　　然后采用(1)/(3)剔除趋势值和循环变动值得到(4);在 F14 单元格中输入"=C14/E14",鼠标移至 F14 单元格右下角,拖放到 F61 单元格。

　　再将四年同月加总求月平均数(5),在 G14 单元格输入"=average(F14,F26,F38,F50)",把 G14 单元格的公式填充至 G25 单元格。求 G14 到 G25 的平均值,在 G28 单元格输入"=average(G14:G25)",得到季节变动值 $\bar{s}$:

$$\bar{s} = \frac{0.899\,0 + 0.692\,4 + 1.116\,1 + \cdots + 0.992\,9}{12} = 1.006\,4$$

最后根据:

$$(6) = \frac{(5)}{\bar{s}}$$

　　计算季节比率(6)。在 H14 单元格输入"=G14/\$G\$28",把该公式填充至 H25 单元格,即可以最终的季节比率。

　　由表 J702-3 可见,该医院 6 月份是门诊人数最多的月份,可根据实际情况安排医务人员加班,2 月份是门诊人数最少的月份,主要原因是春节常在二月份出现,可安排医院人员适当轮休或进修。

用相应的季节比率可预测该医院下一个月的门诊人次。例如我们可以根据 2015 年 10～12 月的门诊数据及季节比率预测 2016 年 1 月的门诊人次:

$$\bar{y}_1 = \frac{54\,843 + 58\,648 + 56\,772}{0.985\,5 + 0.986\,2 + 0.986\,6} \times 0.893\,3 = \frac{170263}{2.958\,3} \times 0.893\,3 = 51\,413(人次)$$

(三)相关分析

天气的空气质量差容易引发呼吸系统的疾病,我们选取了深圳灰霾天数较多的 2008 年进行相关分析,发现内科门诊的次数与儿科的门诊次数有相关关系。见表 J702-4、表 J702-5。

表 J702-4　2008 年深圳市各月灰霾天数表　　　　　　　　　　单位:天

月份	1 月	2 月	3 月	4 月	5 月	6 月	7 月	8 月	9 月	10 月	11 月	12 月
灰霾天数	20	24	20	15	14	3	2	3	14	16	8	15

(资料来源:2008 年深圳市气候公报)

表 J702-5　2008 年儿科与内科的门诊次数　　　　　　　　　　单位:次

月份	1 月	2 月	3 月	4 月	5 月	6 月	7 月	8 月	9 月	10 月	11 月	12 月
儿科总疗诊次数	3 531	2 373	4 615	5 066	6 333	4 996	7 074	4 426	4 375	4 540	5 031	5 237
内科总疗诊次数	4 246	3 969	6 701	6 348	6 766	6 031	8 485	6 652	6 254	6 591	6 544	6 412

点击菜单栏的"数据",选"数据分析"工具图标,在弹出窗口中选"相关分析",在新窗口"输入区域"输入"B2:M3","分组方式"选"逐行","输出区域"上输入"A5"并确定。这样就可以得到相关系数 0.889 3,属于强相关,这与成年人及儿童都生活在相同的气候环境中有关。见表 J702-6。

表 J702-6　相关系数表

	行 1	行 2
行 1	1	
行 2	0.889 332	1

四、小结

1. 不少社会经济现象存在季节性的周期变动,可以通过计算季节比率来量化其相对变化的程度,为科学管理提供依据。

2. 可以结合移动平均法消除长期趋势的影响,使季节比率更准确。

3. 通过相关分析可以了解到某些现象之间是否有相关关系,可以进行对比分析及预测。

五、学习资源

1. QYS023-2.1 原始数据

2.《新编统计学》,郭梓仁、李艳霞主编,中南大学出版社,2012

第八部分

转化为数据动态分析统计教学案例

J801　序时平均法在饲料生产中的应用

一、教学案例设计

教学案例编号	J801	教学案例名称	序时平均法在饲料生产中的应用		
企业案例编号	Q007	企业案例名称	河南某牧业有限公司饲料产供销统计实际案例		
教学案例背景		河南某牧业有限公司提供了从2010年到2015年每年公司员工人数、资产负债总额以及饲料生产和销售的数量,那么这五年企业的人财物产供销方面达到一个什么样的水平,发展是否比较均衡,公司并没有做出分析			
案例问题		根据QYS007资料,计算有关水平指标,分析公司在"十二五"期间发展的水平,为公司制订"十三五"计划提供依据			
案例教学目标		知识目标	能力目标		素质目标
		掌握水平指标的含义、种类、用途,明确水平指标计算方法、要求等	能够根据要求独立计算各类水平指标,并作简要分析		养成主动思考、分析问题、解决问题的习惯,大胆提出意见和建议的统计工作精神
教学建议		在学习并掌握了水平指标的基本原理后,由老师带领学生认真阅读统计实际案例Q007,重点思考可以计算哪些水平指标,并作简要分析			
案例反思		水平指标是动态分析中的一类分析指标,是衡量事物发展是否均衡的重要指标,而这类指标的计算必须依据动态数列的类型来选择合适的计算方法,这是案例教学中的重点和难点,初学者很容易出错,必须经过具体实例来练习,才能准确把握			

二、数据说明

1. QYS007-3.1原始数据系公司自动化管理系统自动收集生成。

2. 河南某牧业有限公司统计资料既有时点指标，又有时期指标，其中公司员工人数、资产总额、负债总额、饲料库存等是时点指标，是指每年年末的数据，而饲料产量、销售量则是时期指标，是指每年从年初累计至年末的合计数，学生需要对时期指标和时点指标的概念区分清楚。另外，还要区分什么是时期数列，什么是时点数列，两类数列有何区别，这对于计算水平指标十分重要。

3. 本案例有关的数据计算是由Excel 2007以上版本完成的。

4. 在各个水平指标计算中，均可在Excel界面上完成，比如计算员工年平均人数时，可以先将各年年末公司员工人数输入在Excel界面的任意一列单元格，如从E3开始按垂直方向逐一输入各年数据，即E3:E8，然后另选任一空单元格作为放置计算结果的位置，如E10，写入"="号，在"="后面写入(E3/2+E4+E5+E6+E7+E8/2)/(6-1)，回车确定即得到结果58.2，其余数据按同样方法以此类推，在此不再逐一赘述。劳动生产率可用当年的产量与该年的平均人数对比计算得到，如2011年的工人劳动生产率，可选择单元格L4，写入"="号，在"="后面写入H4/((C3+C4)/2)，回车即得750.63吨/人，将光标放回到L4并移至右下角变成黑十字后往下拉至2015年，就得到2012至2015各年的工人劳动生产率，结果如表J801-1所示，同样方法可以计算得到2011至2015各年全员劳动生产率。

三、案例分析

本案例是教学生学会如何区分动态数列、选择什么方法计算各种水平指标的问题。动态数列又叫时间数列，它是指把反映同一社会经济现象在不同时间上的指标数值，按一定的时间顺序排列而成的统计数列。动态数列按构成其指标值的性质不同分为总量指标动态数列、相对指标动态数列和平均指标动态数列三类。其中，总量指标动态数列是基本的，其余两种动态数列则是根据总量指标动态数列计算而派生出来的数列。数列中的各个指标值被称为发展水平，比如QYS007-3.1中各列原始数据以及计算的指标数值(如表J801-1所示)。

表J801-1　河南某牧业有限公司统计资料

年份	年末公司员工人数(人)				年末资产负债总额(万元)	
	行政	工人	销售	合计	资产总额	负债总额
2010	7	20	18	45	519.5	137.47
2011	9	24	22	55	956.87	246.60
2012	12	26	29	67	1,839.77	891.16
2013	12	24	26	62	2,788.91	1,790.83
2014	12	21	24	57	2,905.45	1,973.31
2015	12	21	22	55	3,168.50	2,193.59

续表 801-1

饲料(吨)			年末饲料库存量占用流动金额(万元)	劳动生产率(吨/人)	
产量	销量	年末库存量		工人	全员
9 761.625	9 721.51	136.83	37.7	—	—
16 513.95	15 977.02	167.69	47.02	750.63	330.28
20 911.83	20 694.76	174.815	55.71	836.47	342.82
19 131.93	18 086.3	473.28	141.28	765.28	296.62
22 995.77	21 184.61	310.185	90.51	1 022.03	386.48
17 200	16 662.8	341.915	91.4	819.05	307.14

本案例要计算的水平指标是指平均发展水平,又称序时平均数或动态平均数,是指动态数列中各时期或时点上的发展水平的平均数,用来表示社会经济现象在一段时间内的一般水平。根据上表 J801-1 数据可以计算该公司如下平均发展水平,即

(1)员工年平均人数

$$
\bar{a} = \frac{\dfrac{a_1}{2} + a_2 + a_3 + a_4 + a_5 + \dfrac{a_6}{2}}{6 - 1}
$$

$$
= \frac{\dfrac{45}{2} + 55 + 67 + 62 + 57 + \dfrac{55}{2}}{5}
$$

$$
= 58.2(人)
$$

(2)资产年平均总额

$$
\bar{a} = \frac{\dfrac{a_1}{2} + a_2 + a_3 + a_4 + a_5 + \dfrac{a_6}{2}}{6 - 1}
$$

$$
= \frac{\dfrac{519.50}{2} + 956.87 + 1\,839.77 + 2\,788.91 + 2\,905.45 + \dfrac{3\,168.50}{2}}{5}
$$

$$
= 2\,067(万元)
$$

(3)负债年平均总额

$$
\bar{a} = \frac{\dfrac{a_1}{2} + a_2 + a_3 + a_4 + a_5 + \dfrac{a_6}{2}}{6 - 1}
$$

$$
= \frac{\dfrac{137.47}{2} + 246.60 + 891.16 + 1\,790.83 + 1\,973.31 + \dfrac{2\,193.59}{2}}{5}
$$

$$
= 1\,213.49(万元)
$$

(4)用同样方法可分别计算得到年平均饲料库存为 273.07 吨和因库存而占用流动资金年平均余额为 79.81 万元。

（5）饲料年平均产量

$$\bar{a} = \frac{\sum a}{n}$$

$$= \frac{9\ 761.63 + 16\ 513.95 + 20\ 911.83 + 19\ 131.93 + 22\ 995.77 + 17\ 200}{6}$$

$$= 17\ 752.52（吨）$$

（6）饲料年平均销量

$$\bar{a} = \frac{\sum a}{n}$$

$$= \frac{9\ 721.51 + 15\ 977.02 + 20\ 694.76 + 18\ 086.30 + + 21\ 184.61 + 16\ 662.80}{6}$$

$$= 17\ 054.5（吨）$$

以上各水平分析指标的计算过程均可运用 Excel 的计算功能来完成，这样更方便快捷和准确，在此不再赘述。

通过以上计算，可以看到该子公司员工年平均人数为 58.2 人（其中工人年平均人数为 23 人，销售人员年平均人数为 24 人，行政管理人员年平均人数为 10 人）；资产和负债的年平均分别为 2 067 万元和 1 213.49 万元，资产负债比约为 1.7∶1；饲料年平均产量和年平均销售量分别为 17 752.52 吨和 17 054.5 吨，产销比约为 1.04∶1；饲料产量年平均库存为 273.07 吨，库存年平均占用流动资金为 79.81 万元。从整体上来看，该子公司在"十二五"期间，饲料产销情况是比较好的，劳动生产率呈现逐年提高趋势，产品宣传、促销措施做得比较好，产销比较对路，基本实现产销两旺，没有造成太多产品积压，经济效益较好。2015 年公司因受外部经济形势的影响以及市场竞争日趋激烈，产销量均出现有所下降的趋势，公司应该及时认真分析内外部情况，准确判断饲料市场行情，采取有效稳定饲料产销量的应对措施，防止饲料产销继续下滑。

四、小结

水平指标的计算在统计课程教学中是一个重要知识点，同时也是教学的难点，难就难在对动态数列的判断上，这对于初学学生来说有难度。教师要做到能教会做，通过各种实际案例反复强调，让学生掌握划分这类数列的方法和技巧，在此基础上再掌握计算水平指标的方法，并对计算的结果做简要分析。

五、学习资源

1. QYS007-3.1 原始数据

2.《数据分析》，谢家发主编，郑州大学出版社，2014

3.《21 世纪统计学系列教材：统计学专业课程教学案例选编》，高敏雪、蒋妍主编，中国人民大学出版社，2013

J802 动态分析指标在企业生产管理中的分析与应用

一、教学案例设计

教学案例编号	J802	教学案例名称	动态分析指标在企业生产管理中的分析与应用
企业案例编号	Q015	企业案例名称	浙江省温州市某童装厂生产统计实际案例
教学案例背景			浙江省温州市某童装厂成立于2001年,是一家集设计、生产、销售为一体的国内牛仔童装工厂,坐落于"温州童装第一村",拥有职工100余人,各类服装生产设备100余台,月产量8万件以上。成立十多年来,工厂销售指标每年均以15%左右的速度增长。在市场竞争日趋激烈的情况下,工厂决策层并没有满足于现状,而又确定了内销和外销并举的新举措。 据了解,工厂采取计件制管理,工人大多为来自四川、贵州、湖南、安徽、江西等地的农民工。工厂没有专职的统计人员,统计工作由财会人员兼,但统计基础工作还比较扎实,从原始记录到统计台账,从内部报表到统计报表都比较规范
案例问题			根据表Q015-2及2016年3月份工厂工人人数变动资料,进行动态分析
案例教学目标		知识目标	能力目标	素质目标

案例教学目标	知识目标	能力目标	素质目标
	掌握动态分析指标的含义、计算与应用	能够根据动态数列计算各种动态分析指标,并作文字说明	养成独立思考的习惯,用发展的眼光看问题

教学建议	在教学过程中,要求学生学习并掌握统计动态数列的基本理论后,由老师带领学生认真阅读统计实际案例Q015,重点思考表Q015-2的销售产值是什么意思,数据的变动有何规律等,能给企业决策提供哪些启发性建议
案例反思	本案例是一个有关动态分析指标的计算问题,教师在教学过程中要引导学生学会对动态数列的正确判断,从而选择合适的计算方法

二、数据说明

1. QYS014-2.2 原始数据系浙江省温州市某童装厂提供。

2. 2016年3月份该工厂生产工人人数增减情况如下:2015年年末工人125人,2016

年3月1日工人108人;3月4日,从四川来到工厂7人;3月8日从贵州来了10人;3月12日,有三位安徽籍工人离开工厂;3月15日,又从四川万州来了8个工人;3月24日,又有二位贵州籍工人因家有急事离开工厂,当天从江西萍乡找来了12名工人。到3月末,工厂工人勉强达140人。

三、案例分析

(一)根据该工厂3月份工人人数资料计算该月平均工人人数

动态数列分析最基本的目的,就是从时间的角度对事物发展、变化的基本状态进行描述。这种描述包括两个方面的基本内容:一个是回答"多少"的问题,一个是回答"快慢"的问题。在统计学的动态数列分析中,一般将描述前者的动态分析称为"水平分析",将描述后者的动态分析称为"速度分析";动态数列分析的第二个目的,是对事物未来的发展进行预测。本案例探讨的是动态数列的水平分析、速度分析和趋势分析。

将动态数列中不同时间的发展水平加以平均而得到的平均数就是平均发展水平,又称序时平均数或动态平均数。它将研究对象在不同时间上的数量差异抽象化,从动态上说明现象在一段时间内发展的一般水平。

动态平均数可以由绝对数动态数列来计算,也可以由相对数动态数列或平均数动态数列来计算。由于动态数列的种类不同,特性不同,其动态平均数的计算方法也不相同。但根据绝对数动态数列计算序时平均数是最基本的。

1. 由时期数列计算

由于时期数列中各期的观测值相加具有实际经济含义,对时期数列进行平均分析时,计算动态平均数可采用简单算术平均法,即以各期观测值之和除以时期项数求得。计算公式为:

$$\bar{a} = \frac{a_1 + a_2 + \cdots + a_n}{n} = \frac{\sum\limits_{i=1}^{n} a_i}{n}$$

式中,$\bar{a}$ 为序时平均数;a_i 为各时期发展水平;n 为时期项数。

2. 由时点数列计算

(1)由连续时点数列计算。所谓连续时点数列是指动态数列中的所有观测值以"天"为单位排列,这样的资料又分间隔相等和间隔不等两种,计算方法也有所区别。若资料为间隔相等的连续时点数列,其平均发展水平的计算公式为:

$$\bar{a} = \frac{a_1 + a_2 + \cdots + a_n}{n} = \frac{\sum\limits_{i=1}^{n} a_i}{n}$$

若资料为间隔不等的连续时点数列,其平均发展水平的计算公式为:

$$\bar{a} = \frac{\sum af}{\sum f}$$

式中 f 为各观测值所属的时间长度。

（2）由间断时点数列计算。所谓间断时点数列是指动态数列中的各项观测值是期末（如月末、季末或年末）数值，这样的资料也分为间隔相等和间隔不等两类，计算方法也有所区别，若资料为间隔相等的间断时点数列，其平均发展水平的计算公式为：

$$\bar{a} = \frac{(a_0 + a_1)/2 + (a_1 + a_2)/2 + \cdots + (a_{n-1} + a_n)/2}{n}$$

整理可得：

$$\bar{a} = \frac{\dfrac{a_0}{2} + a_1 + \cdots + a_{n-1} + \dfrac{a_n}{2}}{n}$$

计算间隔相等的时点数列的序时平均数，是假定现象在两个相邻时点之间的变动是均匀的，因而，可将相邻两个时点指标数值之和除以 2，作为这两个时点之间所有时点上指标数值的代表值（"首尾折半法"），然后再用简单算术平均法将这些数值平均，就可得到该时点数列的序时平均数。

若资料为间隔不等的间断时点数列，其平均发展水平的计算公式为：

$$\bar{a} = \frac{\dfrac{a_0 + a_1}{2}f_1 + \dfrac{a_1 + a_2}{2}f_2 + \cdots + \dfrac{a_{n-1} + a_n}{2}f_n}{f_1 + f_2 + \cdots + f_n}$$

式中 f 为相邻两个观测值之间的间隔时间长度。

根据该工厂 3 月份工人人数资料计算该月平均工人人数。

平均人数是指报告期内平均每天拥有的人数。月平均人数是指报告月内平均每天实有的人数，计算公式为：

月平均人数＝报告月每天实有人数之和/报告月日历日数

对于一些人数变动较小的单位，月平均人数也可以简便计算为：月初人数与月末人数之和除以 2。

在计算月平均人数时需要注意两点：首先，公休日和节假日的人数应按前一天的人数计算；其次，对本月内新建或撤销的单位（其建立或存在不满全月），计算报告月平均人数时，应以其建立后或撤销前各天实有人数之和除以报告月的日历日数。

季平均人数指报告季内平均每天拥有的人数，它用报告季内各月平均人数之和除以 3 求得。

年平均人数是指报告年内平均每天拥有的人数，它用报告年内各月平均人数之和除以 12 求得，或用全年 4 个季度的平均人数之和除以 4 求得。在计算季、年平均人数时，对新建或撤销的单位同样要注意分母的问题。无论该单位在计算期内何时建立或撤销，在计算其季平均人数时要除以 3，在计算年平均人数时要被 12 个月除。

由于该工厂 3 月份工人人数资料属于连续的间隔不等的时点数列，所以该工厂 2016 年 3 月平均工人人数应为：

$$\bar{a} = \frac{\sum af}{\sum f}$$

$$= \frac{108 \times 3 + 115 \times 4 + 125 \times 4 + 122 \times 3 + 130 \times 9 + 140 \times 8}{31} = 127.10（人）$$

(二)根据表 J802-1 资料计算该厂平均每年工人人数、平均每年销售产值

表 J802-1 中的年末工人人数是一个间断的间隔相等的时点数列,所以计算平均发展水平可以用首末折半法,即:

$$\bar{a} = \frac{\frac{a_0}{2} + a_1 + \cdots + a_{n-1} + \frac{a_n}{2}}{n}$$

该厂平均每年工人人数 = 67.1(人)

而表 J802-1 中的年销售产值是一个时期数列,所以计算平均发展水平可以采用简单平均法,即:

$$\bar{a} = \frac{a_1 + a_2 + \cdots + a_n}{n} = \frac{\sum_{i=1}^{n} a_i}{n}$$

该厂平均每年销售产值

$$= \frac{208.23 + 319.52 + 415.38 + 510.92 + 602.88 + \ldots + 2\,806.55}{15}$$

$$= \frac{18\,226.64}{15} = 1\,215.11(万元)$$

表 J802-1　销售产值逐期增减量和累计增减量计算表

年份	销售产值(万元)	逐期增减量	累计增减量
2001	208.23	—	—
2002	319.52	111.29	111.29
2003	415.38	95.86	207.15
2004	510.92	95.54	302.69
2005	602.88	91.96	394.65
2006	717.43	114.55	509.2
2007	948.06	230.63	739.83
2008	1 097.86	149.8	889.63
2009	1 236.19	138.33	1 027.96
2010	1 390.71	154.52	1 182.48
2011	1 584.02	193.31	1 375.79
2012	1 840.63	256.61	1 632.4
2013	2 107.53	266.9	1 899.3
2014	2 440.73	333.2	2 232.5
2015	2 806.55	365.82	2 598.32

（三）根据表 J802-1 资料计算该厂销售产值的逐期增减量、累计增减量和年平均增减量

增减量是报告期水平与基期水平之差，用来说明某种现象在一定时期内增加或减少的绝对数量。这个差数若为正值，就是增长量；若为负值，就是降少量或降低量。其计算公式为：

$$增减量 = 报告期水平 - 基期水平$$

由于采用基期的不同，增减量可分为逐期增减量和累计增减量。逐期增减量是报告期水平与前一期水平之差，说明现象报告期比前一期增加或减少的绝对数量；累计增减量是报告期水平与某一固定时期水平（通常为最初水平）之差，说明现象报告期比某一固定时期增加或减少的绝对数量，也可以说是现象在某一段较长时期内总的增减量。逐期增减量和累计增减量用字母表示如下：

逐期增减量：$a_1 - a_0, a_2 - a_1, \cdots, a_n - a_{n-1}$

累计增减量：$a_1 - a_0, a_2 - a_0, \cdots, a_n - a_0$

平均增减量是指动态数列中各逐期增减量的序时平均数，说明某社会经济现象在一段时期内平均每期增加或减少的数量，一般用简单算术平均法计算。其公式为：

$$平均增减量 = \frac{\sum_{i=1}^{n}(a_i - a_{i-1})}{n} = \frac{a_n - a_0}{n}$$

公式中第一步可以认为是平均增减量的定义公式，而第二步是根据累计增减量和逐期增减量的关系所得到的。因此，所谓平均增减量就是指逐期增减量的序时平均数。

$$平均增减量 = \frac{逐期增减量之和}{逐期增减量个数} = \frac{累计增减量}{时间序列项数 - 1}$$

由此计算得到的该厂销售产值逐期增减量、累计增减量如表 J802-1 所示。

$$该厂销售产值年平均增减量 = \frac{2\,806.55 - 208.23}{14} = 185.59（万元）$$

（四）根据表 J802-1 资料计算发展速度和增长速度

发展速度是用相对数形式表示的动态指标，是动态数列中两个不同时期发展水平对比的结果，说明报告期水平已发展到基期水平的多少倍或百分之几。其计算公式为：

$$发展速度 = \frac{报告期水平}{基期水平} \times 100\%$$

由于所选择的基期不同，发展速度可分为定基发展速度和环比发展速度。

定基发展速度是报告期水平与某一固定时期水平（一般为最初水平）之比，表明现象在一个较长时期内总的变动程度，因此，有时也叫作总速度。环比发展速度是报告期水平同前一期水平之比，说明现象比前一期发展变化的程度。用字母表示：

定基发展速度：$\dfrac{a_1}{a_0}, \quad \dfrac{a_2}{a_0}, \quad \dfrac{a_3}{a_0} \quad \cdots \quad \dfrac{a_n}{a_0}$

环比发展速度：$\dfrac{a_1}{a_0}, \quad \dfrac{a_2}{a_1}, \quad \dfrac{a_3}{a_2} \quad \cdots \quad \dfrac{a_n}{a_{n-1}}$

增长速度是各期增减量与基期水平对比的结果，说明报告期水平比基期水平增长了

若干倍或百分之几。公式为：

$$增长速度 = \frac{增长量}{基期水平} \times 100\%$$

由于增减量是报告期水平与基期水平之差,故有：

$$增长速度 = \frac{报告期水平 - 基期水平}{基期水平} \times 100\%$$

$$= 发展速度 - 1(或100\%)$$

当发展速度大于 1 时,增长速度为正值,表明现象的增长程度;当发展速度小于 1 时,增长速度为负值,表明现象的降低程度。

与发展速度相对应,增长速度也可分为定基增长速度和环比增长速度。

定基增长速度是累计增减量与固定基期水平之比,或是定基发展速度减1,表明社会经济现象在一段较长时期内总的增减程度。环比增长速度是逐期增减量与前一期水平之比,或是环比发展速度减1,表明社会经济现象相邻两期逐期增减的程度。

由此计算得到该厂历年销售产值的发展速度和增长速度如表 J802-2 所示。

表 J802-2　历年销售产值的发展速度和增长速度计算表

年份	销售产值（万元）	发展速度(%)		增长速度(%)	
		环比	定基	环比	定基
2001	208.23	100.00	100.00	---	---
2002	319.52	153.45	153.45	53.45	53.45
2003	415.38	130.00	199.48	30.00	99.48
2004	510.92	123.00	245.36	23.00	145.36
2005	602.88	118.00	289.53	18.00	189.53
2006	717.43	119.00	344.54	19.00	244.54
2007	948.06	132.15	455.29	32.15	355.29
2008	1 097.86	115.80	527.23	15.80	427.23
2009	1 236.19	112.60	593.67	12.60	493.67
2010	1 390.71	112.50	667.87	12.50	567.87
2011	1 584.02	113.90	760.71	13.90	660.71
2012	1 840.63	116.20	883.94	16.20	783.94
2013	2 107.53	114.50	1012.12	14.50	912.12
2014	2 440.73	115.81	1172.14	15.81	1 072.14
2015	2 806.55	114.99	1347.81	14.99	1 247.81

（五）根据表 J802-1 资料计算平均发展速度和平均增长速度

平均发展速度,是指动态数列中各期环比发展速度的序时平均数,它表明社会经济现象在一个较长时期内逐渐发展变化的平均速度;而平均增长速度,是指动态数列中各期环比增长速度的序时平均数,它表明社会经济现象在一个较长时期内逐期增长的平均程度。但是,从计算平均速度的方法看,平均增长速度并不能根据各期环比增长速度直

接计算,而是先计算平均发展速度,然后,根据平均发展速度与平均增长速度的关系来计算平均增长速度,即:

$$平均增长速度 = 平均发展速度 - 1$$

平均发展速度常用几何平均法进行计算。其计算方式为:

$$\bar{x} = \sqrt[n]{x_1 x_2 x_3 \cdots x_n} = \sqrt[n]{\prod x}$$

式中,$\bar{x}$ 为平均发展速度;x_i 为各期环比发展速度;$\prod$ 为连乘积的符号。

由于

$$x_i = \frac{a_i}{a_{i-1}}(i = 1, 2, \cdots, n)$$

所以上式又可表示为:

$$\bar{x} = \sqrt[n]{\frac{a_1}{a_0} \times \frac{a_2}{a_1} \times \cdots \times \frac{a_n}{a_{n-1}}} = \sqrt[n]{\frac{a_n}{a_o}}$$

由此计算得到该工厂销售产值的平均发展速度和平均增长速度如下:

$$平均发展速度 = \sqrt[14]{\frac{2\,806.55}{208.23}} = 120.42\%$$

$$平均增长速度 = 120.42\% - 1 = 20.42\%$$

(六)根据 QYS014-2.2 原始数据资料,对该工厂的销售产值进行趋势分析

第一步,判断时间序列的发展趋势。若时间序列的逐期增长量大体相同时,其发展趋势呈直线趋势;若时间序列的二级增长量大体相同时间,则其发展趋势呈抛物线趋势;而当时间序列的环比发展速度大体相等时,则其发展趋势呈指数曲线趋势。也可以利用散点来判断其趋势。本案例利用散点判断时间序列的发展趋势,需要利用 SPSS 统计软件,建立数据文件,如图 J802-1 所示。

	销售产值	年份	序号	变量	变量	变量	变量	变量
1	208.23	2001	1.00					
2	319.52	2002	2.00					
3	415.38	2003	3.00					
4	510.92	2004	4.00					
5	602.88	2005	5.00					
6	717.43	2006	6.00					
7	948.06	2007	7.00					
8	1097.86	2008	8.00					
9	1236.19	2009	9.00					
10	1390.71	2010	10.00					
11	1584.02	2011	11.00					
12	1840.63	2012	12.00					
13	2107.53	2013	13.00					
14	2440.73	2014	14.00					
15	2806.55	2015	15.00					

图 J802-1　数据编辑器

(1)点击"图形",选择"旧对话框",选择并单击"散点图/点图"进入"散点图/点图"对话框,选中"简单散点图"。如图 J802-2 所示。

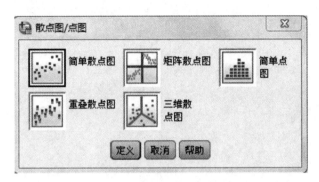

图 J802-2　散点图/点图对话框

(2)点击"定义",弹出"简单散点图"对话框,将"销售产值""年份"两个变量分别选进"Y 轴"和"X 轴"中,如图 J802-3 所示。

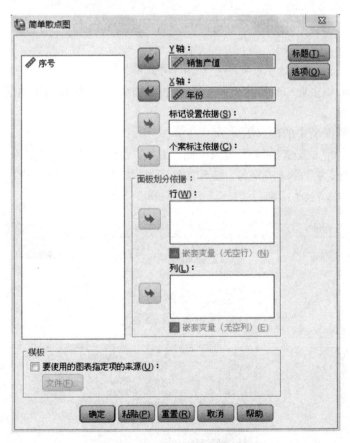

图 J802-3　简单散点图对话框

（3）点击"确定"，即可得到输出结果，如图 J802-4 所示。

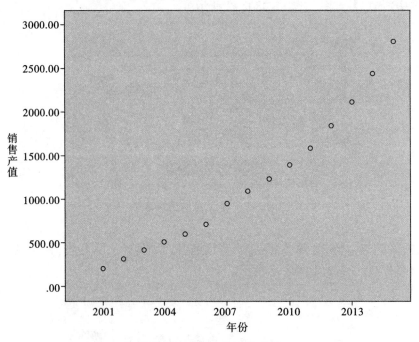

图 J802-4　销售产值散点图

由散点可知，该企业历年销售产值呈指数曲线趋势，可以配合指数曲线模型，即：

$$y_c = ab^t 。$$

第二步，计算模型中的两参数 a、b。

（1）点击"分析"，选择"回归"，选中"曲线估算"，进入"曲线估算"对话框，再将"销售产值"移至"因变量"框，将"序号"移至"时间"框内，在下方"模型"框内选择"指数"，再在"显示 ANOVA 表（Y）"前打上"√"。如图 J802-5 所示。

图 J802-5　曲线估算对话框

（2）点击"确定"即可,输出结果如表 J802-3、表 J802-4、表 J802-5 和图 J802-6 所示。

表 J802-3　模型摘要

R	R 方	调整后 R 方	估算标准误差
.988	.976	.974	.125

自变量为:序号

表 J802-4　方差分析

	平方和	自由度	均方	F	显著性
回归	8.277	1	8.277	533.053	.000
残差	.202	13	.016		
总计	8.479	14			

J802-5　回归系数输出

	未标准化系数		标准化系数	t	显著性
	B	标准误差	Beta		
序号	.172	.007	.988	23.088	.000
（常量）	239.973	16.248		14.769	.000

因变量为:ln(销售产值)

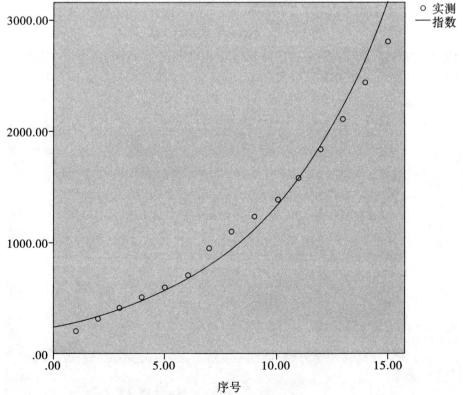

图 J802-6　销售产值趋势图

由表 J802-3 模型摘要中的判定系数 $R^2 = 0.976$,表明指数曲线模型的拟合优度非常好。再从 F 的检验值和 t 检验值看,均小 0.05,因此,可以认为所建立的回归模型是可信的。

即可以得到该厂销售产值的趋势方程为:

$$y_c = 239.973 \times 1.188^t$$

(注:0.173 的反对数为 1.188)

第三步,计算趋势值,并对下一年的销售产值进行区间预测。

(1)打开"销售产值"数据文件,在"序号"栏的最后一行输入"16"。单击"分析",选择"回归"—"曲线估算",在下方"模型"框内选择"指数",单击"保存",进入"曲线估算:保存"对话框,选择"预测值"和"预测区间",如图 J802-7 所示。

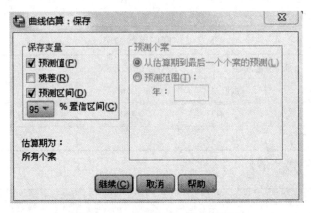

图 J802-7　曲线估算:保存对话框

(2)单击"继续",回到"曲线估算"对话框,点击"确定",即得该工厂历年产品销售产值的趋势值(FIT)及 2016 年销售产值的置信区间(置信水平为 95%),如图 J802-8 所示。

	销售产值	年份	序号	FIT_1	LCL_1	UCL_1	变量
9	1236.19	2009	9	1127.67975	853.56463	1489.82464	
10	1390.71	2010	10	1339.22952	1012.28250	1771.77389	
11	1584.02	2011	11	1590.46547	1199.41936	2109.00415	
12	1840.63	2012	12	1888.83263	1419.88761	2512.65570	
13	2107.53	2013	13	2243.17268	1679.43521	2996.14038	
14	2440.73	2014	14	2663.98600	1984.78901	3575.60493	
15	2806.55	2015	15	3163.74279	2343.82249	4270.48913	
16			16	3757.25265	2765.75209	5104.19843	
17							
18							
19							
20							
21							

图 J802-8　销售产值趋势及置信区间

即在 95% 的概率保证下,该工厂 2016 年产品销售产值将在 2765.75 万元至 5104.20 万元之间。

(3)单击"分析",选择"时间序列预测"—"序列图",进入"序列图"对话框,将"趋势值""预测下限值"和"预测上限值"分别移入"变量"中,将"年份"移入"时间轴标签",如图 J802-9 所示。点击"确定",即得到销售产值趋势预测图,如图 J802-10 所示

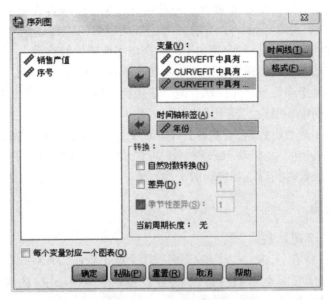

图 J802-9　序列图对话框

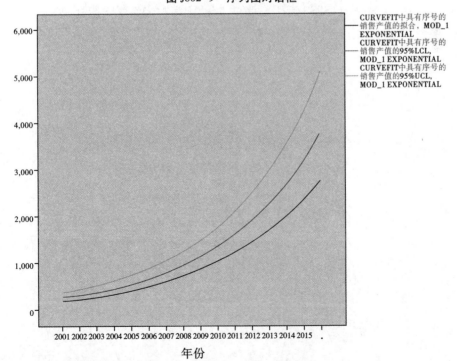

图 J802-10　销售产值趋势预测图

四、小结

平均发展水平是指将动态数列中不同时间的发展水平加以平均而得到的平均数,又称序时平均数或动态平均数。它将研究对象在不同时间上的数量差异抽象化,从动态上说明现象在一段时间内发展的一般水平。增减量是报告期水平与基期水平之差,用来说明某种现象在一定时期内增加或减少的绝对数量。这个差数若为正值,就是增长量;若为负值,就是降少量或降低量。平均增减量是指动态数列中各逐期增减量的序时平均数,说明某社会经济现象在一段时期内平均每期增加或减少的数量。

发展速度是动态数列中两个不同时期发展水平对比的结果,说明报告期水平已发展到基期水平的多少倍或百分之几。增长速度是各期增减量与基期水平对比的结果,说明报告期水平比基期水平增长了若干倍或百分之几。平均发展速度,是指动态数列中各期环比发展速度的序时平均数,它表明社会经济现象在一个较长时期内逐渐发展变化的平均速度。平均增长速度,是指动态数列中各期环比增长速度的序时平均数,它表明社会经济现象在一个较长时期内逐期增长的平均程度。

五、学习资源

1. QYS014-2.2 原始数据

2.《统计学》,曾五一、朱建平主编,上海财经大学出版社,2013

3.《21 世纪统计学系列教材:统计学专业课程教学案例选编》高敏雪、蒋妍主编,中国人民大学出版社,2013

4.《应用统计学:基于 SPSS 运用》,张良主编,上海财经大学出版社,2013

J803　啤酒生产季节性变化的测定

一、教学案例设计

教学案例编号	J803	教学案例名称	啤酒生产季节性变化的测定		
企业案例编号	Q005	企业案例名称	河南省某啤酒股份有限公司啤酒生产统计实际案例		
教学案例背景		河南省某啤酒股份有限公司是一家专门从事啤酒生产的企业。啤酒是人类最古老的酒精饮料之一,是水和茶之后世界上消耗量排名第三的饮料。啤酒以大麦芽、酒花、水为主要原料,经酵母发酵作用酿制而成的饱含二氧化碳的低酒精度酒,被称为"液体面包",是一种低浓度酒精饮料,其消费具有明显的季节性。本案例就是试图测定啤酒生产是否存在季节性变化			
案例问题		根据 QYS005-2.1 资料,进行季节变化测定并进行季节变动分析			
案例教学目标		知识目标	能力目标		素质目标
		掌握季节变动的含义和用途,明确测定方法、要求等	能够根据要求独立对数据进行季节变动测定,并做简要分析		养成独立思考,善于从事物的发展变化中找出差异和规律性
教学建议		在学习并掌握了季节变动测定的基本原理后,由老师带领学生认真阅读统计实际案例 Q005,重点思考表中三年分月啤酒产量资料,在此基础上尝试进行季节变动测定,并简要分析啤酒生产、消费的季节性变化情况			
案例反思		本案例是一个有关啤酒生产的问题,啤酒的生产和消费均有明显的季节性。教师在教学过程中要引导学生学会分析事物的发展变化,掌握季节变动的周期、数量界限及其规律,以便预测未来情况,及时采取措施,克服它对人们经济生活导致的不良影响,更好地组织生产和销售			

二、数据说明

1. QYS005-2.1 原始数据系公司自动化管理系统自动收集生成。

2. 河南省某啤酒股份有限公司啤酒生产统计实际案例中的啤酒产量,月山、三姑泉、戈力三大系列啤酒的产量,各月的价格是指当月的出厂平均价。

啤酒酿造中的主要用料名称解释说明。

大麦是啤酒酿造中使用的重要原料,分二棱和六棱大麦。二

图 J803-1　大麦

棱大麦的浸出率高,溶解度较好,六棱大麦的农业单产较高,活力强,但浸出率较低,麦芽溶解度不太稳定。啤酒用大麦的品质要求为:壳皮成分少,淀粉含量高,蛋白质含量适中(9%~12%),淡黄色,有光泽,水分含量低于13%,发芽率在95%以上。

酒花又称啤酒花,使啤酒具有独特的苦味和香气并有防腐和澄清麦芽汁的能力。酒花始用于德国,学名为蛇麻,为大麻科葎草属多年生蔓性草本植物,中国人工栽培酒花的历史已有半个世纪,始于东北,在新疆、甘肃、内蒙古、黑龙江、辽宁等地都建立了较大的酒花原料基地。成熟的新鲜酒花经燥压榨,以整酒花使用,或粉碎压制颗粒后密封包装,也可制成酒花浸膏,然后在低温仓库中保存。其有效成分为酒花树脂和酒花油。每 KI 啤酒的酒花用量约为 1.4~2.4 kg。

图 J803-2　啤酒花

酵母是用以进行啤酒发酵的微生物。啤酒酵母又分上面发酵酵母和下面发酵酵母。啤酒工厂为了确保酵母的纯度,进行以单细胞培养法为起点的纯粹培养。为了避免野生酵母和细菌的污染,必须严格要求啤酒工厂的清洗灭菌工作。

酿制浓色啤酒和淡色啤酒用水要求为:无色,无臭,透明,无浮游物,味醇正,无生物污染,硬度低,铁、锰含量低(含量高对啤酒的色、味有害,而且能引起喷涌现象),不含亚硝酸盐。

图 J803-3　酵母

3. 本案例有关的表格设计、数据计算和图形绘制均在 Excel 2007 以上版本完成。

4. 表中各个数据的计算,均可在 Excel 界面上完成,比如计算 2013、2014 和 2015 三年的啤酒产量时,可以先将各月啤酒产量在 Excel 界面的任意单元格开始,如从 B2 开始按水平方向从左往右逐一输入各月数据,即 B2:L4 单元格区域已输入了三年各月数据,然后选右侧单元格 M2,写入"="号,在"="后面写入 SUM(B2:L2),回车确定即得到结果 127477,再把光标放回到 M2 移到右下角变成黑十字后往下拖曳到 M4 单元格止,即得到 2013 年到 2015 年各年的啤酒年产量,再把光标放在 B2,按住左键往下拉至 B5,点击"Σ"求和符号,即得连续三年 2 月份的产量之和,然后将光标放回 B5,移到右下角变成黑十字后往右拖曳到 M5 单元格止,即得到其他同月三年啤酒产量及三年总的啤酒产量;把光标放入 B6 单元格,写入"="号,在"="后面写入 B5/3,回车确定即得三年同月平均啤酒产量为 6075.7,然后将光标放回 B6,移到右下角变成黑十字后往右拖曳到 M6 单元格止,即得到其他三年同月的平均啤酒产量及三年总的月平均啤酒产量;把光标放入 B7 单元格,写入"="号,在"="后面写入 B6/9574.1,回车确定即得到二月的啤酒生产季节比率为 63.46%,然后将光标放回 B7,移到右下角变成黑十字后往右拖曳到 L7 单元格止,即得到其他月份的啤酒生产季节比率。

本案例使用了折线图。折线图是在直方图的基础上,用直线连接各个矩形顶边中点,并将所连成的折线的两个终点分别与终点各自所在矩形靠外侧竖边的中点相连且延

伸到与横轴相交,即得到折线图。折线图和其他图形一样均可通过 Excel 的绘图功能来绘制。具体步骤如下:

第一步:在新建的工作表的 A1:M7 单元格区域,录入表中的相关啤酒产量及季节比率等数据。

第二步:选取单元格区域 A1:M7 中的有关数据,单击“图表向导”图标,或单击工具栏的“插入”→“图表”,将弹出“图表向导–4 步骤之 1–图表类型”对话框界面,在此选用折线图。

第三步:单击“下一步”按钮,将弹出“图表向导–4 步骤之 2–图表源数据”对话框,数据区域将自动显示“=Sheet1！$A$1:$M$4”,选择系列产生在“列”,中间显示的“图形”符合三年啤酒产量或季节比率要求。

第四步:单击“下一步”按钮,将弹出“图表向导–4 步骤之 3–图表选项”对话框,在该对话框中还可设置坐标轴、网格线、图例、数据标志、数据表。

第五步:单击“下一步”按钮,将弹出“图表向导–4 步骤之 4–图表位置”对话框,在该对话框中既可将图表放在新的工作表中,给出新工作表的名称,也可将新建图表作为当前工作表的对象插入(默认),本例采用后者。

第六步:设置完成,单击“完成”,即可获得所需图形。

三、案例分析

本案例是一个有关季节变动测定与分析的问题。季节变动是指某些社会经济现象的时间序列,由于受自然条件、生产条件、生活习惯等的影响,在若干年中每一年随季节的变化都呈现出的周期性变动。测定季节变动的意义在于掌握季节变动的周期、数量界限及其规律,以便预测未来情况,及时采取措施,克服它对人们经济生活导致的不良影响,更好地组织生产和销售,提高经济效益和安排好人民的生活。

本案例中河南省某啤酒股份有限公司连续三年分月的啤酒产量(如下表 J803–1 所示)资料,详见 QYS005–2.1 原始数据第一张表数据资料。

表 J803–1　某啤酒股份有限公司连续三年分月的啤酒产量

月份		2 月	3 月	4 月	5 月
2013	产量(千升)	5 662	15 491	12 913	16 197
2014	产量(千升)	6 446	11 268	11 300	13 453
2015	产量(千升)	6 119	10 589	9 952	12 222

续表 J803–1

6 月	7 月	8 月	9 月	10 月	11 月	12 月
16 819	16 678	17 518	11 944	6 083	4 624	3 548
15 233	13 633	12 126	6 106	4 270	1 143	2 644
12 261	11 509	11 423	10 103	3 738	716	2 213

将连续三年分月数据绘制折线图如下,见图 J803-4。

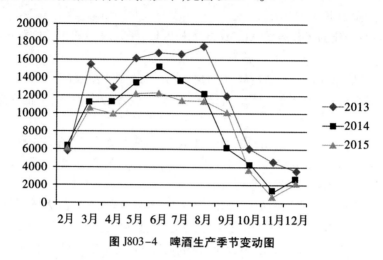

图 J803-4　啤酒生产季节变动图

从三年分月啤酒产量分布来看,具有明显的季节性变化,因此本例适合用按月平均法来测定季节变动。其计算步骤如下:

第一步,将各年同月数值加总,求出各月平均数;

第二步,将所有月数值加总,求出总的月平均数;

第三步,将各月平均数与总的月平均数对比求出各月的季节比率(即季节指数),其计算公式为:

$$季节比率(\%) = \frac{各月(季)平均数}{总的月(季)平均数} \times 100\%$$

计算结果见表 J803-2,详见 QYS005-2.1 原始数据第二张表数据资料。

表 J803-2　季节比率计算表

月份	2 月	3 月	4 月	5 月	6 月
2013 年	5 662	15 491	12 913	16 197	16 819
2014 年	6 446	11 268	11 300	13 453.23	15 233
2015 年	6 119	10 589	9 952	12 221.96	12 261
合计	18 227	37 348	34 165	41 872.19	44 313
平均	6 075.7	12 449.3	11 388.3	13 957.4	14 771.0
季节比率(%)	63.46	130.03	118.95	145.78	154.28

续表 J803-2

7 月	8 月	9 月	10 月	11 月	12 月	合计
16 678	17 518	11 944	6 083	4 624	3 548	127 477
13 633	12 126	6 106	4 270	1 143	2 644	97 622.23
11 509	11 423	10 103.41	3 738	716	2 213	90 845.37
41 820	41 067	28 153.41	14 091	6 483	8 405	315 944.6
13 940.0	13 689.0	9 384.5	4 697.0	2 161.0	2 801.7	9 574.1
145.60	142.98	98.02	49.06	22.57	29.26	100.00

将上表的季节比率绘制折线图,见图 J803-5。

季节比率(%)

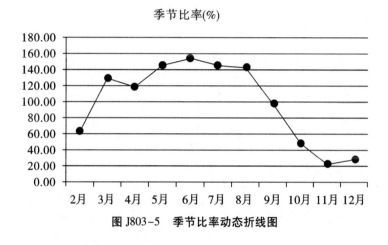

图 J803-5　季节比率动态折线图

从图 J803-5 中可以看出,用连续三年的啤酒产量数据计算季节比率,充分说明啤酒生产具有明显的季节变动特征,如 3、4、5、6、7、8 月份季节比率都大于 100%,则说明这几个月属于啤酒生产和销售的旺季,而其余月份都小于 100%,则表明啤酒生产和销售正处于淡季。建议该公司应掌握啤酒生产销售的季节变动周期、数量界限及其规律,以便在安排来年的生产销售时,及时采取措施,更好地组织生产和销售,提高企业经济效益。

四、小结

测定季节变动的方法很多,从其是否考虑受长期趋势的影响来看,可以分为两种方法:一种是不考虑时期趋势的影响,直接根据原始的动态数列来计算,常用的方法是按月平均法;另一种是考虑长期趋势的影响,根据剔除长期趋势影响后的数列来计算,常用的方法是移动平均趋势剔除法。无论使用哪种方法来测定季节变动,都须用至少三年的资料作为基本数据进行计算分析,这样才能较好地消除偶然因素的影响,使季节变动的规律性更加切合实际。

五、学习资源

1. QYS005-2.1 原始数据

2.《数据分析》,谢家发主编,郑州大学出版社,2014

3.《21 世纪统计学系列教材:统计学专业课程教学案例选编》,高敏雪、蒋妍主编,中国人民大学出版社,2013

J804　季节变动分析在旅游企业管理中的应用

一、教学案例设计

教学案例编号	J804	教学案例名称	季节变动分析在旅游企业管理中的应用		
企业案例编号	Q020	企业案例名称	宁波某旅行社游客统计实际案例		
教学案例背景		宁波某旅行社，是一家拥有遍布浙江省各地的数十家旅游连锁企业的控股公司。该旅行社2011年至2015年的旅游统计资料如企业生产案例Q020中表1所列。作为企业统计工作者应尽量利用这一企业统计资料，进行研究探索，从而发现统计数据的变化规律，为企业决策提供帮助。本案例试图从动态的角度探究旅行社旅游统计数据是否存在某种规律性			
案例问题		根据Q020资料，利用SPSS统计软件，对数据进行季节变动分析，并利用季节指数进行预测			
案例教学目标		知识目标	能力目标		素质目标
		明确影响现象动态变动的主要因素，掌握季节指数的含义及计算方法	能利用SPSS统计软件计算季节指数，并作简要分析		学会善于观察统计数据的变化规律，从规律中发现问题，能作简单的分析说明
教学建议		在教学过程中，首先让学生明确进行季节变动分析对动态数列的要求有哪些。其次是了解影响动态数列变动的因素，尤其是针对本案例，影响民众出行旅游的因素有很多：除了随着经济增长，人们生活水平不断提高这一长期趋势以外，要受到季节变动的影响，还要受到偶然因素的影响，如战争、空难、海难、地震、气候等。再次还要回顾动态分析指标含义与计算，以用现象长期趋势分析方法			
案例反思		本案例的主要任务是利用SPSS统计软件计算季节指数，从计算得到的季节指数中找出数据的变化规律			

二、数据说明

1. QYS019原始数据系宁波某旅行社提供。
2. 本案例采用SPSS统计分析软件进行计算分析。

三、案例分析

季节变动是指某些社会现象，由于受自然因素和社会条件、人们的消费习惯等因素的影响，在一年之内或更短的时间，随着季节更换而引起的一种有规律的变动。例如，商业经营中时令商品的销售量，农业生产中的蔬菜、水果、禽蛋的生产量，工业生产中的服装、水力发电,物流快递等,都受生产条件和气候变化等因素的影响而形成有规则的周期性重复变动。通常,季节变动最大的周期为一年,所以,以年份为单位的动态数列中不可能有季节变动。季节变动往往会给社会生产和人们生活带来一定的影响,研究现象的季节变动,认识现象在一定周期内的变动规律性,便于制订计划,更好地组织生产、流通、运输,安排好人们的经济生活。

测定季节变动主要是计算季节指数(或称季节比率),其方法可以分以下两种情况来选择:① 在现象不存在长期趋势或长期趋势不明显的情况下,一般直接用平均的方法通过消除循环变动和不规则变动来测定季节变动,在统计学中将这种方法称为"同期平均法"。②当现象具有明显的长期趋势时,一般是先消除长期趋势,然后用平均的方法再消除循环变动和不规则变动,统计学中,把这种方法称为"移动平均趋势剔除法"。不管采用哪种方法,都须具备至少连续 5 年分季(或月)的资料,才能比较客观地描述和认识现象的季节变动。

无论采用哪一种方法计算,季节比率大于100%表明该季是旺季,小于100%则为淡季。在本例中,上升各年的统计数据呈趋势,宜采用移动平均长期趋势剔除法来测定季节变动。

(一)季节变动的测定

(1)新建文件:打开 SPSS 文件,定义变量名为"出行旅游人次",然后把宁波某旅行社2011 年至 2015 年旅游人次按月汇总表中的数据录入到"出行旅游人次"变量名下的内容栏里。如图 J804-1 所示。

图 J804-1 数据编辑器

（2）定义时间:单击"数据",选择"定义日期和时间",弹出"定义日期"对话框,在"个案为"对话框中,选择"年,月",在"第一个个案为"对话框中"年"栏填入"2011"。如图 J804-2 所示。

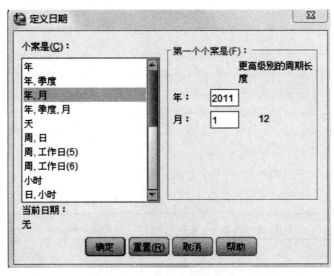

图 J804-2　定义日期对话框

（3）单击"分析",选择"时间序列预测"—"季节性分解",在"季节性分解"对话框中,选择"出行旅游人次"到变量栏,模型类型选择"乘法",移动平均权重选择"端点按0.5 加权",选中"显示个案列表"。如表 J804-3 所示;(若不选中,输出结果如表 J804-1 所示)。

（4）单击"确定"按钮,可得输出结果,如表 J804-3 所示。

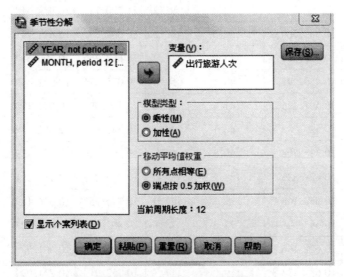

图 J804-3　季节性分解对话框

表 J804-1　不选中"显示个案列表"时的输出结果

月份	季节因子（%）
1	137.0
2	127.0
3	78.1
4	46.1
5	117.7
6	95.2
7	160.2
8	141.9
9	50.3
10	133.6
11	44.3
12	68.7

表 J804-2　选中"显示个案列表"时的输出结果

个案号	原始序列	移动平均序列	原始序列与移动平均序列之比（%）	季节因子（%）	季节性调整序列	平滑趋势周期序列	不规则（误差）因子
1	14 012.000	.	.	137.0	10 224.978	9 710.044	1.053
2	12 552.000	.	.	127.0	9 879.855	9 781.442	1.010
3	7 213.000	.	.	78.1	9 239.493	9 924.238	.931
4	4 832.000	.	.	46.1	10 487.532	10 321.330	1.016
5	12 523.000	.	.	117.7	10 639.909	10 668.898	.997
6	11 222.000	.	.	95.2	11 790.712	10 934.512	1.078
7	16 512.000	10 350.500 0	159.5	160.2	10 304.378	10 614.941	.971
8	15 125.000	10 416.916 7	145.2	141.9	10 662.366	10 406.689	1.025
9	4 562.000	10 480.791 7	43.5	50.3	9 075.271	10 071.442	.901
10	14 855.000	10 507.125 0	141.4	133.6	11 123.093	10 052.110	1.107
11	4 223.000	10 520.708 3	40.1	44.3	9 541.874	9 882.559	.966
12	6 325.000	10 488.708 3	60.3	68.7	9 203.056	9 970.739	.923
13	14 512.000	10 498.833 3	138.2	137.0	10 589.843	10 111.251	1.047
14	13 646.000	10 550.166 7	129.3	127.0	10 740.957	10 346.189	1.038
15	7 652.000	10 585.625 0	72.3	78.1	9 801.830	10 449.223	.938
16	5 025.000	10 621.166 7	47.3	46.1	10 906.425	10 601.529	1.029
17	12 656.000	10 637.333 3	119.0	117.7	10 752.910	10 731.090	1.002

续表 J804-2

个案号	原始序列	移动平均序列	原始序列与移动平均序列之比（%）	季节因子（%）	季节性调整序列	平滑趋势周期序列	不规则（误差）因子
18	10 321.000	10 705.208 3	96.4	95.2	10 844.050	10 856.154	.999
19	17 656.000	10 818.291 7	163.2	160.2	11 018.295	10 837.536	1.017
20	15 213.000	10 907.958 3	139.5	141.9	10 724.401	10 825.619	.991
21	5 325.000	10 978.000 0	48.5	50.3	10 593.121	10 760.292	.984
22	14 945.000	11 021.458 3	135.6	133.6	11 190.483	10 783.578	1.038
23	4 521.000	11 056.083 3	40.9	44.3	10 215.205	10 833.129	.943
24	7 656.000	11 078.500 0	69.1	68.7	11 139.699	11 064.928	1.007
25	15 895.000	11 109.500 0	143.1	137.0	11 599.060	11 217.148	1.034
26	14 415.000	11 174.416 7	129.0	127.0	11 346.248	11 278.603	1.006
27	8 564.000	11 236.208 3	76.2	78.1	10 970.057	11 214.542	.978
28	5 156.000	11 273.750 0	45.7	46.1	11 190.752	11 136.418	1.005
29	13 356.000	11 311.833 3	118.1	117.7	11 347.650	11 147.320	1.018
30	10 159.000	11 357.000 0	89.5	95.2	10 673.841	11 139.887	.958
31	18 562.000	11 334.916 7	163.8	160.2	11 583.688	11 340.077	1.021
32	15 865.000	11 279.916 7	140.6	141.9	11 184.029	11 458.743	.976
33	6 156.000	11 269.541 7	54.6	50.3	12 246.244	11 699.833	1.047
34	15 015.000	11 257.583 3	133.4	133.6	11 242.898	11 682.063	.962
35	5 365.000	11 120.416 7	48.2	44.3	12 122.224	11 679.299	1.038
36	7 896.000	11 028.375 0	71.6	68.7	11 488.905	11 437.970	1.004
37	15 125.000	10 978.291 7	137.8	137.0	11 037.168	11 265.981	.980
38	13 865.000	10 928.041 7	126.9	127.0	10 913.335	10 992.114	.993
39	8 865.000	10 942.875 0	81.0	78.1	11 355.623	10 645.559	1.067
40	4 568.000	10 923.916 7	41.8	46.1	9 914.537	10 295.847	.963
41	10 652.000	10 968.666 7	97.1	117.7	9 050.252	10 138.664	.893
42	10 654.000	11 046.000 0	96.5	95.2	11 193.926	10 464.035	1.070
43	16 865.000	11 133.291 7	151.5	160.2	10 524.669	10 894.457	.966
44	16 356.000	11 276.083 3	145.1	141.9	11 530.159	11 310.267	1.019
45	6 021.000	11 417.208 3	52.7	50.3	11 977.686	11 866.288	1.009
46	14 695.000	11 542.416 7	127.3	133.6	11 003.289	12 355.607	.891

续表 J804-2

个案号	原始序列	移动平均序列	原始序列与移动平均序列之比（%）	季节因子（%）	季节性调整序列	平滑趋势周期序列	不规则（误差）因子
47	6 759.000	11 797.166 7	57.3	44.3	15 271.969	12 927.916	1.181
48	8 358.000	12 058.541 7	69.3	68.7	12 161.129	12 757.074	.953
49	16 758.000	12 254.416 7	136.8	137.0	12 228.817	12 703.076	.963
50	15 659.000	12 416.333 3	126.1	127.0	12 325.418	12 596.284	.978
51	10 458.000	12 536.750 0	83.4	78.1	13 396.177	12 896.863	1.033
52	5 980.000	12 707.333 3	47.1	46.1	12 979.188	12 998.922	.998
53	15 354.000	12 793.125 0	120.0	117.7	13 045.210	12 961.914	1.006
54	12 225.000	12 830.916 7	95.3	95.2	12 844.542	12 735.805	1.009
55	19 995.000	.	.	160.2	12 477.957	12 946.362	.964
56	17 112.000	.	.	141.9	12 063.101	13 211.826	.913
57	8 155.000	.	.	50.3	16 222.892	13 967.809	1.161
58	16 655.000	.	.	133.6	12 470.893	14 027.742	.889
59	6 858.000	.	.	44.3	15 495.659	13 767.781	1.126
60	9 166.000	.	.	68.7	13 336.792	13 637.801	.978

表 J804-1 中计算出的各月季节因子就是我们要得到的季节比率。

（5）将表 J804-1 中数据输入 SPSS，如图 J804-4 所示。

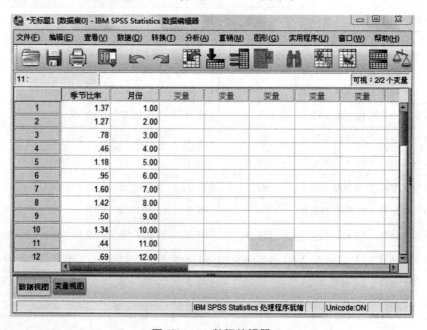

图 J804-4　数据编辑器

点击"分析"—"时间序列预测"—"序列图",在序列图对话框中将"季节比率"置于变量框中,将"月份"置于时间轴标签。如图 J804-5 所示。点击"确定",输出结果,如图 J804-6 所示。

图 J804-5 序列图对话框

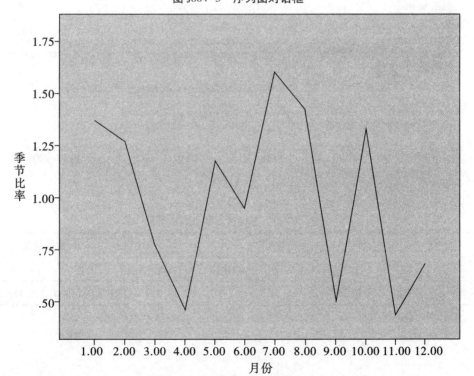

图 J05-6 出行旅游人次趋势图

(6)文字说明:从以上计算结果可以清楚地看出,对于旅游市场来说,一年中1月、2月、5月、7月、8月和10月,这6个月为人们出行旅游的旺季,其他月份为淡季,但6月份仍然季节不淡。作为旅行社来说,上述信息非常重要,在旺季来临之前,提前做好各种安排,迎接旺季的到来,在淡季来临的时候,可以休整或轮训导游队伍,为下一个旺季做好充分的准备工作。

(二)预测

(1)将Q020-1表中各年合计数输入SPSS中,并生成年份,如图J804-7所示。

图 J804-7　数据编辑器

(2)点击"分析"—"回归"—"曲线估计"—"确定",输出结果。如表J804-3和图J804-8所示。

表 J804-3　模型摘要和参数估算值

方程	模型摘要					参数估算值	
	R方	F	自由度1	自由度2	显著性	常量	b1
线性	.773	10.207	1	3	.050	115 981.300	6 449.300

因变量：出行旅游人次；自变量为序号。

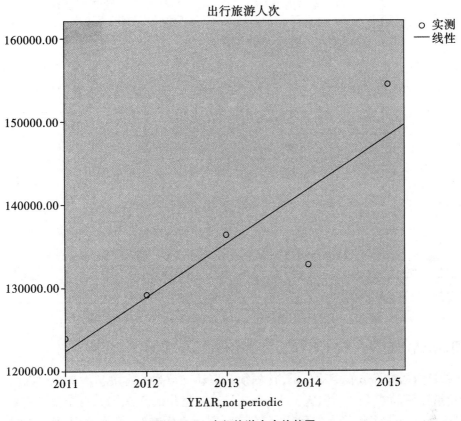

图 J804-8 出行旅游人次趋势图

（3）写出直线回归方程：

$$y_c = 115\ 981.3 + 6\ 449.3t$$

将 t=6 代入方程，即得 2016 年该旅行社的年出行旅游人次的预测值。

即：

$$y_c = 11\ 5981.3 + 6\ 449.3 \times 6 = 154\ 677.1$$

则：2016 年平均每月出行旅游人次的预测值为 12 889.75（人次）

（4）将 2016 年的平均每月出行旅游人次的预测值分别乘以表 J804-1 中的各月季节比率，就可以得出 2016 年各月出行旅游人次的预测值。如表 J804-4 所示。

表 J804-4 2016 年出行旅游人次预测值

月份	季节因子（%）	预测值（人次）
1	137.0	17 659
2	127.0	16 370
3	78.1	10 067
4	46.1	5 942
5	117.7	15 171
6	95.2	12 271
7	160.2	20 649
8	141.9	18 291
9	50.3	6 484
10	133.6	17 221
11	44.3	5 710
12	68.7	8 855

四、小结

对统计数据进行季节变动分析,首先须掌握动态数列的有关基本知识,如含义、种类、分析指标等,尤其是要认识这一动态数据反映的是什么经济内容,这个经济内容是否会受到季节变动的影响,影响的程度会有多大,是怎么影响的,等等,这需要我们的学生在日常生活中要善于观察,多参与社会实践活动,在社会生产活动中学到知识。其次,须掌握动态数列的分析方法,如水平分析法、速度分析法、长期趋势分析法等。再次,在统计数据的季节变动分析中,需要正确理解季节比率的含义和计算方法。要学会对季节比率的调整方法。最后,需要强调的是,用于进行季节变动分析的统计资料,至少是连续 5 年分季(或月)的资料,才能比较客观地描述和认识现象的季节变动。

五、学习资源

1. QYS019 原始数据
2.《统计学》,曾五一、朱建平主编,上海财经大学出版社,2013
3.《21 世纪统计学系列教材:统计学专业课程教学案例选编》高敏雪、蒋妍主编,中国人民大学出版社,2013
4.《应用统计学:基于 SPSS 运用》,张良主编,上海财经大学出版社,2013

J805　插座出口额趋势分析与预测

一、教学案例设计

教学案例编号	J805	教学案例名称	公牛插座出口额趋势分析与预测		
企业案例编号	Q016	企业案例名称	浙江某集团有限公司生产统计实际案例		
教学案例背景			浙江某集团有限公司始创于1995年,建筑面积190 000平方米,员工4800余人,其中中高级技术人员及管理人员400余人。公司生产的产品共有300多个品种,产品质量控制、研发设计能力居全国同行业领先水平,先后获得159项产品外观专利、85项实用专利、9项发明专利。产品远销欧美十几个国家和地区,连续八年在插座行业国内销售第一		
案例问题			根据Q016案例中的表Q016-2数据资料,进行趋势分析并预测		
案例教学目标		知识目标	能力目标		素质目标
		明确时间序列的影响因素及趋势模型	能根据资料判断时间序列的变动趋势并配合适当的趋势模型		要求学生具有从数据变化中找出规律的能力
教学建议			在教学过程中,首先要求学生在了解影响时间序列变动因素的基础上,能够正确地判断现象发展的趋势,并能选择适当的趋势模型,计算趋势值并预测		
案例反思			本案例的主要任务是利用SPSS统计分析软件对时间序列进行趋势分析并预测		

二、数据说明

1. QYS015-2.2原始数据浙江某集团有限公司统计部门提供。
2. 本案例采用SPSS统计分析软件进行计算分析。

三、案例分析

　　时间序列中各期发展水平的变化是众多因素共同作用的结果。影响因素不同所起的作用就不同,引起变化的形式也不同,其综合结果就是现实的时间序列。通过对时间序列进行深入的分析,研究社会经济现象发展变化的趋势或规律,并以此为依据来预测事物发展的前景,为决策层制订政策与计划、实行科学管理提供有效的咨询服务,这就需要将影响时间序列的各种因素的变动形态测定出来。对时间序列分析进行的第二个目的,就是对事物未来的发展进行预测。

　　时间序列的变动因素按其性质不同有:长期趋势变动(Secular Trend,T)、季节变动

（Seasonal Fluctuation S）、循环变动（Cyclical Movement，C）、不规则变动（Irregular Variations，I）。时间序列总变动（Y）和上述四种变动因素的结合有两种假定，即乘法模式和加法模式。

当现象变动的因素是相互影响的关系时，时间序列总变动是各因素变动的乘积。即：

$$Y = T \times S \times C \times I$$

这种结构称为乘法模式。

当现象变动的因素是相互独立的关系时，时间序列总变动是各种因素变动的总和。即：

$$Y = T + S + C + I$$

这种结构为加法模式。

在实际工作中，一般采用乘法模式对现象进行分析和计算。这里先介绍长期趋势及其测定方法。

长期趋势是指客观社会经济现象在一个相当长的时期内，由于受某种基本因素的影响所呈现出一种基本走势，如持续增长或不断下降的趋势。例如，各国经济的发展多半具有向上增长的趋势，主要是人口的增加、技术的进步以及财富的积累等因素共同作用的结果。尽管在这个时期内，事物的发展仍有波动，但基本趋势不变。

测定长期趋势就是采用适当的方法对时间序列进行修匀，使修匀后的数列排除季节变动、循环变动和不规则变动的影响，显示出现象变动的基本趋势。测定长期趋势的意义是：第一，研究现象在过去一段时间内的发展方向和趋势，以便认识和掌握现象发展变化的规律性；第二，利用现象发展的长期趋势，对未来的情况做出预测；第三，测定长期趋势，还可以将长期趋势从时间序列中分离出来，更好地研究季节变动和循环变动等。

（一）直线趋势测定

若动态数列的逐期增长量大体相等，则其趋势线近似一条直线，直线趋势方程的一般形式：

$$\hat{y} = a + bx$$

式中，x 为时间；a 为趋势直线的截距，表示最初发展水平的趋势值；b 为趋势直线的斜率，表示 x 每变动 1 个单位时，y 平均变动的数量，实际上是动态数列中的平均增长量。

根据最小平方法"$\sum (y - \hat{y})^2$ 为最小值"的要求，通过对参数 a 和 b 求偏导可求出：

$$b = \frac{n \sum xy - \sum x \sum y}{n \sum x^2 - \left(\sum x \right)^2}$$

$$a = \frac{\sum y}{n} - b \times \frac{\sum x}{n}$$

（二）二次曲线趋势测定

若动态数列的二次增长量大体相等（即逐期增长量大体上呈等量递增或递减态势），则其趋势线近似于一条抛物线，二次曲线方程的一般形式为：

$$\hat{y} = a + bx + cx^2$$

方程中有 a、b、c 三个待定参数，根据最小平方法可得出下列三个标准方程式：

$$\sum y = na + b\sum x + c\sum x^2$$

$$\sum xy = a\sum x + b\sum x^2 + c\sum x^3$$

$$\sum x^2y = a\sum x^2 + c\sum x^4$$

(三)指数曲线趋势测定

若动态数列的各期环比发展速度大体相等，则其趋势线近似于一条指数曲线。指数曲线的方程式为：

$$\hat{y} = ab^x$$

式中，a 为 $x=0$ 时的趋势值；b 为现象的平均发展速度。进行指数曲线拟合，可先将方程式转化为直线形式。在上述等式两边取对数，可得：

$$\lg y = \lg a + x\lg b$$

设 $Y=\lg y$，　$A=\lg a$，　$B=\lg b$，可得直线形式：

$$Y = A + Bx$$

从而，可按直线拟合的方法确定所需要的指数曲线。用最小平方法先求出 A 和 B，再求出其反对数，得到 a 和 b。

(四)趋势分析的具体步骤

以下是根据 QYS015-2.2 原始数据(历年出口总额)利用 SPSS 统计分析软件进行趋势分析的具体步骤。

将 QYS015-2.2 原始数据中历年出口额数据输入 SPSS 中，建立数据文件，如图 J805-1所示。

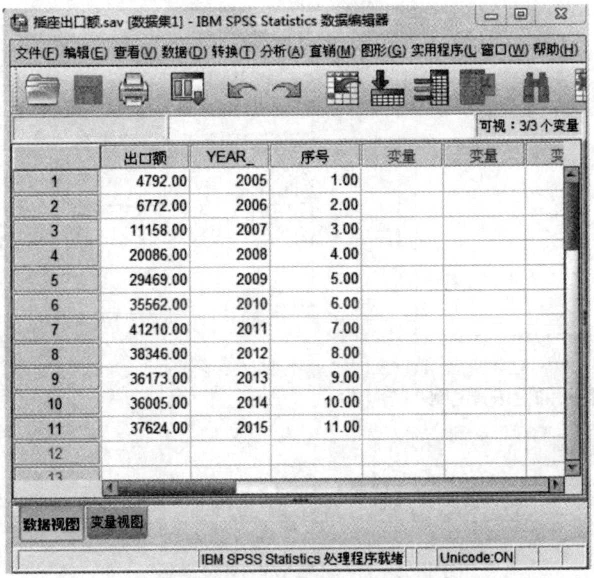

	出口额	YEAR_	序号	变量	变量
1	4792.00	2005	1.00		
2	6772.00	2006	2.00		
3	11158.00	2007	3.00		
4	20086.00	2008	4.00		
5	29469.00	2009	5.00		
6	35562.00	2010	6.00		
7	41210.00	2011	7.00		
8	38346.00	2012	8.00		
9	36173.00	2013	9.00		
10	36005.00	2014	10.00		
11	37624.00	2015	11.00		
12					

图 J805-1　出口额数据编辑器

（1）点击"图形"，选择"旧对话框"，选择并单击"散点图/点图"进入"散点图/点图"对话框，选中"简单散点图"，如图 J805-2 所示。

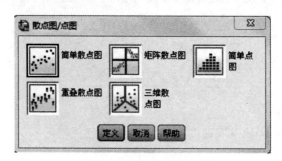

图 J805-2 "散点图/点图"对话框

（2）点击"定义"弹出"简单散点图"对话框，将"出口额""年份"两个变量分别选进"Y轴"和"X轴"中，如图 J805-3 所示。

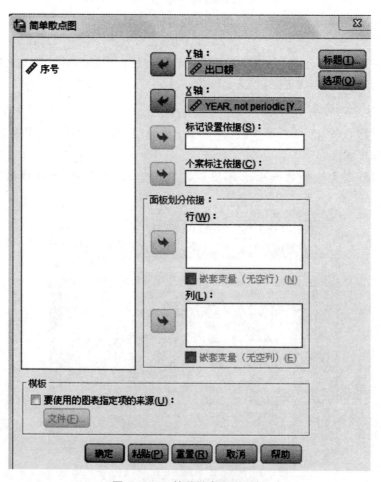

图 J805-3 简单散点图对话框

（3）点击"确定"，即可得到输出结果，如图 J805-4 所示。

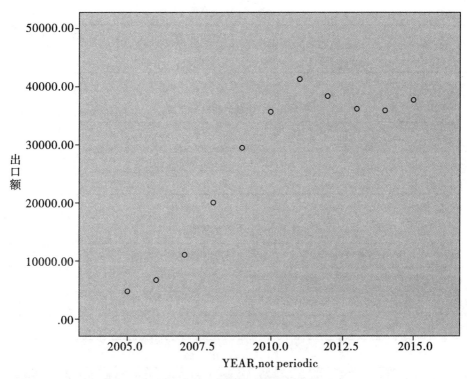

图 J805-4　时间与出口额散点图

（4）模型选择，从散点图看，难以看出其变动趋势，这时可以分别选择不同的模型加以比较，看哪一种模型的拟合优度更高，就选择这一种模型作为趋势分析模型。

（5）点击"分析"，选择"回归"，选中"曲线估算"，进入"曲线估算"对话框，再将"出口额"移至"因变量"框，将"序号"移至"时间"框内，在下方"模型"框内选择"线性"，再在"显示 ANOVA 表（Y）"前打上"√"。如图 J805-5 所示。

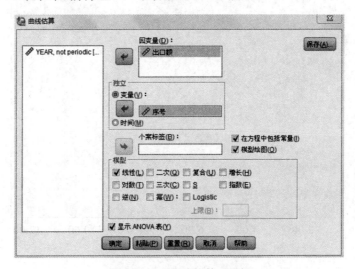

图 J805-5　曲线估算对话框

（6）点击"确定"即可，输出结果如表 J805-1、表 J805-2、表 J805-3 和图 J805-6 所示。

表 J805-1　模型摘要

R	R 方	调整后 R 方	估算标准误差
.887	.787	.763	6688.234

自变量为序号

表 J805-2　方差分析结果输出

	平方和	自由度	均方	F	显著性
回归	1 486 706 749.127	1	1 486 706 749.127	33.236	.000
残差	402 592 281.782	9	44 732 475.754		
总计	1 889 299 030.909	10			

自变量为序号

表 J805-3　回归系数输出

	未标准化系数		标准化系数	t	显著性
	B	标准误差	Beta		
序号	3 676.345	637.698	.887	5.765	.000
（常量）	4 959.836	4 325.079		1.147	.281

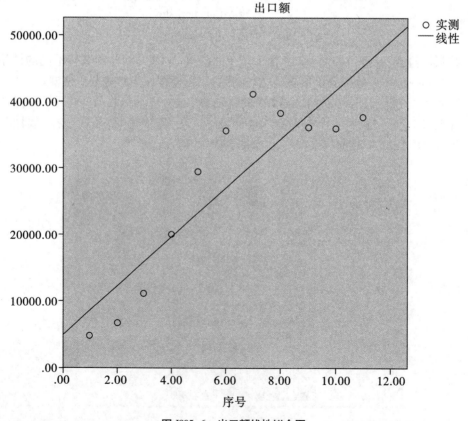

图 J805-6　出口额线性拟合图

(7)重复上述步骤,只要将"模型"框中的"线性"改选为"二次"及"指数",点击"确定",即可得到表J805-4、表J805-5、表J805-6、表J805-7、表J805-8、表J805-9和图J805-7、图J805-8。

表 J805-4　模型摘要

R	R 方	调整后 R 方	估算标准误差
.969	.939	.924	3 791.277

自变量为序号

表 J805-5　方差分析结果输出

	平方和	自由度	均方	F	显著性
回归	1 774 308 788.176	2	887 154 394.088	61.720	.000
残差	114 990 242.733	8	14 373 780.342		
总计	1 889 299 030.909	10			

自变量为序号

表 J805-6　回归系数输出

	未标准化系数		标准化系数	t	显著性
	B	标准误差	Beta		
序号	10 623.926	1 594.695	2.563	6.662	.000
序号 ＊＊2	−578.965	129.432	−1.721	−4.473	.002
(常量)	−10 093.255	4 163.610		−2.424	.042

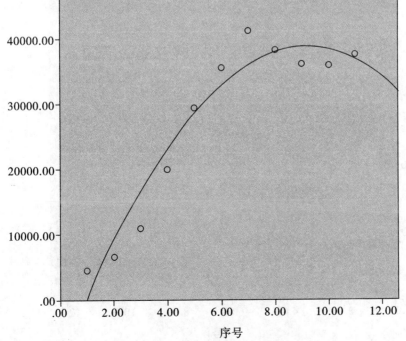

图 J805-7　出口额二次曲线拟合图

表 J805-7　模型摘要

R	R 方	调整后 R 方	估算标准误差
.864	.746	.718	.411

自变量为序号

表 J805-8　方差分析结果输出

	平方和	自由度	均方	F	显著性
回归	4.458	1	4.458	26.411	.001
残差	1.519	9	.169		
总计	5.977	10			

自变量为序号

表 J805-9　回归系数输出

	未标准化系数		标准化系数	t	显著性
	B	标准误差	Beta		
序号	.201	.039	.864	5.139	.001
（常量）	6 580.427	1 748.263		3.764	.004

因变量为 ln(出口额)

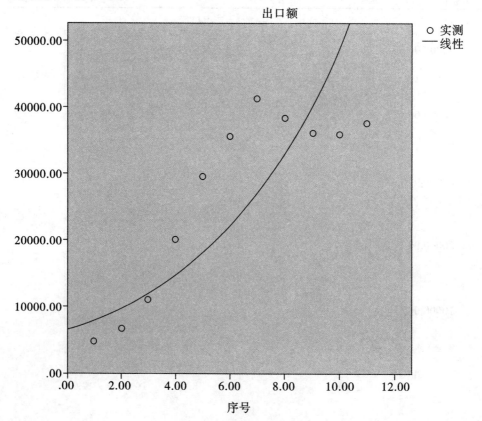

图 J805-8　出口额指数曲线拟合图

(8)由于二次曲线的判定系数 R 方最小,所以拟选择二次曲线作为出口额的趋势模型,即

$$y_c = -10\ 093.255 + 10\ 623.926\ t - 578.65\ t^2$$

(9)计算趋势值并对下一年的出口额进行区间预测,打开出口额数据文件,在"序号"栏的最后一行输入"12"。单击"分析",选择"回归""曲线估算",在下方"模型"框内选择"二次",单击"保存",进入"曲线估算:保存"对话框,选择"预测值"和"预测区间",如图 J805-9 所示

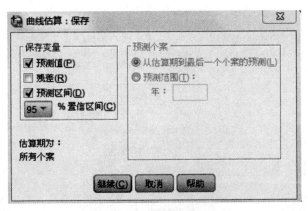

图 J805-9　曲线估算:保存对话框

(10)单击"继续",回到"曲线估算"对话框,点击"确定",即得该公司历年年插座产品出口额的趋势值(FIT)及 2016 年出口额的置信区间(置信水平为 95%),如图 J805-10 所示。

	出口额	YEAR_	序号	FIT_1	LCL_1	UCL_1	变
1	4792.00	2005	1.00	-48.29371	-11039.15645	10942.56904	
2	6772.00	2006	2.00	8838.73706	-1046.01227	18723.48640	
3	11158.00	2007	3.00	16567.83776	7095.44280	26040.23273	
4	20086.00	2008	4.00	23139.00839	13685.44150	32592.57528	
5	29469.00	2009	5.00	28552.24895	18997.45121	38107.04669	
6	35562.00	2010	6.00	32807.55944	23200.69157	42414.42731	
7	41210.00	2011	7.00	35904.93986	26350.14212	45459.73760	
8	38346.00	2012	8.00	37844.39021	28390.82332	47297.95710	
9	36173.00	2013	9.00	38625.91049	29153.51553	48098.30545	
10	36005.00	2014	10.00	38249.50070	28364.75137	48134.25003	
11	37624.00	2015	11.00	36715.16084	25724.29809	47706.02359	
12		2016	12.00	34022.89091	21037.52167	47008.26015	

图 J805-10　出口额趋势值及置信区间

即：在95%的概率保证下,2016年公司出口额将在21037.52至47008.26万美元。

(11)最后单击"分析",选择"时间序列预测""序列图",进入"序列图"对话框,将"趋势值""预测下限值"和"预测上限值"分别移入"变量"中,将"年份"移入"时间轴标签",如图J805-11所示。点击"确定",即得到出口额趋势预测图,如图J805-12所示

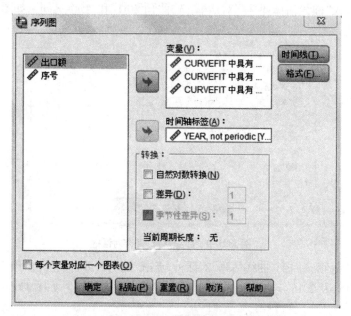

图 J805-11 序列图对话框

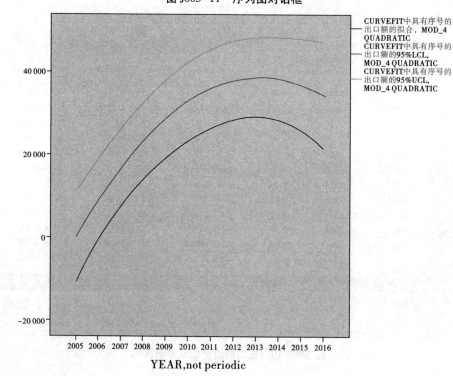

图 J805-12 出口额趋势预测图

四、小结

本案例是时间序列的趋势分析。时间序列的趋势分析方法有时距扩大法、移动平均法、模型配合法等,最直接的方法是模型配合法。而选择模型较直观的方法是散点图,然后再选择模型拟合优度最好的作为趋势模型。在此,还要求学生理解和掌握有关线性趋势与非线性趋势模型,并能学会计算模型中的参数,掌握区间预测的方法和要求。

五、学习资源

1. QYS015-2.2 原始数据
2.《统计学》,曾五一、朱建平主编,上海财经大学出版社,2013
3.《21 世纪统计学系列教材:统计学专业课程教学案例选编》,高敏雪、蒋妍主编,中国人民大学出版社,2013
4.《应用统计学:基于 SPSS 运用》,张良主编,上海财经大学出版社,2013

J806　乘法模型的连锁便利店商品零售额时间数列预测分析

一、教学案例设计

教学案例编号	J806	教学案例名称	乘法模型的连锁便利店商品零售额时间数列预测分析
企业案例编号	Q011	企业案例名称	深圳某连锁便利店商品零售额预测统计实际案例
教学案例背景			便利店,兴起于20世纪20年代的美国,在日本、中国的台湾地区都取得了大规模的发展。便利店的面积并不大,80平方米左右,24小时营业,食品和日用品一应俱全,商品种类2500种左右,较一般的大型购物中心和超市距离居民区或工作学习地更近,更加便捷人们购物,较好适应了现代社会快节奏的生活方式。 　　近年来,在一些大城市,不论是跨国连锁的便利店,还是本土的便利连锁店,都得到了迅速的发展,竞争性也日趋激烈。本案例目标企业,用了不到10年的时间,快速发展到拥有600多家便利门店的连锁企业。为了更快更好地发展,在注重门店数量效应的同时,通过销售数据的动态分析,科学制订经营目标,加强计划引导,是当下便利连锁店企业的常用办法,本案例目标企业也不例外
案例问题			①影响时间数列指标的四因素? ②测定季节变动的方法?

	知识目标	能力目标	素质目标
案例教学目标	①认识时间数列构成; ②了解影响时间数列变动的四因素; ③掌握长期趋势和季节变动的测定方法	①能利用 Excel 进行长期趋势测定与分析; ②能利用 Excel 进行季节变动测定与分析; ③能灵活使用时间数列的乘法分析模型进行时间数列变动预测	增强统计知识,培养统计思维习惯,辩证运用定量与定性分析方法,养成严谨认真的工作作风
教学建议	案例解读→数据说明→提出案例问题→组织讨论→开展统计整理与分析→上机实训→总结、评价→写出实训报告		
案例反思	本案例是一个有关乘法模型的时间数列预测分析的实际运用问题,教学过程中,引导学生深刻分析影响时间数列指标值波动的各因素,把握长期趋势和季节变动的测定及预测方面的应用,也可基于加法模型和指数平滑等方法学习时间数列的变动分析与预测,提高学生的统计分析技能,还可就其中某些指标进行相关与回归分析		

二、数据说明

1. QYS011-原始数据系公司自动化管理系统自动收集生成。

2. 本案例采用 Excel 2013 进行数据整理与分析。

3. 数据的分类汇总是通过数据透视表实现的。具体步骤如下：

（1）在 QYS011-原始数据中，截取零售额数据，得到"零售额线性模型分析表"（表 J806-1）。

（2）打开表 J806-1，选中数据列④全部数据，在工具菜单中，单击"插入"对话框，选择"图表-折线"，即得零售额折线图（图 J806-1）。单击选项卡左端的"添加图表元素"，在对话框"趋势线"下，移动滑条，点选所需的"线性"类型，并"显示公式"，即可得零售额和线性趋势线（回归直线）方程，修改方程中的未知量字母，可得趋势线方程

$$T_t = 7.956\,8t + 6\,196.365\,7$$

（3）在 E5 中写入公式"=7.956 8 * A5+6 196.3657"，点击"确定"，得到 6 204.32，利用填充柄，得到数据列⑤全部数据。

表 J806-1　零售额线性模型分析表

天次	星期	零售额（元）y	趋势值（元）T	（%）Y/T	季节指数（%）S	天次	星期	零售额（元）y	趋势值（元）T	（%）Y/T	季节指数（%）S
①	②	④	⑤	⑥	⑦	①	②	④	⑤	⑥	⑦
①	②	④	⑤	⑥=④/⑤	⑦	①	②	④	⑤	⑥=④/⑤	⑦
1	四	5 340.7	6 204.32	86.08	104.52	183	四	8 891.5	7 652.45	116.19	104.52
2	五	4 735.2	6 212.28	76.22	105.10	184	五	10 004.4	7 660.41	130.60	105.10
3	六	4 710	6 220.24	75.72	93.83	185	六	10 074.9	7 668.37	131.38	93.83
4	日	7 905.5	6 228.19	126.93	86.91	186	日	7 368.3	7 676.32	95.99	86.91
5	一	5 400.7	6 236.15	86.60	102.19	187	一	8 089.7	7 684.28	105.28	102.19
6	二	6 178	6 244.11	98.94	103.33	188	二	9 229.4	7 692.24	119.98	103.33
7	三	5 853.5	6 252.06	93.63	104.14	189	三	9 227.6	7 700.19	119.84	104.14
8	四	6 481.5	6 260.02	103.54	104.52	190	四	8 399.9	7 708.15	108.97	104.52
9	五	6 058.9	6 267.98	96.66	105.10	191	五	10 573.6	7 716.11	137.03	105.10
10	六	6 390.5	6 275.93	101.83	93.83	192	六	8 970.1	7 724.06	116.13	93.83
11	日	5 086.4	6 283.89	80.94	86.91	193	日	8 012.7	7 732.02	103.63	86.91
12	一	7 181	6 291.85	114.13	102.19	194	一	10 855.2	7 739.98	140.25	102.19
13	二	6 080.5	6 299.80	96.52	103.33	195	二	10 736.9	7 747.93	138.58	103.33
14	三	6 515.5	6 307.76	103.29	104.14	196	三	9 349	7 755.89	120.54	104.14

续表 J806-1

天次 ①	星期 ②	零售额（元）y ④	趋势值（元）T ⑤	（%）Y/T ⑥	季节指数（%）S ⑦	天次 ①	星期 ②	零售额（元）y ④	趋势值（元）T ⑤	（%）Y/T ⑥	季节指数（%）S ⑦
①	②	④	⑤	⑥=④/⑤	⑦	①	②	④	⑤	⑥=④/⑤	⑦
15	四	6 015	6 315.72	95.24	104.52	197	四	10 504.4	7 763.85	135.30	104.52
16	五	6 134	6 323.67	97.00	105.10	198	五	8 503.5	7 771.80	109.41	105.10
17	六	5 913	6 331.63	93.39	93.83	199	六	8 238.4	7 779.76	105.90	93.83
18	日	4 499.5	6 339.59	70.97	86.91	200	日	8 299	7 787.72	106.57	86.91
19	一	5 911.5	6 347.54	93.13	102.19	201	一	11 534.5	7 795.67	147.96	102.19
20	二	5 437.6	6 355.50	85.56	103.33	202	二	10 280.1	7 803.63	131.73	103.33
21	三	5 519.9	6 363.46	86.74	104.14	203	三	11 319.5	7 811.59	144.91	104.14
22	四	5 767.8	6 371.41	90.53	104.52	204	四	10 450.6	7 819.54	133.65	104.52
23	五	5 970.4	6 379.37	93.59	105.10	205	五	9 956.1	7 827.50	127.19	105.10
24	六	5 397.6	6 387.33	84.50	93.83	206	六	8 990.1	7 835.46	114.74	93.83
25	日	5 217.3	6 395.28	81.58	86.91	207	日	7 307.7	7 843.42	93.17	86.91
26	一	4 988.7	6 403.24	77.91	102.19	208	一	10 183	7 851.37	129.70	102.19
27	二	5 603.9	6 411.20	87.41	103.33	209	二	10 136.1	7 859.33	128.97	103.33
28	三	5 192.8	6 419.16	80.90	104.14	210	三	9 119.9	7 867.29	115.92	104.14
29	四	5 526	6 427.11	85.98	104.52	211	四	9 754	7 875.24	123.86	104.52
30	五	5 568.5	6 435.07	86.53	105.10	212	五	9 379.5	7 883.20	118.98	105.10
31	六	4 980	6 443.03	77.29	93.83	213	六	9 457.2	7 891.16	119.85	93.83
32	日	4 467.2	6 450.98	69.25	86.91	214	日	7 964.6	7 899.11	100.83	86.91
33	一	6 930.9	6 458.94	107.31	102.19	215	一	10 285.5	7 907.07	130.08	102.19
34	二	6 891	6 466.90	106.56	103.33	216	二	9 592.1	7 915.03	121.19	103.33
35	三	5 832.5	6 474.85	90.08	104.14	217	三	10 551.7	7 922.98	133.18	104.14
36	四	6 913.8	6 482.81	106.65	104.52	218	四	11 348.55	7 930.94	143.09	104.52
37	五	6 795	6 490.77	104.69	105.10	219	五	10 677.1	7 938.90	134.49	105.10
38	六	5 443.2	6 498.72	83.76	93.83	220	六	11 480.8	7 946.85	144.47	93.83
39	日	5 692	6 506.68	87.48	86.91	221	日	8 425.4	7 954.81	105.92	86.91
40	一	6 825.9	6 514.64	104.78	102.19	222	一	10 196.15	7 962.77	128.05	102.19
41	二	12 887.5	6 522.59	197.58	103.33	223	二	10 225.3	7 970.72	128.29	103.33

续表 J806-1

天次	星期	零售额（元）y	趋势值（元）T	（%）Y/T	季节指数（%）S	天次	星期	零售额（元）y	趋势值（元）T	（%）Y/T	季节指数（%）S
①	②	④	⑤	⑥	⑦	①	②	④	⑤	⑥	⑦
①	②	④	⑤	⑥=④/⑤	⑦	①	②	④	⑤	⑥=④/⑤	⑦
42	三	6 063.8	6 530.55	92.85	104.14	224	三	9 415.95	7 978.68	118.01	104.14
43	四	6 696.5	6 538.51	102.42	104.52	225	四	10 025.7	7 986.64	125.53	104.52
44	五	6 332	6 546.46	96.72	105.10	226	五	10 732.4	7 994.59	134.25	105.10
45	六	4 348.7	6 554.42	66.35	93.83	227	六	7 912.6	8 002.55	98.88	93.83
46	日	4 206.3	6 562.38	64.10	86.91	228	日	7 996.8	8 010.51	99.83	86.91
47	一	5 122.3	6 570.33	77.96	102.19	229	一	10 802.15	8 018.46	134.72	102.19
48	二	3 894.4	6 578.29	59.20	103.33	230	二	9 249.45	8 026.42	115.24	103.33
49	三	3 246	6 586.25	49.28	104.14	231	三	11 106.3	8 034.38	138.23	104.14
50	四	3 298.7	6 594.20	50.02	104.52	232	四	11 132.75	8 042.33	138.43	104.52
51	五	2 751	6 602.16	41.67	105.10	233	五	10 075.35	8 050.29	125.16	105.10
52	六	2 323.5	6 610.12	35.15	93.83	234	六	9 094.7	8 058.25	112.86	93.83
53	日	2 853.7	6 618.07	43.12	86.91	235	日	7 599.3	8 066.20	94.21	86.91
54	一	2 994.9	6 626.03	45.20	102.19	236	一	10 328.15	8 074.16	127.92	102.19
55	二	3 275	6 633.99	49.37	103.33	237	二	10 684.8	8 082.12	132.20	103.33
56	三	4 179.9	6 641.94	62.93	104.14	238	三	9 391	8 090.07	116.08	104.14
57	四	5 694.2	6 649.90	85.63	104.52	239	四	9 466.9	8 098.03	116.90	104.52
58	五	4 784	6 657.86	71.85	105.10	240	五	8 793.35	8 105.99	108.48	105.10
59	六	5 102.5	6 665.81	76.55	93.83	241	六	7 930.95	8 113.94	97.74	93.83
60	日	4 761.1	6 673.77	71.34	86.91	242	日	6 670.9	8 121.90	82.13	86.91
61	一	6 677	6 681.73	99.93	102.19	243	一	8 226.1	8 129.86	101.18	102.19
62	二	5 787.8	6 689.68	86.52	103.33	244	二	9 031	8 137.82	110.98	103.33
63	三	4 961.5	6 697.64	74.08	104.14	245	三	8 998.65	8 145.77	110.47	104.14
64	四	6 000	6 705.60	89.48	104.52	246	四	6 959.7	8 153.73	85.36	104.52
65	五	5 866	6 713.56	87.38	105.10	247	五	8 518.2	8 161.69	104.37	105.10
66	六	6 103.3	6 721.51	90.80	93.83	248	六	7 061.05	8 169.64	86.43	93.83
67	日	3 920	6 729.47	58.25	86.91	249	日	9 840.6	8 177.60	120.34	86.91
68	一	6 182.4	6 737.43	91.76	102.19	250	一	8 370.9	8 185.56	102.26	102.19

续表 J806-1

天次	星期	零售额（元）y	趋势值（元）T	（%）Y/T	季节指数（%）S	天次	星期	零售额（元）y	趋势值（元）T	（%）Y/T	季节指数（%）S
①	②	④	⑤	⑥	⑦	①	②	④	⑤	⑥	⑦
①	②	④	⑤	⑥=④/⑤	⑦	①	②	④	⑤	⑥=④/⑤	⑦
69	二	5 269.9	6 745.38	78.13	103.33	251	二	8 164	8 193.51	99.64	103.33
70	三	5 687.4	6 753.34	84.22	104.14	252	三	8 726.25	8 201.47	106.40	104.14
71	四	6 506	6 761.30	96.22	104.52	253	四	8 767	8 209.43	106.79	104.52
72	五	6 598.5	6 769.25	97.48	105.10	254	五	9 241.5	8 217.38	112.46	105.10
73	六	5 719.5	6 777.21	84.39	93.83	255	六	6 936.6	8 225.34	84.33	93.83
74	日	4 730.8	6 785.17	69.72	86.91	256	日	7 919.5	8 233.30	96.19	86.91
75	一	6 505.5	6 793.12	95.77	102.19	257	一	8 201.8	8 241.25	99.52	102.19
76	二	5 907.3	6 801.08	86.86	103.33	258	二	8 994.1	8 249.21	109.03	103.33
77	三	5 892.1	6 809.04	86.53	104.14	259	三	9 048.1	8 257.17	109.58	104.14
78	四	5 557.6	6 816.99	81.53	104.52	260	四	8 784.7	8 265.12	106.29	104.52
79	五	6 838.3	6 824.95	100.20	105.10	261	五	8 487.7	8 273.08	102.59	105.10
80	六	6 091.4	6 832.91	89.15	93.83	262	六	8 415.5	8 281.04	101.62	93.83
81	日	5 080.7	6 840.86	74.27	86.91	263	日	9 231.8	8 288.99	111.37	86.91
82	一	6 804.2	6 848.82	99.35	102.19	264	一	8 439.6	8 296.95	101.72	102.19
83	二	6 660.6	6 856.78	97.14	103.33	265	二	8 852.45	8 304.91	106.59	103.33
84	三	6 263.5	6 864.73	91.24	104.14	266	三	8 526.5	8 312.86	102.57	104.14
85	四	6 684.8	6 872.69	97.27	104.52	267	四	8 385	8 320.82	100.77	104.52
86	五	6 972	6 880.65	101.33	105.10	268	五	9 391.55	8 328.78	112.76	105.10
87	六	6 345	6 888.60	92.11	93.83	269	六	7 363	8 336.73	88.32	93.83
88	日	5 719.2	6 896.56	82.93	86.91	270	日	6 525.1	8 344.69	78.19	86.91
89	一	7 341.8	6 904.52	106.33	102.19	271	一	8 724.38	8 352.65	104.45	102.19
90	二	7 351.8	6 912.47	106.36	103.33	272	二	8 239.6	8 360.60	98.55	103.33
91	三	6 541.7	6 920.43	94.53	104.14	273	三	8 477.95	8 368.56	101.31	104.14
92	四	7 812.4	6 928.39	112.76	104.52	274	四	6 758.5	8 376.52	80.68	104.52
93	五	8 256.6	6 936.34	119.03	105.10	275	五	5 688.3	8 384.47	67.84	105.10
94	六	6 652.4	6 944.30	95.80	93.83	276	六	5 877.15	8 392.43	70.03	93.83
95	日	5 844.1	6 952.26	84.06	86.91	277	日	5 041.95	8 400.39	60.02	86.91

续表 J806-1

天次	星期	零售额（元）y	趋势值（元）T	（%）Y/T	季节指数（%）S	天次	星期	零售额（元）y	趋势值（元）T	（%）Y/T	季节指数（%）S
①	②	④	⑤	⑥	⑦	①	②	④	⑤	⑥	⑦
①	②	④	⑤	⑥=④/⑤	⑦	①	②	④	⑤	⑥=④/⑤	⑦
96	一	6 128	6 960.21	88.04	102.19	278	一	6 535.9	8 408.35	77.73	102.19
97	二	8 175.2	6 968.17	117.32	103.33	279	二	7 300	8 416.30	86.74	103.33
98	三	6 046.1	6 976.13	86.67	104.14	280	三	7 569.5	8 424.26	89.85	104.14
99	四	6 531	6 984.08	93.51	104.52	281	四	9 143.25	8 432.22	108.43	104.52
100	五	6 644.2	6 992.04	95.03	105.10	282	五	8 019.2	8 440.17	95.01	105.10
101	六	6 607.7	7 000.00	94.40	93.83	283	六	8 123.25	8 448.13	96.15	93.83
102	日	5 992.9	7 007.96	85.52	86.91	284	日	6 062.25	8 456.09	71.69	86.91
103	一	5 898.4	7 015.91	84.07	102.19	285	一	8 342.2	8 464.04	98.56	102.19
104	二	7 760.2	7 023.87	110.48	103.33	286	二	8 339.75	8 472.00	98.44	103.33
105	三	6 821.6	7 031.83	97.01	104.14	287	三	7 531	8 479.96	88.81	104.14
106	四	7 016.5	7 039.78	99.67	104.52	288	四	8 141.6	8 487.91	95.92	104.52
107	五	7 514.7	7 047.74	106.63	105.10	289	五	8 661.6	8 495.87	101.95	105.10
108	六	7 829.4	7 055.70	110.97	93.83	290	六	8 004.9	8 503.83	94.13	93.83
109	日	6 710.4	7 063.65	95.00	86.91	291	日	7 809.5	8 511.78	91.75	86.91
110	一	6 899	7 071.61	97.56	102.19	292	一	8 097.4	8 519.74	95.04	102.19
111	二	6 156.3	7 079.57	86.96	103.33	293	二	7 945	8 527.70	93.17	103.33
112	三	7 217.9	7 087.52	101.84	104.14	294	三	9 012	8 535.65	105.58	104.14
113	四	7 263.5	7 095.48	102.37	104.52	295	四	7 908.3	8 543.61	92.56	104.52
114	五	7 397.5	7 103.44	104.14	105.10	296	五	9 529.8	8 551.57	111.44	105.10
115	六	6 339.7	7 111.39	89.15	93.83	297	六	7 986.7	8 559.52	93.31	93.83
116	日	6 167.4	7 119.35	86.63	86.91	298	日	6 201.55	8 567.48	72.38	86.91
117	一	7 317.9	7 127.31	102.67	102.19	299	一	7 984.85	8 575.44	93.11	102.19
118	二	7 469	7 135.26	104.68	103.33	300	二	7 283.3	8 583.39	84.85	103.33
119	三	7 362.5	7 143.22	103.07	104.14	301	三	7 595.4	8 591.35	88.41	104.14
120	四	8 825.7	7 151.18	123.42	104.52	302	四	7 386	8 599.31	85.89	104.52
121	五	6 407.5	7 159.13	89.50	105.10	303	五	8 218.8	8 607.26	95.49	105.10
122	六	6 249.1	7 167.09	87.19	93.83	304	六	7 571.7	8 615.22	87.89	93.83

续表 J806-1

天次①	星期②	零售额（元）y④	趋势值（元）T⑤	（%）Y/T⑥	季节指数（%）S⑦	天次①	星期②	零售额（元）y④	趋势值（元）T⑤	（%）Y/T⑥	季节指数（%）S⑦
①	②	④	⑤	⑥=④/⑤	⑦	①	②	④	⑤	⑥=④/⑤	⑦
123	日	6 141	7 175.05	85.59	86.91	305	日	6 152.1	8 623.18	71.34	86.91
124	一	7 903.2	7 183.00	110.03	102.19	306	一	6 471.4	8 631.13	74.98	102.19
125	二	7 112.1	7 190.96	98.90	103.33	307	二	7 493.5	8 639.09	86.74	103.33
126	三	7 643.7	7 198.92	106.18	104.14	308	三	7 979.9	8 647.05	92.28	104.14
127	四	9 600.3	7 206.87	133.21	104.52	309	四	8 790.4	8 655.00	101.56	104.52
128	五	9 564.6	7 214.83	132.57	105.10	310	五	8 461.15	8 662.96	97.67	105.10
129	六	8 298.1	7 222.79	114.89	93.83	311	六	7 988.75	8 670.92	92.13	93.83
130	日	7 759.6	7 230.74	107.31	86.91	312	日	7 023.5	8 678.87	80.93	86.91
131	一	8 687.8	7 238.70	120.02	102.19	313	一	10 045.7	8 686.83	115.64	102.19
132	二	7 757	7 246.66	107.04	103.33	314	二	8 337.25	8 694.79	95.89	103.33
133	三	9 135.3	7 254.61	125.92	104.14	315	三	8 347.25	8 702.75	95.92	104.14
134	四	8 345.3	7 262.57	114.91	104.52	316	四	7 834	8 710.70	89.94	104.52
135	五	9 089.4	7 270.53	125.02	105.10	317	五	8 865.7	8 718.66	101.69	105.10
136	六	7 323	7 278.49	100.61	93.83	318	六	8 011.4	8 726.62	91.80	93.83
137	日	6 086.8	7 286.44	83.54	86.91	319	日	8 039.7	8 734.57	92.04	86.91
138	一	7 352.5	7 294.40	100.80	102.19	320	一	8 459.9	8 742.53	96.77	102.19
139	二	8 289.5	7 302.36	113.52	103.33	321	二	7 672.8	8 750.49	87.68	103.33
140	三	8 586.8	7 310.31	117.46	104.14	322	三	9 419.5	8 758.44	107.55	104.14
141	四	8 352.8	7 318.27	114.14	104.52	323	四	9 502.2	8 766.40	108.39	104.52
142	五	8 992.6	7 326.23	122.75	105.10	324	五	9 331.1	8 774.36	106.35	105.10
143	六	8 270.1	7 334.18	112.76	93.83	325	六	7 998.75	8 782.31	91.08	93.83
144	日	7 024.2	7 342.14	95.67	86.91	326	日	8 827.7	8 790.27	100.43	86.91
145	一	7 953.2	7 350.10	108.21	102.19	327	一	7 593.4	8 798.23	86.31	102.19
146	二	7 970.5	7 358.05	108.32	103.33	328	二	8 694.15	8 806.18	98.73	103.33
147	三	13 398.1	7 366.01	181.89	104.14	329	三	8 296.9	8 814.14	94.13	104.14
148	四	8 575.6	7 373.97	116.30	104.52	330	四	7 714.55	8 822.10	87.45	104.52
149	五	8 415.8	7 381.92	114.01	105.10	331	五	8 420.6	8 830.05	95.36	105.10

续表 J806-1

天次	星期	零售额（元）y	趋势值（元）T	（%）Y/T	季节指数（%）S	天次	星期	零售额（元）y	趋势值（元）T	（%）Y/T	季节指数（%）S
①	②	④	⑤	⑥	⑦	①	②	④	⑤	⑥	⑦
①	②	④	⑤	⑥=④/⑤	⑦	①	②	④	⑤	⑥=④/⑤	⑦
150	六	8 264.4	7 389.88	111.83	93.83	332	六	7 247.15	8 838.01	82.00	93.83
151	日	7 880.1	7 397.84	106.52	86.91	333	日	6 907.3	8 845.97	78.08	86.91
152	一	9 076.6	7 405.79	122.56	102.19	334	一	7 966.35	8 853.92	89.98	102.19
153	二	8 349.4	7 413.75	112.62	103.33	335	二	7 449.45	8 861.88	84.06	103.33
154	三	9 055.1	7 421.71	122.01	104.14	336	三	8 288.95	8 869.84	93.45	104.14
155	四	8 697.1	7 429.66	117.06	104.52	337	四	8 909.5	8 877.79	100.36	104.52
156	五	8 786.5	7 437.62	118.14	105.10	338	五	7 737.25	8 885.75	87.07	105.10
157	六	7 747.9	7 445.58	104.06	93.83	339	六	6 851	8 893.71	77.03	93.83
158	日	7 581	7 453.53	101.71	86.91	340	日	7 327.9	8 901.66	82.32	86.91
159	一	8 677.9	7 461.49	116.30	102.19	341	一	7 272.75	8 909.62	81.63	102.19
160	二	8 401.3	7 469.45	112.48	103.33	342	二	8 661.15	8 917.58	97.12	103.33
161	三	9 271.5	7 477.40	123.99	104.14	343	三	8 241.9	8 925.53	92.34	104.14
162	四	9 304.9	7 485.36	124.31	104.52	344	四	8 650.9	8 933.49	96.84	104.52
163	五	9 520.3	7 493.32	127.05	105.10	345	五	8 462.25	8 941.45	94.64	105.10
164	六	7 433.7	7 501.27	99.10	93.83	346	六	7 510.8	8 949.40	83.93	93.83
165	日	6 664.6	7 509.23	88.75	86.91	347	日	7 076.4	8 957.36	79.00	86.91
166	一	9 002.4	7 517.19	119.76	102.19	348	一	7 738.4	8 965.32	86.31	102.19
167	二	9 261.8	7 525.14	123.08	103.33	349	二	8 293.9	8 973.28	92.43	103.33
168	三	10 469.6	7 533.10	138.98	104.14	350	三	8 590.05	8 981.23	95.64	104.14
169	四	8 972.5	7 541.06	118.98	104.52	351	四	8 161.15	8 989.19	90.79	104.52
170	五	11 656.7	7 549.01	154.41	105.10	352	五	7 675.7	8 997.15	85.31	105.10
171	六	6 901.8	7 556.97	91.33	93.83	353	六	5 986	9 005.10	66.47	93.83
172	日	6 504	7 564.93	85.98	86.91	354	日	7 551.35	9 013.06	83.78	86.91
173	一	7 245.4	7 572.89	95.68	102.19	355	一	6 708	9 021.02	74.36	102.19
174	二	8 453.3	7 580.84	111.51	103.33	356	二	6 503.1	9 028.97	72.02	103.33
175	三	8 800.1	7 588.80	115.96	104.14	357	三	7 449	9 036.93	82.43	104.14
176	四	9 634.9	7 596.76	126.83	104.52	358	四	7 575.5	9 044.89	83.75	104.52

续表 J806-1

天次	星期	零售额（元）y	趋势值（元）T	（%）Y/T	季节指数（%）S	天次	星期	零售额（元）y	趋势值（元）T	（%）Y/T	季节指数（%）S
①	②	④	⑤	⑥	⑦	①	②	④	⑤	⑥	⑦
①	②	④	⑤	⑥=④/⑤	⑦	①	②	④	⑤	⑥=④/⑤	⑦
177	五	9 155	7 604.71	120.39	105.10	359	五	7 655.3	9 052.84	84.56	105.10
178	六	8 860.3	7 612.67	116.39	93.83	360	六	6 172.5	9 060.80	68.12	93.83
179	日	6 876	7 620.63	90.23	86.91	361	日	7 907	9 068.76	87.19	86.91
180	一	10 469.3	7 628.58	137.24	102.19	362	一	7 627.7	9 076.71	84.04	102.19
181	二	9 975.1	7 636.54	130.62	103.33	363	二	7 027	9 084.67	77.35	103.33
182	三	10 239.7	7 644.50	133.95	104.14	364	三	9 394.2	9 092.63	103.32	104.14
						365	四	7 050.81	9 100.58	77.48	104.52
						366	五		9 108.54		105.10

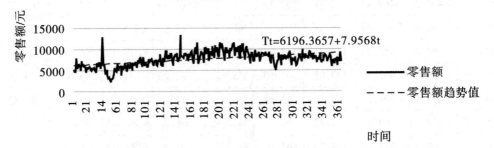

商品零售额和趋势预测值曲线图

Tt=6196.3657+7.9568t

图 J806-1　商品零售额和趋势预测值曲线图

三、案例分析

（一）商品零售总额长期趋势分析

0505 直营店的顾客群是上班一族,零售额变动受长期趋势影响、季节变动影响较明显。

长期趋势通常分为线性趋势和非线性趋势,这里基于该连锁便利店公司数据分析工作深入、门店销售管理精细,有助于销售业绩长期向好的假设,结合零售额曲线图,以线性趋势模型 $T = a + bt$ 表达零售额度的长期趋势。

一般地,也可利用 Excel 的数据分析工具软件得到线性趋势模型: $T = a + bt$ 的截距 a 与斜率 b。

在表 J806-1 工具菜单中,选择"数据—数据分析"选项,在"分析工具"对话框中,选中"回归",点击"确定,弹出"回归"对话框,在"Y值输入区域"输入＄D＄5：＄D＄368,在"X值输入区域"输入＄A＄5：＄A＄368,在"输出选项"选择"输出工作表"＄H＄5,然后单击"确定",得到回归分析结果,如表 J806-2 所示。

表 J806-2 回归分析结果表

回归统计	
Multiple R	0.48233
R Square	0.23264
Adjusted R Square	0.23053
标准误差	1526.8
观测值	365

方差分析

	df	SS	MS	F	gnificance F
回归分析	1	2.57E+08	2.57E+08	110.053	1.152E-22
残差	363	8.46E+08	2331128		
总计	364	1.1E+09			

	Coefficien	标准误差	t Stat	P-value	Lower 95%	Upper 95%	下限 95.0%	上限 95.0%
Intercept	6196.37	160.1620496	38.68810208	7.67E-131	5881.403746	6511.327699	5881.403746	6511.327699
X Variable 1	7.95676	0.758465816	10.49059838	1.1521E-22	6.465221574	9.448298937	6.465221574	9.448298937

从表 J806-2 中可以看出,在长期趋势线性模型中,

$$a = 6\ 196.365\ 7, b = 7.956\ 8$$

于是

$$Tt = 6\ 196.365\ 7 + 7.956\ 8t$$

其中,Tt 代表长期趋势值,t 代表天数。

将天数 $t = 1, 2, 3, \cdots, 365$ 代入模型中,将所得 Tt 值,填入表 1 中第⑤列。

例如第 360 天的零售额趋势预测值:

$$T360\ 星期六 = 6\ 196.365\ 7 + 7.956\ 8 * 360 = 55\ 309.47(元)$$

(二)商品零售总额季节变动分析

季节变动分析一般是根据月份或季度指标时间数列资料,测定以年为周期的、随着季节转变而发生的周期性变动的规律性,也可以针对更小的时间单位来进行准季节变动分析。

这里,0505 门店的消费群体是上班族,工作时间相对稳定,消费方式相对稳定,使得其每天零售额度的变化除了受到长期向上的趋势影响外,还较明显受到以周为周期的季节变动影响。

1.剔除长期趋势的影响

乘法模型:$Y = T \times S \times C \times I$

其中,Y 代表时间数列的指标值,T 代表长期趋势,S 代表季节变动,C 代表循环变动,I 代表不规则变动。它们都是时间变量 t 的函数。

用长期趋势去除时间数列的指标值：

$$\frac{Y}{T} = S \times C \times I$$

得出剔除长期趋势影响的时间数列,该时间数列只受到季节变动、循环变动和不规则变动的影响,见表 J806-1 的第⑥列,如图 J806-2 所示。

商品零售额中剔除长期趋势影响的曲线图

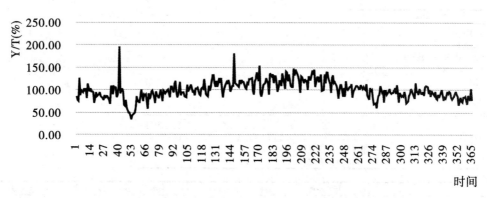

图 J806-2 商品零售额中剔除长期趋势影响的曲线图

2. 测定季节变动的影响

下面根据剔除长期趋势后的比率 $\frac{Y}{T}$ 计算同季平均数和季节指数,见表 J806-3。

表 J806-3 零售额季节指数计算表 单位:%

周＼天	星期四	星期五	星期六	星期日	星期一	星期二	星期三	合计
1	86.08	76.22	75.72	126.93	86.60	98.94	93.63	—
2	103.54	96.66	101.83	80.94	114.13	96.52	103.29	—
3	95.24	97.00	93.39	70.97	93.13	85.56	86.74	—
4	90.53	93.59	84.50	81.58	77.91	87.41	80.90	—
5	85.98	86.53	77.29	69.25	107.31	106.56	90.08	—
6	106.65	104.69	83.76	87.48	104.78	197.58	92.85	—
7	102.42	96.72	66.35	64.10	77.96	59.20	49.28	—
8	50.02	41.67	35.15	43.12	45.20	49.37	62.93	—
9	85.63	71.85	76.55	71.34	99.93	86.52	74.08	—
10	89.48	87.38	90.80	58.25	91.76	78.13	84.22	—
11	96.22	97.48	84.39	69.72	95.77	86.86	86.53	—

续表 J806-3

天 周	星期四	星期五	星期六	星期日	星期一	星期二	星期三	合计
12	81.53	100.20	89.15	74.27	99.35	97.14	91.24	–
13	97.27	101.33	92.11	82.93	106.33	106.36	94.53	–
14	112.76	119.03	95.80	84.06	88.04	117.32	86.67	–
15	93.51	95.03	94.40	85.52	84.07	110.48	97.01	–
16	99.67	106.63	110.97	95.00	97.56	86.96	101.84	–
17	102.37	104.14	89.15	86.63	102.67	104.68	103.07	–
18	123.42	89.50	87.19	85.59	110.03	98.90	106.18	–
19	133.21	132.57	114.89	107.31	120.02	107.04	125.92	–
20	114.91	125.02	100.61	83.54	100.80	113.52	117.46	–
21	114.14	122.75	112.76	95.67	108.21	108.32	181.89	–
22	116.30	114.01	111.83	106.52	122.56	112.62	122.01	–
23	117.06	118.14	104.06	101.71	116.30	112.48	123.99	–
24	124.31	127.05	99.10	88.75	119.76	123.08	138.98	–
25	118.98	154.41	91.33	85.98	95.68	111.51	115.96	–
26	126.83	120.39	116.39	90.23	137.24	130.62	133.95	–
27	116.19	130.60	131.38	95.99	105.28	119.98	119.84	–
28	108.97	137.03	116.13	103.63	140.25	138.58	120.54	–
29	135.30	109.41	105.90	106.57	147.96	131.73	144.91	–
30	133.65	127.19	114.74	93.17	129.70	128.97	115.92	–
31	123.86	118.98	119.85	100.83	130.08	121.19	133.18	–
32	143.09	134.49	144.47	105.92	128.05	128.29	118.01	–
33	125.53	134.25	98.88	99.83	134.72	115.24	138.23	–
34	138.43	125.16	112.86	94.21	127.92	132.20	116.08	–
35	116.90	108.48	97.74	82.13	101.18	110.98	110.47	–
36	85.36	104.37	86.43	120.34	102.26	99.64	106.40	–
37	106.79	112.46	84.33	96.19	99.52	109.03	109.58	–
38	106.29	102.59	101.62	111.37	101.72	106.59	102.57	–
39	100.77	112.76	88.32	78.19	104.45	98.55	101.31	–
40	80.68	67.84	70.03	60.02	77.73	86.74	89.85	–
41	108.43	95.01	96.15	71.69	98.56	98.44	88.81	–

续表 J806-3

天 周	星期四	星期五	星期六	星期日	星期一	星期二	星期三	合计
42	95.92	101.95	94.13	91.75	95.04	93.17	105.58	–
43	92.56	111.44	93.31	72.38	93.11	84.85	88.41	–
44	85.89	95.49	87.89	71.34	74.98	86.74	92.28	–
45	101.56	97.67	92.13	80.93	115.64	95.89	95.92	–
46	89.94	101.69	91.80	92.04	96.77	87.68	107.55	–
47	108.39	106.35	91.08	100.43	86.31	98.73	94.13	–
48	87.45	95.36	82.00	78.08	89.98	84.06	93.45	–
49	100.36	87.07	77.03	82.32	81.63	97.12	92.34	–
50	96.84	94.64	83.93	79.00	86.31	92.43	95.64	–
51	90.79	85.31	66.47	83.78	74.36	72.02	82.43	–
52	83.75	84.56	68.12	87.19	84.04	77.35	103.32	–
同期平均数	104.46	105.04	93.77	86.86	102.13	103.27	104.08	699.60
季节指数	104.52	105.10	93.83	86.91	102.19	103.33	104.14	700.00

从表 J806-3 中可以看到,星期一至星期五的季节指数都大于 100%,它们是旺季,星期六至星期日的季节指数都小于 100%,它们是淡季。

在无不规则变动影响时,7 天的同期平均数之和为 700%,这里 699.82% ≠ 700%,其中含有不规则变动影响,故须校正。

$$校正系数 = \frac{700\%}{699.60\%} = 1.000571$$

季节指数 = 同期平均数 × 校正系数

用同期平均数乘以校正系数,得到星期一至星期日的各天季节指数,见表 J806-3。

这种方法由于剔除了长期趋势变动的影响,通过季节指数所反映的季节变动,比同期水平平均法和同期比率平均法较为精确。

由表 J806-3 可得到季节变动曲线图,如图 J806-3 所示。

季节变动曲线图

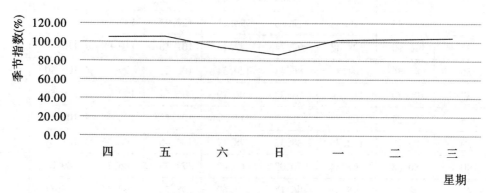

图 J806-3　季节变动曲线图

（三）商品零售总额趋势季节变动预测

当测定出长期趋势 T、季节变动值 S（季节指数）时，以 $\dfrac{Y}{Y\times S}$ 为指标值的时间数列，只包含循环变动 C 和不规则变动 I：

$$\frac{Y}{Y\times S}=C\times I$$

实践中，便利店企业通常能够通过加强 SKU（销售单品）管理、经营常规管理，能够较好地减少循环变动 C 和不规则变动 I 对销售额的影响，故取：

$$C\times I=100\%$$

下面，以长期趋势值与季节指数之积，来对销售额进行动态预测。

例如

∵ 2015 年 12 月 31 日的趋势值 = $T365=7.9568\times365+6196.3657=9100.5977$

2015 年 12 月 31 日星期四的季节指数 = 104.52%

∴ 2015 年 12 月 31 日星期四的预测值 = $9100.5977\times104.52\%=951155.65$

∵ 2016 年 1 月 1 日星期五的预测值 = $T366=7.9568\times366+6196.3657=9108.54$

2016 年 1 月 1 日星期五的季节指数 = 105.10

∴ 2016 年 1 月 1 日星期五的预测值 = $9108.54\times105.10=9573.18$

五、小结

1. 影响时间数列变动的因素主要有长期趋势（T）、季节变动（S）、循环变动（C）、不规则变动（I）。将这些因素与时间数列变动关系用一定的数学模型表示出来，就形成了时间数列的分析模型，如加法模型、乘法模型和混合模型等。其中常用的是加法模型和乘法模型。本案例采用了乘法模型，并基于定性分析，认为便利店连锁企业可以适时应对，从而使得循环变动、不规则变动对销售额变动的不利影响可忽略，于是假定 $C\times I=100\%$。这样，以实现长期趋势值与季节指数之积，来对销售额进行动态预测。

2. 测定季节变动（S）有两种常用的方法：一种是不考虑长期趋势的影响，直接用原始数列资料测定季节变动；另一种是先剔除原始数列中的长期趋势，再测定季节变动。本案例采用了后者。

3. 进一步思考：

（1）长期趋势主要分为线性趋势和非线性趋势。测定长期线性趋势的方法是采用一定的方法对时间数列进行修匀，常用的修匀方法有时距扩大法、移动平均法、指数平滑法、线性模型法等。试用指数平滑法测定趋势预测值，并与所采用线性模型法的趋势预测值作一比较。

（2）该时间数列的预测值用于销售计划制订，还需要考虑哪些因素？

六、学习资源

1. QYS011-原始数据

2.《新编统计学》,郭梓仁主编,中南大学出版社,2012

3.《统计学原理(第六版)》,谢启南主编,暨南大学出版社,2006

第九部分

转化为数据因素分析统计教学案例

J901　统计指数编制方法在棉纱生产中的应用

一、教学案例设计

教学案例编号	J901	教学案例名称	统计指数编制方法在棉纱生产中的应用		
企业案例编号	Q006	企业案例名称	焦作市某纺织股份有限公司棉纱生产统计实际案例		
教学案例背景		焦作市某纺织股份有限公司是专业从事棉花收购、加工、经营和棉纱生产的股份制民营企业。该公司在 2014 和 2015 两年的生产情况可见 QYS006 原始数据,企业的统计工作者应当对这些数据进行一系列分析研究,发现数据之间的关联性,找出解决问题的有效办法,为领导决策服好务。本案例试图从统计指数的角度了解公司棉纱产量与价格之间的动态变化情况并结合财务数据进行因素及效益分析			
案例问题		根据 QYS006 资料,进行统计指数编制及因素分析			
案例教学目标		知识目标	能力目标	素质目标	
		掌握统计指数的含义和用途,明确编制方法、要求等	能够根据要求独立编制统计指数,并作简要因素分析	培养独立思考、从点到面、由表及里的统计工作方法和统计工作职业操守,善于从事物的影响因素中发现问题的因果关系	
教学建议		在学习并掌握了统计指数编制及因素分析的基本原理后,由老师带领学生认真阅读统计实际案例 QYS006 原始数据,重点思考表 J901-1 的棉纱品种、价格、产量资料,在此基础上尝试进行数量指标指数和质量指标指数的编制,并简要分析公司两年来产值受价格和产量双重因素影响的程度和结果情况			
案例反思		本案例有关统计指数的编制问题,教师在教学过程中要引导学生学会统计指数的编制,掌握运用指数来进行因素分析的方法和技巧,并结合企业生产实际发生的情况数据进行编制,对结果进行因素分析和解释说明			

二、数据说明

1. QYS006 原始数据系公司自动化管理系统自动收集生成。

2. 焦作市某纺织股份有限公司棉纱生产统计实际案例中的棉纱产值是产量与价格的乘积,即 32 支、40 支等系列棉纱锭的各月产量与对应月份的价格乘积之和,年产值就是各月产值之和,按照统计部门规定一月份不报数据,所以年数据均为 2 到 12 月份的数据和。

棉纱是棉纤维经纺纱工艺加工而成的纱,经合股加工后称为棉线。棉纱的支数通俗地讲是棉纱的粗细,有 8 支、10 支、20 支等很多。数越小线越粗,价格越便宜。其余的反之。通常一般 32 支和 40 支最常用,支数越高纱线越细,织物也就越薄。这是从粗细分,同种纱支还包括涤棉、毛晴等很多成分。纱线不光分多少支,还会分几股,比如 2/32 就是双股 32 支的,支数分公支和英支,不说的时候就默认为公支。

根据纺纱的不同工艺,可分为普梳纱和精梳纱。普梳纱是用棉纤维经普通纺纱系统纺成的纱;精梳纱一般为高档产品,要求外观好,条干均匀,棉结杂质少。精梳工序能大量排除短纤维和部分杂质性疵点,对排除棉结比较困难,所以精梳用棉要求原棉短绒和棉结尽量含量要低,成熟度过差,含水率过高也会容易产生棉结,尽量少用。精梳产品因为用以制作高档面料使用,对布面染色效果要求较高,因此选用色泽好、整齐度好的原棉,有时还需要长绒棉。

3. 本案例有关数据、指数计算均要求在 Excel 2007 以上版本完成。

4. 在各个数据、指数计算中,均可在 Excel 界面上完成,比如计算 J32 支纱 2014 年产量时,可选 N2 单元格,写入"="号,在"="后面写入 SUM(D2:M2),回车即得到结果11054.06,同样方法可分别得到 J32 支纱 2015 年产量、J40 支纱 2014 年和 2015 年产量;计算 J32 支纱 2014 年价格时,可选 N3 单元格,写入"="号,在"="后面写入 average(D3:M3),回车即得到 2014 年 J32 支纱的平均价格为 29063.64,同样方法可分别得到J32 支纱 2015 年平均价格以及 J40 支纱 2014 年和 2015 年的平均价格;将计算的 2014 年和 2015 年的产量及平均价格数据资料在 A12:F16 编成表格,如表 J901-2 所示;在 G15单元格上写入"="号,在"="后面写入 C15 * D15,回车即得到 321271.2,同理,在 H15、I15 以及 G16、H16、I16 单元格得到计算表中 G15:I16 单元格区域的数据;再选择 G15:G17,点击求和符号"∑",即得 531787.9,将光标移至该单元格右下角变成黑十字后往右拖曳到 I17 单元格止,即得到 587447.6 和 635464.2,结果详见 J901-3。

计算指数时,在 Excel 界面的任一空单元格,如 G18,写入"="号,在"="后面写入I17/G17 * 100,回车即得到结果 119.50%,在 G19,写入"="号,在"="后面写入 I17 -G17,回车即得到结果 103676.3,同理,可计算出其余各个指数及绝对额。

三、案例分析

本案例是一个有关统计指数的编制问题。统计中的所谓指数通常是两个数的对比,是统计指数的简称。指数的概念是从物价变动中产生的。1650 年英国人赖斯. 沃汉(Rice Vaughan)为了计算物价变动,开始编制价格指数。之后,指数的计算方法逐渐发展,运用范围不断扩大,在原来动态比较的基础上,地区间或事物间的比较也纳入指数的范畴。这样指数的概念也就有了广义和狭义之分。

从广义上讲,只要是有关同类现象两个数值的对比形成的相对数都可称为指数。如2011年我国国内生产总值为461 564亿元,是2010年的109.2%(按可比价格,上年=100);又比如2011年甲地区高速公路通车里程为5 196千米,乙地区为4350.1千米,甲地区为乙地区的119.45%。

狭义的指数是一种特殊的相对数,它指的是因性质不同,而在数量上不能直接加总的,多个个体组成的现象总体的综合变动程度。比如由于各种商品的实物单位不同(比如空调以台为单位,鞋子以双为单位,食品以千克为单位等),不能采取直接相加的方法求出各个时期的销售总量,也就无法将两个不同时期的销售量直接对比来说明商品销售量的总变动。

指数按其所表明的经济指标性质不同,分为数量指标指数和质量指标指数。其中:数量指标指数是根据数量(以总量或绝对数形式出现)指标编制的指数,通常称为数量指数或物量指数,该指数反映现象的规模或水平的变动,如商品销售量指数、产品产量指数等;质量指标指数,又称质量指数,它是用表明工作质量好坏、管理水平高低的质量指标而编制的指数,反映质量指标变动程度,如价格指数、成本指数、平均工资指数、劳动生产率指数等。在统计指数的编制和应用中,必须十分重视数量指标指数与质量指标指数的区分,它们各自采用不同的编制方法。

根据公司生产案例QYS006-原始数据可获得焦作市某纺织股份有限公司2014年、2015年棉纱生产的各产品品种、产量及价格资料,如表J901-1所示,详见QYS006-原始数据资料。

表 J901-1　某纺织近年主要产品、产量及价格资料

月份			2月	3月	4月	5月
2014 年	J32 支棉纱	产量(吨)	840.72	1 035.04	1 006.12	1 025.31
		价格(元/吨)	29 900	29 900	29 900	29 900
	J40 支棉纱	产量(吨)	576.33	663.11	643.78	657.98
		价格(元/吨)	30 700	30 700	30 700	30 700
2015 年	J32 支棉纱	产量(吨)	932.28	949.62	1 077.16	1 117.6
		价格(元/吨)	27 500	27 500	27 500	27 500
	J40 支棉纱	产量(吨)	603.46	631.37	699.59	732.56
		价格(元/吨)	28 500	28 500	28 500	28 500

续表 J901-1

6 月	7 月	8 月	9 月	10 月	11 月	12 月
1 038.7	983.52	1 081.24	958.73	763.4	1 167.35	1 153.93
29 900	29 900	29 900	28 200	28 200	27 000	27 000
673.9	605.11	620.76	611.86	480.75	755.84	742.72
30 700	30 700	30 700	29 000	29 000	28 400	28 000
1 323.98	1 438.19	1 445.87	1 407.49	1 131.39	1 084.79	1 114.82
27 000	27 000	26 500	26 500	26 500	26 500	24 500
887.78	940.19	905.23	956.94	765.05	714.52	746.95
28 000	28 000	27 500	27 500	27 500	27 500	26 000

根据表中数据进行汇总综合后得到如表 J901-2 所示数据。

表 J901-2　焦作市某纺织股份有限公司两种棉纱产量和价格资料

产品名称	计量单位	2014 年		2015 年	
		产量	单价(元)	产量	单价(元)
		q_0	p_0	q_1	p_1
J32 支	吨	11 054.06	29 063.64	13 023.19	26 772.73
J40 支	吨	7 032.14	29 936.36	8 583.64	27 818.18

根据统计综合指数的编制要求,2014 年作为基期,2015 年作为报告期,这样可对表 J901-2 数据进行列表计算,得到 2014 年和 2015 年分年分品种棉纱产值以及整个产品的产值和假定的产值数据,如表 J901-3 所示。

表 J901-3　焦作市某纺织股份有限公司两种棉纱产值计算

产品名称	计量单位	2014 年		2015 年		产值(万元)		
		产量	单价(元)	产量	单价(元)			
		q_0	p_0	q_1	p_1	q_0p_0	q_1p_1	q_1p_0
J32 支	吨	11 054.06	29 063.64	13 023.19	26 772.73	321 271.2	348 666.3	378 501.3
J40 支	吨	7 032.14	29 936.36	8 583.64	27 818.18	210 516.7	238 781.2	256 962.9
合计	-	-	-	-	-	531 787.9	587 447.6	635 464.2

这样就可以根据表 J901-3 数据编制产量综合指数和产品价格综合指数。

（1）$k_q = \dfrac{\sum q_1 p_0}{\sum q_0 p_0} = \dfrac{635\ 464.2}{531\ 787.9} = 119.50\%$

$\sum q_1 p_0 - \sum q_0 p_0 = 635\ 464.2 - 531\ 787.9 = 103\ 676.3(万元)$

通过以上结果可知，该公司 2015 年 J32 支和 J40 支两种产品产量比 2014 年有所增加，使得 2015 年公司产值提高 19.5%，净增产值 103 676.3 万元。

（2）$k_p = \dfrac{\sum q_1 p_1}{\sum q_1 p_0} = \dfrac{587\ 447.6}{635\ 464.2} = 92.44\%$

$\sum q_1 p_1 - \sum q_1 p_0 = 587\ 447.6 - 635\ 464.2 = -48\ 016.7(万元)$

通过以上结果可知，该公司 2015 年 J32 支和 J40 支两种产品价格比 2014 年有所降低，使得 2015 年公司产值减少 7.56%，净减产值 48016.7 万元。

（3）$k_{qp} = \dfrac{\sum q_1 p_1}{\sum q_0 p_0} = \dfrac{587\ 447.6}{531\ 787.9} = 110.47\%$

$\sum q_1 p_1 - \sum q_0 p_0 = 587\ 447.6 - 531\ 787.9 = 55\ 659.7(万元)$

相对数关系：$110.47\% = 119.5\% \times 92.44\%$

绝对数关系：$55\ 659.7$ 万元 $= 103\ 676.3$ 万元 $- 48\ 016.7$ 万元

该公司由于 2015 年各品种棉纱产量与 2014 年相比均有所增加，而 2015 年各品种棉纱价格与 2014 年相比却有所降低，两者共同作用，结果该公司 2015 年净增产值 55 659.7 万元，增长 10.47%。

四、小结

在编制总指数时，为了分析一个因素的变动情况，就必须把另一个因素固定不变，即要把相对比的分子和分母所乘上的那个同度量因素固定在某一时期不变，以便单纯反映该因素的变动情况。在复杂现象总体中，各个不同时期的同度量因素不同，数值不同；有基期的，也有报告期的；有实际的，也有计划的。那么，到底同度量因素应选择在哪个时期呢？这是统计中一个重要的理论问题，有着不同的观点。根据实践中的应用情况，确定统计指数同度量因素所属时期一般是依据下列原则进行，即编制数量指标指数时，把基期的质量因素作为同度量因素；编制质量指标指数时，把报告期的数量因素作为同度量因素。

五、学习资源

1. QYS006 原始数据

2.《数据分析》，谢家发主编，郑州大学出版社，2014

J902 蚕丝被产量与原材料消耗额变动的指数分析

一、教学案例设计

教学案例编号	J902	教学案例名称	蚕丝被产量与原材料消耗额变动的指数分析
企业案例编号	Q021	企业案例名称	浙江嘉兴某家纺有限公司生产统计实际案例
教学案例背景			嘉兴某家纺有限公司是浙江省桐乡市一家专业生产蚕丝被的私营企业,年生产蚕丝被10万多条,年销售额突破5000万元。 该公司具有代表性的产品主要是桑蚕丝被和柞蚕丝被,这两款产品的具体统计资料可见案例Q021中的统计表。作为企业的统计工作者应当对这些数据进行一系列分析研究,发现数据之间的关联性,找出解决问题的有效办法,为领导决策提供资料。 本案例试图从统计指数的角度了解企业产量与价格的变动对产值变动的影响;产量、单位产品原材料消耗量与原材料单价的变动对原材料消耗总额变动的影响
案例问题			根据Q021资料,进行统计指数编制及因素分析
案例教学目标		知识目标	能力目标	素质目标

案例教学目标	知识目标	能力目标	素质目标
	掌握统计指数的含义和用途,明确编制方法、要求等	能够根据要求独立编制统计指数,并做简要因素分析	养成独立思考的习惯,善于从事物的影响因素中发现问题的相关性

教学建议	在教学过程中,要求学生学习并掌握统计指数编制及因素分析的基本原理,由老师带领学生认真阅读统计实际案例Q021,重点思考产量、单位产品原材料消耗量和原材料单价资料,在此基础上尝试进行数量指标指数和质量指标指数的编制,并简要分析公司近两年来产值受价格和产量双重因素影响的程度和结果情况,以及产量、单位产品原材料消耗量与原材料单价的变动对原材料消耗总额变动的影响
案例反思	本案例有关统计指数的编制问题,教师在教学过程中要引导学生学会统计指数的编制,掌握运用指数来进行因素分析的方法和技巧,并结合企业生产实际发生的情况数据进行编制,对结果进行因素分析和解释说明

二、数据说明

1. QYS020原始数据系嘉兴某家纺有限公司提供。

2. 本案例采用SPSS 23.0统计分析软件。

3. 产量×出厂价格=总产值。

4.产量×单位产品原材料消耗量×原材料单价=原材料消耗总额。

三、案例分析

指数是社会经济统计中历史最悠久、应用最广泛,同社会经济生活关系最密切的一个组成部分。它产生于18世纪欧洲资本主义迅速发展时期,经济学家为了测定物价的变动,开始编制物价指数。此后200多年,指数逐步扩展到工业生产、工资、成本、生活费用、股票等各方面。其中消费品价格指数、生活费用价格指数,同人们的日常生活休戚相关;生产资料价格指数、股票价格指数等,则直接影响人们的投资活动,称为社会经济的晴雨表。目前人们对于指数概念的认识,一般有以下两种理解:广义指数和狭义指数。

广义指数指一切反映社会经济现象变动的相对数,如动态相对数、比较相对数、计划完成相对数、强度相对数等。例如2010我国棉花产量636万吨,2009年640万吨,2010年棉花产量为2009年的99.4%;2010年茶叶产量140万吨,2009年茶叶产量135万吨,2010年的茶叶产量为2009年的103.7%;2010年我国国内生产总产值397983亿元(按不变价计算),2009年国内生产总值335 353亿元(按不变价计算),2010年国内生产总值为2009年的118.7%。我们把这些相对数都称为指数。

狭义指数是指用来反映不能直接加总和直接对比的复杂社会经济现象数量综合变动的相对数。它是一种特殊形式的相对数。例如,在研究多种产品的产量总变动和单位成本总变动,多种商品的销售量总变动和价格总变动中,不同的产品和商品,有不同的使用价值和计量单位,因此它们的产量、单位成本、销售量、价格等是不能直接相加的,我们无法直接将它们不同时期的同类数据对比计算指数,在这种情况下,我们就需要利用狭义指数的方法来解决复杂现象不能加总和对比的问题。

指数按其所表明的经济指标性质不同,分为数量指标指数和质量指标指数。其中:数量指标指数是说明现象总规模、总数量变动的相对数。如产品产量指数、商品销售量指数、职工人数指数等都是数量指标指数。质量指标指数是说明总体内涵数量变动情况的指数。它可以反映事物的质量标准效果和程度。如价格指数、成本指数、劳动生产率指数、平均工资指数。在统计指数的编制和应用中,必须十分重视数量指标指数与质量指标指数的区分,它们各自采用不同的编制方法。

在利用统计指数进行分析时,必须借助指数体系,即指数之间的内在联系,如:

总产值指数=产量指数×出厂价格指数

商品销售额指数=销售量指数×销售价格指数

工资总额指数=工人人数指数×平均工资指数

原材料消耗总额=产量×单位产品原材料消耗量×原材料单价

……

根据表J902-1,分析该公司这两款产品的生产量变动和出厂价格变动对总产值变动的影响,以及分析产量变动、单位产品原材料消耗量变动和原材料单价变动对原材料消耗总额变动的影响。

表 J902-1　历年两款产品有关统计资料

年份	桑蚕丝被				柞蚕丝被			
	生产量（条）	出厂价（元）	单耗量（斤/条）	原材料单价（元/斤）	生产量（条）	出厂价（元）	单耗量（斤/条）	原材料单价（元/斤）
2010	12 000	298	2.20	120	18 000	488	4.36	102
2011	19 000	328	2.18	120	21 000	528	4.32	102
2012	24 000	358	2.16	124	23 000	538	4.30	106
2013	28 000	368	2.16	130	27 000	560	4.28	108
2014	33 000	398	2.15	126	31 000	578	4.26	108
2015	41 000	414	2.12	128	38 000	599	4.20	112

（一）分析该公司这两款产品的生产量变动和出厂价格变动对总产值变动的影响

根据综合指数的编制要求，2014 年作为基期，2015 年作为报告期，以 q 表示产量，以 p 表示出厂价格。这样可对表 J902-1 数据进行列表计算，得到 2014 年和 2015 年分年分品种产值以及整个产品的产值和假定的产值数据，即 $\sum q_1 p_1$、$\sum q_0 p_0$ 和 $\sum q_1 p_0$ 的值。如表 J902-2 所示。

表 J902-2

产品名称	计量单位	2014 年		2015 年		产值（万元）		
		产量	价格（元）	产量	价格（元）			
		q_0	p_0	q_1	p_1	$q_0 p_0$	$q_1 p_1$	$q_1 p_0$
桑蚕丝被	条	33 000	398	41 000	414	1 313.4	1 697.4	1 631.8
柞蚕丝被	条	31 000	578	38 000	599	1 791.8	2 276.2	2 196.4
合计	–	–	–	–	–	3 105.2	3 973.6	3 828.2

这样就可以计算总产值指数、产品产量指数和出厂价格指数：

$$\text{总产值指数}\quad \bar{K}_{pq} = \frac{\sum q_1 p_1}{\sum q_0 p_0} = \frac{3\,973.6}{3\,105.2} = 127.97\%$$

$$\sum q_1 p_1 - \sum q_0 p_0 = 3\,973.6 - 3\,105.2 = 868.4（万元）$$

$$生产量指数 \quad \bar{K}_{pq} = \frac{\sum q_1 p_0}{\sum q_0 p_0} = \frac{3\ 828.2}{3\ 105.2} = 123.28\%$$

$$\sum q_1 p_0 - \sum q_1 p_0 = 3\ 828.2 - 3\ 105.2 = 723(万元)$$

$$出厂价格指数 \quad \bar{K}_{pq} = \frac{\sum q_1 p_1}{\sum q_1 p_0} = \frac{3\ 973.6}{3\ 828.2} = 103.80\%$$

$$\sum q_1 p_1 - \sum q_1 p_0 = 3\ 973.6 - 3\ 828.2 = 145.4(万元)$$

以上计算结果表明：该公司两种蚕丝被的总产值 2015 年比 2014 年增长 27.97%,绝对额增加 868.4 万元。其中:由于产量的变动,总产值增长 23.28%,绝对额增加 723 万元;由于出厂价格的变动,总产值增长 3.80%,绝对额增加 145.4 万元。

(二)分析产量变动、单位产品原材料消耗量变动和原材料单价变动对原材料消耗总额变动的影响

根据综合指数的编制要求,2014 年作为基期,2015 年作为报告期,以 q 表示产量,以 m 表示单位产品原材料消耗量,以 p 表示原材料价格。这样可对表 J902-1 数据进行列表计算相关数值,即: $\sum q_1 m_1 p_1 \quad \sum q_1 m_1 p_0 \quad \sum q_1 m_0 p_0 \quad \sum q_0 m_0 p_0$ 的值,以下是利用 SPSS 统计软件计算统计指数的方法。具体步骤如下。

(1)根据 QYS020-原始数据将 2014 年和 2015 年的产量、单位产品原材料消耗量和原材料单价数据输入 SPSS 中,如图 J902-1 所示。

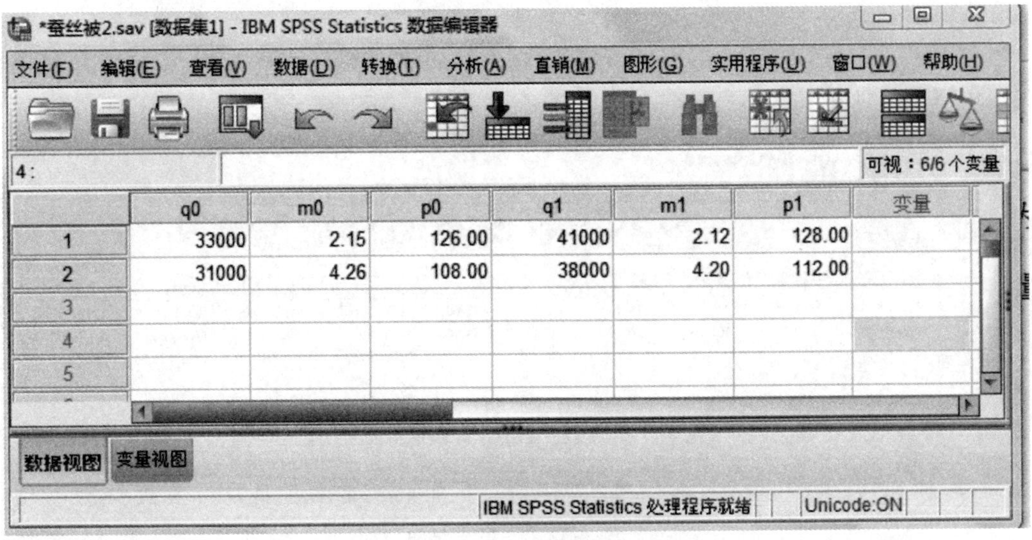

	q0	m0	p0	q1	m1	p1	变量
1	33000	2.15	126.00	41000	2.12	128.00	
2	31000	4.26	108.00	38000	4.20	112.00	
3							
4							
5							

图 J902-1 蚕丝被数据编辑器

(2)单击"转换",选择"计算变量",进入"计算变量"对话框;根据已知的条件分别计算 $q_0 m_0 p_0$、$q_1 m_0 p_0$、$q_1 m_1 p_0$、$q_1 m_1 p_1$,现以求 $q_0 m_0 p_0$ 为例,在"目标变量"栏输入 $q_0 m_0 p_0$,在"数字表达式"框中双击 q_0、m_0 和 p_0,中间用" * "相连,如图 J902-2 所示。

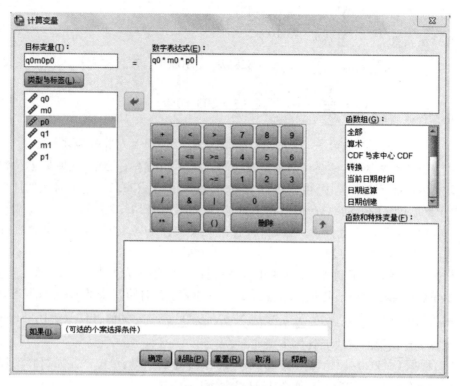

图 J902-2　计算变量对话框

（3）点击"确定"，即可得输出结果，根据此法依次求得 $q_1m_0p_0$、$q_1m_1p_0$、$q_1m_1p_1$ 的值，如图 J902-3 所示。

	q0	m0	p0	q1	m1	p1	q0m0p0	q1m0p0	q1m1p0	q1m1p1
1	33000	2.15	126.00	41000	2.12	128.00	8939700.00	11106900.00	10951920.00	11125760.00
2	31000	4.26	108.00	38000	4.20	112.00	14262480.00	17483040.00	17236800.00	17875200.00
3	.	.					23202180.00	28589940.00	28188720.00	29000960.00
4										
5										

图 J902-3　输出结果

（4）将输出结果 代入指数计算公式即可求得相关指数如下：

原材料消耗总额指数

$$\bar{k}_{qmp} = \frac{\sum q_1 m_1 p_1}{\sum q_0 m_0 p_0} = \frac{29\ 000\ 960}{23\ 202\ 180} = 124.99\%$$

$$\sum q_1 m_1 p_1 - \sum q_0 m_0 p_0 = 29\ 000\ 960 - 23\ 202\ 180 = 5\ 798\ 780(元)$$

产品产量指数

$$\bar{k}_q = \frac{\sum q_1 m_0 p_0}{\sum q_0 m_0 p_0} = \frac{28\ 589\ 940}{23\ 202\ 180} = 123.22\%$$

$$\sum q_1 m_0 p_0 - \sum q_0 m_0 p_0 = 28\ 589\ 940 - 23\ 202\ 180 = 5\ 387\ 760(元)$$

单位产品原材料消耗指数

$$\bar{k}_m = \frac{\sum q_1 m_1 p_0}{\sum q_1 m_0 p_0} = \frac{28\ 188\ 720}{28\ 589\ 940} = 98.60\%$$

$$\sum q_1 m_1 p_0 - \sum q_1 m_0 p_0 = 28\ 188\ 720 - 28\ 589\ 940 = -401\ 220(元)$$

原材料单价指数

$$\bar{k}_p = \frac{\sum q_1 m_1 p_1}{\sum q_1 m_1 p_0} = \frac{29\ 000\ 960}{28\ 188\ 720} = 102.88\%$$

$$\sum q_1 m_1 p_1 - \sum q_1 m_1 p_0 = 29\ 000\ 960 - 28\ 188\ 720 = 812\ 240(元)$$

$$\frac{\sum q_1 m_1 p_1}{\sum q_0 m_0 p_0} = \frac{\sum q_1 m_0 p_0}{\sum q_0 m_0 p_0} \times \frac{\sum q_1 m_1 p_0}{\sum q_1 m_0 p_0} \times \frac{\sum q_1 m_1 p_1}{\sum q_1 m_1 p_0}$$

$$\sum q_1 m_1 p_1 - \sum q_0 m_0 p_0 = \left(\sum q_1 m_0 p_0 - \sum q_0 m_0 p_0 \right) + \left(\sum q_1 m_1 p_0 - \sum q_1 m_0 p_0 \right)$$
$$+ \left(\sum q_1 m_1 p_1 - \sum q_1 m_1 p_0 \right)$$

即:124.99% = 123.22% × 98.60% × 102.88%

5 798 780(元)= 5 387 760(元)−401 220(元)+ 812 240(元)

上述结果表明:该公司 2015 年所生产的桑蚕丝被和柞桑蚕丝被的原材料消耗总额比上年上升了 24.99%,绝对额增加了 5 798 780 元。其中:由于产量的提高原材料消耗总额上升了 23.22%,绝对额增加 5 387 760 元;由于单位产品原材料消耗降低,原材料消耗总额下降了 1.4%,节约材料费用 401 220 元;但由于原材料单价的上升,原材料消耗总额上升 2.88%,比 2014 年多支出材料费用 812 240 元。

四、小结

在编制综合指数时,应考虑两个问题:一是同度量因素,二是同度量因素固定时期。一般来说,编制数量指标指数时,以基期的质量因素作为同度量因素;编制质量指标指数时,以报告期的数量因素作为同度量因素。在多因素分析中,注意各影响因素的排列次序,数量指标在先,质量指标在后,依次替换。另外,指数分析也是一种动态分析,所以还应与动态数列结合起来进行分析。

五、学习资源

1. QYS020 原始数据

2.《统计学》,曾五一、朱建平主编,上海财经大学出版社,2013

3.《21 世纪统计学系列教材:统计学专业课程教学案例选编》,高敏雪、蒋妍主编,中国人民大学出版社,2013

4.《应用统计学:基于 SPSS 运用》,张良主编,上海财经大学出版社,2013